東京大学出版会

伝統都市 1

吉田伸之・伊藤 毅［編］

イデア

The City in Tradition vol.1
The Idea of the City
Nobuyuki Yoshida and Takeshi Ito, editors
University of Tokyo Press, 2010
ISBN 978-4-13-025131-0

刊行にあたって

日本前近代の都市史研究は一九八〇年代以降著しい飛躍をとげた。この四半世紀において、それまでは概括的にしか扱われなかった都市の社会や空間の諸相が、実証的に格段と精緻に明らかにされ、それらの成果に立って都市史研究の方法と理論が深められてきた。日本近世史と建築史を二つの軸として一九八九—九〇年に編集・刊行された『日本都市史入門』全三巻（高橋康夫・吉田伸之編、東京大学出版会）は、こうした飛躍をもたらす大きな契機となり、この共同研究の中で形成された不定形の研究者集団〝ぐるーぷ・とらっど〟は、伝統都市の社会＝空間構造分析を課題として共有し、『年報都市史研究』（山川出版社、一九九三年—。通巻一七号まで刊行）を基盤としながら多様な成果をあげてきた。本シリーズは、こうした研究成果の現状を総括し、二一世紀前半における都市史研究を新たなステージへと飛躍させることを展望しながら企画された。

本シリーズが主題とするのは「伝統都市」である。この歴史用語はまだ十分に熟しているとは言えないが、編者としてはとりあえず次のような意味で、この言葉に内容を与えようと考える。

現代都市とは、一九世紀第3四半期に北米大陸において産み出され、大量生産・大量消費を基調とする資本主義世界システムとともに、瞬く間に全世界に普及した都市類型である。この列島を含め世界各地において個性豊かな社会や文化を成熟させてきた都市——これらを「伝統都市」と総称する——は、現代都市の増殖にともなって急速に破壊・解体されてきた。こうした動きは、二一世紀冒頭の現在にいたっても止んでいない。かくて全世界の諸都市の大半は、ほぼ単一の都市類型、すなわち「現代都市」へと帰結しつつある。

そこにみられるのは、「自由で平等」な市場主義の原理であり、あらゆる欲望の商品化であり、中核に盤踞する強欲資本主義者に代表される少数への富の集中と、他方での厖大な都市民衆の窮乏化、および周縁部分への貧困集積である。こうして現代都市は、地球環境の破壊を主導し、都市でのくらしや労働を画一的で無味乾燥なものとしてきた。そこに生きるふつうの市民には、いったいどのような未来があるのだろうか。ふつうにくらし誠実に生きる地域市民の共同・協働の下に、人間らしい暮らしの場として、歴史文化に根ざした個性溢れる未来の都市を思い描くことは幻想なのだろうか。また、それぞれが育む歴史個性を高次に成熟させるような、新たな都市類型の創造は可能なのだろうか。

こうした点を模索するために、現代都市の分析や批判にただ終始するだけでは、得られる結果は不毛である。また現代都市が破壊しつつある伝統都市の解体過程――同時に現代都市の生成過程――の過渡的な類型である近代都市にのみ視野を限定しては、その過渡的性格の内容を理解することはできない。現代都市が踏みしだく伝統都市において、かつてたしかに実在した権力・政治・経済・社会・文化・宗教・空間などのそれぞれを、事実に即して精緻に解析し、その実態に迫り、歴史的特質を明らかにすることが不可欠である。こうすることで始めて現代都市批判の視座は鞏固なものとなり、都市における歴史的個性の再生や、あるいは新たな都市類型の創造にむけて、方法や理論を多様に構築するための手がかりが得られるであろう。以上を要約すれば、伝統都市研究は現代都市批判と表裏のものとなって始めて意味を帯び、伝統都市論とは現代都市論でもあるということである。

以上の点を伝統都市論の内容にこめて、本シリーズは以下のような点を骨格として編集される。

①　日本近世史と建築史の共同研究から帰納的に得られた、伝統都市という類型把握の有効性と問題点を、日本史通時代的かつ世界史的な視座から比較類型論的に検討・検証する。

②　伝統都市論の理論と方法——特に、社会＝空間構造論、「重層と複合」論、分節構造論、社会的権力論、社会＝文化構造論など——を前提とし、都市イデア、権力とヘゲモニー、都市インフラ、分節構造の4つをそれぞれ主要な共通論題として、4巻から構成する。

③　各巻とも、第I部「ひろげる」―総論的論述、第II部「考える」―個別テーマの論述、第III部「さぐる」―シード的な研究ノートの三部から構成し、伝統都市論の到達点の確認と、あらたな展開に向けての論点の発見や布石を試みる。

二〇一〇年四月

吉田伸之
伊藤　毅

序　方法としての都市イデア

伊藤　毅

シリーズ第1巻は「都市イデア」をテーマとする。都市イデアという用語自体は、いうまでもなくジョーゼフ・リクワート『〈まち〉のイデア――ローマと古代世界の都市の形の人間学』から借りたものである。リクワートのイデア論は、エトルリア―ローマ期の共同体による「まち創建とまち計画」の意味を儀礼分析とともに検討しつつ、都市の深層に埋め込まれるその創建時の本源的で明晰なイデアを読み解こうとする都市論である。

都市の形態的側面を単純な権力論や機能論のみから説明するのでなく、やや抽象的であるかもしれないが、確かに存在していたであろう、当時の人々の観念に宿った原像に新たな光をあてるというリクワートの挑戦的な試みは依然として魅力的である。

しかし本巻では、こうしたイデア論を古典古代という検討対象や、多分に思弁的・観念的な方法によって、表層から単一の深層を掘り起こそうというような営みからいったん解き放ち、伝統都市から現代都市全体を対象とする歴史学の方法として受け止め、また都市社会を現実的に構成する多様な諸主体それぞれにおいて、異なる都市イデアが複層する様相を、事実に即して具体的に解析しようと試みるものである。

一　都市イデアへの視角

ここでひろく都市史の方法として「都市イデア」と呼ぼうとするのは、概略ほぼ以下のようなものである。都市における社会の「入れ物」としての目に見える空間構造物、これを根源的・全体的に、あるいは部分的に規定するのは、都市の創造者・企画者・建設者——共同体や国家、経営体——の意図だったり、生活者——支配者から奴隷や下層民まで——の理念や観念、意識だったりと、きわめて雑多である。こうして、都市という空間構造がかたちづくられるとき、個々の人間や社会の意識・行動様式などが、都市空間を規定する場合に、それぞれの要素を微小のものを含め「都市イデア」と総称したい。このように都市イデアの射程を広く設定すると、以下のような新たな視角がひろがる。

① ユートピア論の再考——従来の都市論におけるユートピアは現実の都市から乖離した特殊で夢想的な想像物の系譜としてひとつの研究ジャンルを形成してきたが、都市イデア論はこうしたユートピアを特別なものとして区別しない。むしろ現実の都市社会との連関のなかで再考することが可能になる。

② 顕在的イデアと潜在的イデア——都市イデアは単一であり明瞭であればあるほど、意識的であり顕在的なものとして可視化されるが、むしろ複数の雑多なイデアが無意識下に重畳し交錯するのが現実の都市といえる。こうした潜在的なイデアにも注意を払うことによって、都市社会の多様性を別のかたちで叙述できるだろう。潜在的で無意識下に積層されるイデアには集合的な都市の記憶も重要な役割を果たす〔港 一九九六〕。

③ 都市の時代と地域——都市は時間軸のなかで変節を遂げる。時代の移行期におけるイデアの変化や同時代であっても地域ごとに個性の異なるイデアが存在することを確認する作業は、都市の通時態と共時態を新たな観点から見直すことにつながる。さらにイデアの歴史的拘束性を個々の事実に即して丁寧に確認することによって、時代の特質はもとより地域のもつ特性を再考することができる。とくに都市の移行期はイデアの生成・変成・消滅と

いう新しい視角が有効に機能することになろう。

都市は人間の社会が創出した最も古くから存在する通時的な構造物である。言い換えれば、歴史時代に到達して以来、人間社会は、つねに都市を随伴してきたといえる。そこでは時代や地域を超え、当該社会におけるあらゆる非在地社会的な要素、すなわち都市性が凝集しており、また実際には複層的な内容をもつが、一見単一にみえる構造物が目に見える形で凝固する。こうした構造物＝都市の特質を解析するうえで、まずその目に見える表層において、都市構造解析のための重要な手がかりを与えるのが都市イデアであり、さらに目にみえない都市の深層へと分析を誘導する手がかりもそこにある。

二　時代性と地域性

このように都市イデアを時代性（通時態）と地域性（共時態）で捉えてみると、たとえば前近代の都市は次のようにスケッチすることができよう。

古代都市のイデアはリクワートが明らかにしたように、ローマにおいて古代人の儀礼や占地と深くかかわっていた。これは古代中国の都城やわが国の都城とも共通する。都市のモニュメント性が卓越する古代は政治的なイデアとともに、人々の死生観念や天空のもつコスモロジーが都市へ投影されていた。しかし古代のローマンタウンと中国の都城、日本の都城を詳しくみると、そこには共通点よりもむしろ相違点が目に付く。都市の規模や空間構成（都市壁の有無など）は地域性に大きく拘束されている。

中世に入るとさまざまな地域で個性的な都市が誕生する。都市の規模そのものは比較的小規模であって、単一のイデアで覆われない複数の要素が都市に凝集する。わが国では地方の街道沿いや河川・浜などの場に小規模な市・宿・

律などの非農業的な場が多数形成されたし〔網野 一九七八〕、西ヨーロッパでは世俗的な領主層の広汎な形成とともに教会や修道院が都市誕生の磁極となった。すなわち複数のイデアが共在する場としての都市の性格が明瞭になる。

日本の中世から近世にかけての移行期に形成される城下町は、都市類型のなかでもとりわけ重要である。武士の館〔石井 一九七四〕を母体としてやがて武士のヘゲモニー下に結集された都市的要素は城下町というひとつの枠組みを獲得することによって、世界史的にも稀な都市類型へと到達する。初期の城下町は天守という特異な建築を創造し、都市を貫く城主の視線が登場するが、これは一六世紀末にシクストゥス五世によって行われたローマ改造におけるヴィスタ計画と酷似する。視線のイデアとバロック的な都市構成はこの時代になって異なる文化圏で同時多発的に顕在化したといえるのである。

本巻で取り上げる都市は前近代における伝統都市段階の都市と近代都市が中心になるが、そこには伝統都市と現代都市のイデアの違いが論述の前提になっている。すなわち伝統都市にみられる多様なイデアの錯綜が、現代都市においては、質的に単純化・単一化・普遍化するのであって、伝統都市のもつ豊富なイデアをいかに発掘するかが執筆者たちの共通の課題になっている。本巻で現代都市そのものを論じた部分はないが、およそ以下のようなことを考えている。

三　現代都市イデア

現代都市のイデアを考えるためにはいくつかの手続きが必要となるが〔都市史研究会 二〇〇九〕、まずは二一世紀初頭において現代都市類型の最先端を行くかのようなアラブ首長国連邦の港湾都市ドバイについて瞥見するのがいいだろう。

ドバイには、オイル・マネーに吸着する世界の強大な金融資本主義による共同で純粋な都市イデアが具現しているとみることができる。高さ八二八メートルにも達するブルジュ・ハリファ（ハリファ塔）に象徴されるドバイの現代都市化は、アラブ首長国を構成する連邦の首長たる産油国の権力者や、世界の金融資本家たちをヘゲモニーとし、これに寄生する先進諸国の都市計画家や建築家らが、歴史的な時間、堆積物、さらには資金に拘束されることなく、きわめて純粋かつ素朴に現代都市空間の理念型＝イメージを具象したものにほかならない。そこには、かつて真珠取引を中心に形成されたペルシャ湾岸の小交易都市という歴史の文脈は一切介在しないかのようだ。一九世紀の第3四半期に北アメリカ大陸東海岸で生み出された新たな都市類型である現代都市が胚胎する諸要素、さらには二〇世紀の諸都市の経験、とりわけ新たにヨーロッパや東アジアの一部で新たに付加された諸要素がそのまま複製され、合体され巨大化する。その現代都市化にさいしては、都市計画も、インフラ建設も、個々の建造物も、ドバイにとっての他者――すなわちその大半は欧・米・韓・日などの計画者・設計者あるいは大手ゼネコン――に、膨大な対価とともに委ねられる。こうして米・欧・韓・日などで蓄積された現代都市の理念が、その究極的な姿態となって現出するに至った。しかしわれわれは、これを虚飾に満ちた都市イデアの一時的な変異物として傍観することはできない。なぜならそれらは、われわれ自身が生活する現代都市のいびつな本質の延長上にあり、ハリファ塔を核とする都市ドバイの今後の運命は、多かれ少なかれ「われわれの都市」自体の近未来的な黙示録でもあるからだ。

四　潜勢する都市イデア

現代都市のもつ特異な都市イデアの生成、あるいは伝統都市イデアの喪失は、伝統都市から現代都市への歴史過程における看過しがたい不連続点である、というのが本シリーズを編んだわれわれが共有する認識である。伝統都市における錯綜し交叉する多様で多元的な都市イデア状況から、その歴史的文脈や背景を軽々と飛び越して、地球規模の資本が投下される単一的な現代都市状況へ、という推移はあまりに短期間に実現しただけでなく、歴史過程としても大きなギャップが存している。都市の一切が商品化するなかで、イデアですら商品の論理の前に均質化を遂げる。そこでは民衆的な要素は潜勢化したままである。

民衆的な都市イデアが主導する都市形態とは果たしてどのようなものか。それは歴史上はたして実在したのか。われわれが目撃してきた労働者＝人民の権力としての理念を掲げる「社会主義」都市イデアは、現代都市の圧倒的な駆動力を前にして挫折するか、醜悪な疑似王国理念と化すか、ドバイ顔負けの超現代都市化への道を歩むかのいずれかであった。普通の市民にとっての最適な都市とは何か。資本主義という帝国の足下に封じ込められた潜勢する、伝統都市の豊かな土壌のうえに多彩に開花するような都市イデアの解放が、今求められている。こうした文脈で、伝統都市のイデアを解析することは、まさに現代的な課題そのものなのである。

以上のような伝統都市におけるイデアを読み解こうとすると、当該の都市社会を支配し統合する主体、すなわち権力やヘゲモニーの問題、ついで都市枠組みを構築する局面、すなわち都市インフラ、さらには社会の実態を組成する諸要素の分節的な構造物の検討へと向かうことになろう。本シリーズ2・3・4巻は、このように本巻と有機的な関連をもって構成される。とりわけイデアとインフラは、仮に人間における観念と身体の関係に措定できるとすると、密接不可分なセット概念ということになる。

五　本巻の構成

伝統都市のイデアという新たな課題にアプローチするために、すでに触れてきたようにいくつかの切り口がある。

ひとつは〈時代〉という側面である。都市の社会＝空間にはさまざまなイデアが積層しせめぎ合うが、ある安定した時代においてイデアはさほど顕在化しない。むしろ人々の常識や無意識のなかに共有されたイデアが沈潜している。しかし時代が大きく変化する局面では、古いイデアが退潮し、新たな望ましい時代や理想を志向するイデアが突如として立ちあらわれてくることがある。本巻ではこうした〈時代〉の移行期という局面を積極的につかまえようとしている。

第Ⅰ部の伊藤毅論文（第1章）は日本都市史の移行期のなかでも現代都市類型を考えるうえで最も重要な存在である城下町の成立過程を取り上げ、戦国期の未成熟な戦闘要害に過ぎなかった武士の城が、やがて垂直性＝天を表象するモニュメントとして造形され、城と町がトポロジカルに一体化する都市イデアが信長という特異点で生み出されること。西欧都市と同時代的なヴィスタが初期城下町に検出されるのも、こうしたイデアの生成と不可分な出来事であったことを述べる。

イデアをみるさいの二つ目の視点としての〈地域〉。陣内秀信論文（第2章）は「地中海都市」という特定の地域における都市イデアの生成史を総括的に描いたものである。地中海世界は西欧・イスラーム・アジアの異なる地域の結節点でもあり、異質なイデアが錯綜する媒介的な場であった。陣内は明快な論理構造をもつ計画的な都市が植民都市に限られており、むしろ地中海都市に通底する特質は他民族や多宗教が共存できる複合・重層・混在という複雑系のイデアであり、これこそが生きいきとした個性的な都市を生み出す原動力であったことを強調する。

そして三つ目のイデアに接近するための切り口としては、〈図像〉という形象化されたイデアを読み解くという方法がある。杉森哲也論文（第3章）は、前掲伊藤論文の扱った時代と都市についてほぼ重なり合うが、本論は「安土図屏風」という幻の都市の図像のもつ意味に深く分け入った挑戦的な論考である。信長が狩野永徳に描かせた「安土図屏風」の制作意図を推定し、安土城下町は正親町天皇の行幸を前提とした都市であり、「安土図屏風」はそのことを具体的に表象すべくつくられた図像であったと述べる。しかし天正遣欧使節がローマのヴァティカン宮殿に持参した本図はもはやそういう意味を失った、風景画としての図像であった。図像に込められた初期のイデアとのちの社会的文脈のなかで再定義される図像のイデアの二様のあり方に注意が促されている。

以上の都市イデアの三つの相――〈時代〉〈地域〉〈図像〉によって「ひろげられた」世界にのなかで、具体的な都市イデアを個別に検証しようとするのが、第Ⅱ部「考える」である。青木祐介論文（第3章）と松山恵論文（第4章）は、近世・近代以降期の横浜と東京という、いち早くいわゆる「近代化」を受け入れた都市イデアを考察したものである。青木論文は幕末期の横浜のグリッドプランに着目し、六〇間四方の日本人市街は江戸町人地に共通する性格があり、お雇い外国人ブラントンの都市計画によって歪められた近代的開港場＝横浜像に一定の修正を迫る。松山論文は明治期の東京市区改正事業のとりわけ日本橋通りの拡幅の問題を取り上げ、西側のみの拡幅に決着した経緯と背景について詳細な検討を加えている。江戸以来の表店地借のあり方、三井などの大資本の開発意図などさまざまな条件やイデアが交錯するなかで、東京という都市空間がかたちづくられていく。

近世という比較的安定した社会を現出した日本において、〈地域〉の微細な相では何が起きていたか。三枝暁子論文（第1章）は豊臣秀吉の京都改造の意味について「西京」という具体的な場の側から逆照射する。土居堀の建設はそれまで京都の周縁にあって一体的な地域形成を果たしていた西京の空間と社会を分断し、洛中と洛外という新たな二分法をもたらすとになった経緯が詳細に検討されている。大きな都市イデアの導入は小さな部分の性格にまで影響を与えずにはおかない。

森下徹論文（第2章）は近世の萩城下町の町人地を取り上げる。町人地という一見フラットにみえる地域でも、町の由緒や門閥町人の動向などから藩支配を前提とした「町のイデア」ともいうべき性格が存在し、それを大きく変容させるような対抗軸を町人の内在的要素から検出することはできない、むしろ城下町の枠組みの周縁に排除されていた民衆世界にこそ定市＝芸能興業などの新たな活性的要素、すなわち潜在的・萌芽的都市イデアが認められるという。〈時代〉と〈地域〉の二つが組み合わさり、もっとも理念的な政治体制を生み出したソ連、すなわち社会主義のイデアを検討したのが、池田嘉郎論文（第5章）である。一九三〇年代のモスクワ改造は旧来の伝統社会から新たな都市イメージを形成すべくさまざまな試みが行われたが、けっきょくのところ伝統都市がすでにもつ豊饒な都市イデアからほとんどのものは参照・引用されており、社会主義そのものが生み出した新たな都市イデアを確認することは困難であるという注目すべき結論を導き出している。

最後のセクションである第Ⅲ部「さぐる」では、具体的な都市を対象として、将来のイデア論への飛躍が期待できる、生きいきとした萌芽的論考を集めた。

禹成勲論文（第1章）は高麗建国期の都城である開京に込められた都市イデアを検討したもので、意外にも寺院などの宗教的都市イデアが重要な役割を果たしていたという事実をひき出している。

中世南西フランスに数多く建設されたバスティードでは、逆にキリスト教的な都市イデアは無効、とはいえないまでも有効な力を発揮しない（第2章加藤玄論文）。パレアージュや慣習法が重要視され、直線街路からなるグリッド都市の中央に開かれた広場は、むしろ世俗の交易のもつ平等性や安全性を表徴する〈図像〉であった。陣内が冒頭で取り上げた西欧都市の理念的な形姿はむしろこうした経済活動に投影されたことが注目されるのである。

高村雅彦論文（第3章）は中国の「町家」という住居形式から都市イデアを考えようとするものである。中国都城の大スケールのイデアが語られがちであるのに対して、本論では具体的な商活動の拠点としての町家の唐宋から明清期までの歴史的展開をトレースし、その建築形式と奥行きの変化を明らかにする。その結果、中国都市の商業地において官と民は決して対峙的な存在ではなく、開発過程において共有するイデアがあったことを示唆している。

朴澤直秀の「与板」（第4章）は北陸の小城下町における宗教的要素のもつ役割について具体的に考察を加えたもの

である。朴澤によると与板の場合、宗教的要素の城下への集中は周辺に散在する寺院によって補完されており、必ずしも都市構造そのもの強く規定したとは言い難いとする。このことは都市の宗教的イデアのありようが、原初的な宗教イデアとは異なる位相にあったことを考える糸口となるであろう。

最後に工藤晶人の「オラン」(第5章)。アルジェリア西部に建設されたフランス植民都市オランに内在するナショナル・アイデンティティの問題を探る本稿は、はからずも先に示した三つの切り口のすべてを備えた素材であった。移行期としての〈時代〉、本国と植民地という地政学的〈地域〉の問題。そしてオランという具体的な都市のもつ〈図像〉的構成―旧市街と新市街、フランス風町並みなど、限られた紙数のなかで論点がひしめきあっているかのごとくである。

本巻はあらかじめ「都市イデア」という概念が定義されたのち各論が展開するのでなく、個別のテーマのなかで「都市イデア」というキーワードをそれぞれの執筆者が独自の視点から追求するという方法をとった。本巻はそういう意味で、結果的に複数の都市イデアが共存する、伝統都市のような世界を現出したといえるかもしれない。

〔参考文献〕

網野善彦『無縁・公界・楽――日本中世の自由と平和』平凡社、一九七八年
石井進『中世武士団』小学館、一九七四年
ジョーゼフ・リクワート(前川道郎・小野育雄訳)『〈まち〉のイデア――ローマと古代世界の都市の形の人間学』みすず書房、一九九一年
都市史研究会編『年報都市史研究16　現代都市類型の創出』山川出版社、二〇〇九年
港千尋『記憶――「創造」と「想起」の力』講談社、一九九六年

伝統都市1　イデア／目次

I　ひろげる

〔I　ひろげる〕

1　移行期の都市イデア

伊藤　毅

はじめに

都市イデアを方法として具体的な都市の歴史のなかに検出していこうという試みは、はじまったばかりである〔伊藤 二〇〇五a〕。都市へのさまざまな観念のなかで一定の価値観が共有され、具体的な都市のかたちや空間構成として形象化したものから都市イデアを探るというのが、まずは有効な戦略であると思われる。都市のイデアは安定的な社会のなかではなかなか見つけにくい。社会が大きな変化のさなかにある、都市の概念が大きな変化を遂げようとしている時、都市イデアが見え隠れする瞬間がある。本章では、空間的立場から移行期の都市を取り上げ、そこで次第にあらわになる都市イデアの内実へと接近することを目指そうと思う。取り上げる対象は中世から近世にかけての移行期における城下町である。

この問題はすでに膨大な先行研究があり、主として織豊政権の成立過程と論点を共有しながら、戦国城下町から近世城下町へというテーゼのもとにほぼ主要な問題は論じ尽くされた感がある〔小島 二〇〇五〕。城下町研究はすでに一定の役割を終えたのか、近年ほとんど新しい研究成果がみられない。しかしわが国の伝統都市における二類型のうちでも、直接的に近代以降の都市を規定したものとして城下町の重要性を指摘することに異論はあるまい。実際、今日の地方自治体の主要都市のほとんどは城下町を淵源としているし、近代以降の都市空間は城下町の構成に大きく依存している。本章は都市イデア論の試みであると同時に、伝統都市・城下町を「現代都市論」へと接続するための、わたくしなりの粗いデッサンでもある〔都市史研究会 二〇〇九〕。

一　境内・町・グリッド

吉田伸之によると前近代のわが国の都市類型の主要なものとして、古代の都城と近世の城下町がある〔吉田 二〇〇一〕。これらが日本の伝統都市の主要な構成要素になる。この都市史の主流となる道筋と伝統都市という位置づけをわたくしも共有したい。類型という意味において、前近代で抽出しうる普遍性を有する都市はたしかにこの二類型であり、これをもって伝統都市のほぼ主要な部分をとらえることが可能である。その一方で、境内と町という空間類型にもとづく宗教都市と交易都市の展開を加味すべきことを言及してきた〔伊藤 二〇〇三・二〇〇五c・二〇〇九〕。都城から城下町へという主旋律に対して、副旋律となる宗教都市と交易都市の形成と退潮のカーブを重ね合わせ、ひとつの図にまとめたものが図1である。現時点でのわたくしの伝統都市理解はこの図にもとづいている。

このように都城−城下町と宗教都市、交易都市を一体的にとらえるためには、かつて日本の中世都市を位置づけるために繰り返し言及した境内と町のみでは不十分であって、グリッドというもうひとつの普遍的な空間類型を加えて考察する必要がある。

グリッドはグリッドとしてその均質性ではなく多様性、都市イデアとの関係性について上記の脈絡とは別の観点から取り上げてきたが〔伊藤 二〇〇九〕、ここに来て境内と町はグリッドとにわかに接近遭遇し全体としてその空間的

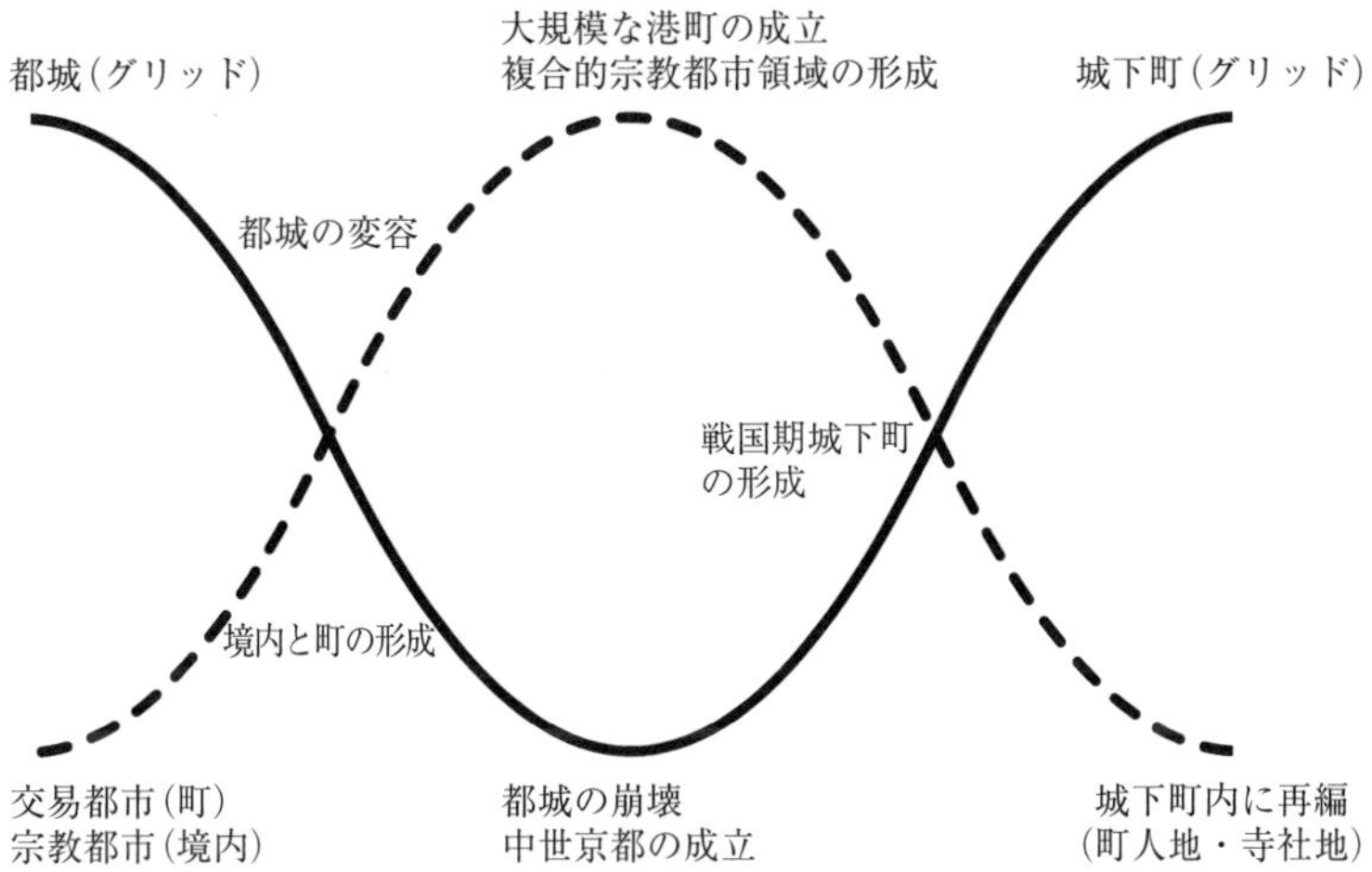

図1　日本の都市類型の発展過程

特質について比較整理の土俵にあげてみる価値があるように思われた。表1はあくまで現段階での境内・町・グリッドの仮説的比較表であるが、今後の修正のために開かれた枠組みとしておきたい。以下、簡単に表の内容に説明を加えたい(1)。

まず第一に、「境内」の空間には必ず中心核が存在する。中心核は公武寺社権門などの都市領主が占める場合が多いが、寺社の中心伽藍のようにシンボリックな中心であるケースも含まれる。「町」の空間は原則的に中心核をもたない。のちに再編され核が形成される場合があるが、それは町の展開として捉えるべきものであって、境内のように核が空間構成上決定的な役割を果たしているのに比べると、町において中心核の存在は必ずしも不可欠な要素とはならない。「グリッド」は直交する二軸が展開する座標が地表を覆うという点で前二者と大きく異なり、形態的には一定の領域が街区群によって埋め尽くされることになる。

第二に境内は、こうした核を中心としたヒエラルキーをともなう同心円的な構成を呈するのに対し、町は道などの中心軸に沿って均等な要素が組織される「線形」集合となる。そしてこの線形集合は、軸の両側にある必要はなく、片側部分のみもありうる。いずれにしても「核」ではなく、「軸」に組織されているという点が重要であ

表1　境内・町・グリッド

	境内	町	グリッド
	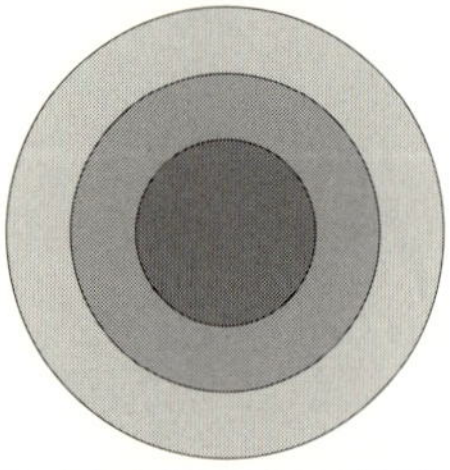		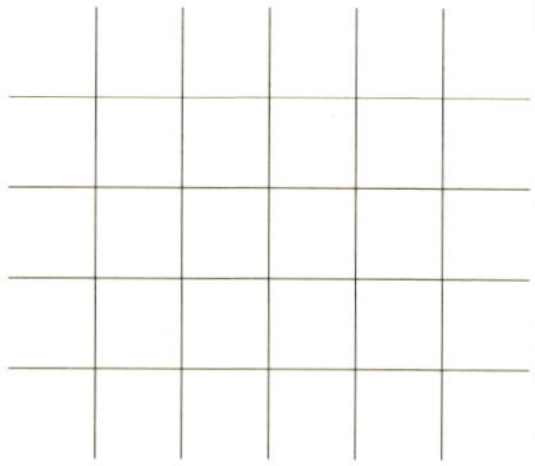
1	中心核	中心軸	直交軸・街区
2	ヒエラルキーをともなう同心円構成	均等な単位からなる線形集合	直交システムによる均質な矩形分割
3	分節された社会＝空間とヘゲモニー	自律的形成によるフラットな社会＝空間	支配権力による全体的な都市計画
4	垂直性	水平性（下からの）	水平性（上からの）
5	閉鎖系の集合	開放系の集合	閉鎖／開放系の集合
6	領域の一円性とその論理	境界性・両義性	領域の分割性
7	定着性	流動性	分布性
8	拡大家産性	脱家産性	制度的家産性
9	非接道型建築	接道型建築	街区型都市建築
10	宗教都市（寺内町・門前町・宗教的都市領域）	交易都市（市町・宿町・港町）	都城・城下町

る。一方、「グリッド」には直交軸によって領域が均質な矩形ロットに分割されることに大きな力点がある。

核・軸・直交軸、同心円・リニア・方格座標という境内・町・グリッドの構成上の違いは、それぞれの空間が形成する社会あるいはヘゲモニーのあり方にも反映する。すなわち第三に、境内は核を中心とするヘゲモニーが貫徹する分節的な社会に適合的な空間モデルであるのに対して、町は軸に沿って比較的均等な単位が連続するフラットな自律的集合となる。グリッドはむしろ当該期の支配的な権力による全体的な都市計画の側面が顕著となる。これを垂直性・水平性という言葉であらわすならば、第四に境内は垂直性の強い空間であるし、町はモデル的には「下からの」水平性を示し、グリッドは「上から」かぶせられた水平性と表現できる。

第五に閉鎖ー開放という側面からみると、

境内は文字どおり境界の内側の領域であり、閉鎖系の集合ということになる。領域を取り囲むように結界が巡り、内と外とが分けられる。境内を囲繞する結界にはさまざまな装置が想定できる。たとえば土居や堀などの要害施設は結界としては大変強いものであるし、一方で鳥居のように象徴的な結界も存在する。このように境界装置の違いや物的な強弱は当然あるが、境内は境界を意味するなんらかの線によって領域が指定されており、それは原則として閉鎖系の集合ということになる。それに対して、町は道に沿って開放された単位が連続するという点で、開放系の集合を形成する。グリッドはそれ自体には閉鎖性、開放性を決定する性格をもたない。むしろグリッドの端部が閉鎖されているか開放されているかで両様の存在となりうる。たとえば日本の都城は原則的に羅城をもたなかったとされるが、グリッドの端部の京極では道路はT字型に終わり閉じる。またグリッドの街区そのものが坊垣などの閉鎖的な境界装置を備えるかどうかでも異なる。

第六に、閉じた領域である境内には、その「一円性」を主張するような論理、あるいはそれを保証するような根拠が必要となる。それは土地所有がもっとも明瞭な論理を示すが、かならずしも一円的な土地所有が必要十分条件とはならない。たとえば、土地所有は錯綜していても、一定の領域の下地進止権、検断権、税や役の収取権などのいずれかが機能していれば、境内の一円性を主張する有力な論拠になりうる。また寺院境内では、一向宗における仏法領、法華宗の釈尊御領、禅宗の叢林、無縁、など固有の法理が貫徹する領域を境内と主張する例が数多く存在する。このように、排他的な境内のありようは、それを背後で支える論理と不可分な関係にあった。

一方の町の性格は、境内の一円性に対して、「境界性」「両義性」という言葉で説明することができる。町を組織する軸となる道が領域の境界になる例が認められ、町はこうした境界的な場に成立するケースはごく一般的に存在した。境界は領域があってはじめて生じるものであるから、そのような意味で境内と町は分かち難い関係にあったはずである。たとえば、境内の側からみればそれに従属する形をとる町も、境界を中心にみればそれ自体は自律的な集合とみることが可能である。両義性とはそのような意味である。

グリッドは領域の内外が問題になる局面を一段超えて、より上位の観点から特定の領域を同一システムで制御することが意図されている。都城の条坊制や城下町における町割りはまさしくグリッドによって生み出されたものであり、そこには領域の分割という性格が顕著である。

第七に、境内は空間的にも社会的にもひとつの分節的な世界だから、重層的に構成された要素の「定着性」といったものが想定できるのに対して、町は原則的には均等な要素が連続しておればよく、個別の要素が入れ替わることを許す構造、つまり「流動性」をもつ集合とみなすことができる。グリッドはその点でいえば、均等な街区群にどのように要素を配列するかという「分布性」が指摘できよう。

そのことは、第八の特徴につながっていく、すなわち境内には広義の「イエ」の論理が認められるのに対して、町にはそれがなく、むしろ「脱家産的」ともいうべき性格が顕著である。武士における「家の子」、一向宗における「一家衆」、仏教寺院における「子院」などの家や子をあらわす言葉は、境内的な集合がいかに「イエ」的、言葉を換えれば拡大家産的な性格をもっていたかをよく物語っている。一方、グリッド的な空間に収まる単位は、あらかじめ想定された制度的家族（あるいは土地所有者）である。城下町の町人地の基礎単位となる町屋敷も当初は居付町人の家族が想定されていた。

第九に、境内的空間を建築で表現すると、門や塀で囲まれた屋敷型の建築がよく対応する。寝殿造や書院造に代表されるような非接道型の住宅、寺院や神社などの宗教建築などがその事例としてただちに浮かび上がる。一方、町的空間を建築で表現すると、接道型であり、沿道型の住宅である町屋があげられる。グリッドによく対応する建築タイプはわが国ではなかなか成熟しなかった。西欧ではすでに古代ギリシャにおける植民都市、たとえばオリュントスには、グリッド状のヒポダモス式都市計画があり（図2）、その発掘知見によると、街区には表の街路と裏の路地が通り、街路構成に対応する街区型住宅が街区全体を覆っていた（図3）。古代ローマ時代に登場するアトリウムやペリスタイルなどの中庭を備えたドムス型住宅も街区型建築ということができる。

最後に第十として、境内・町・グリッドを日本の伝統都市にあてはめてみると、境内系の都市は宗教都市（寺内町、門前町、数多くの寺社がつくりあげる京都嵯峨や東山などの複合的宗教都市領域（図4）、高野山・比叡山・根来などの山岳宗教都市などを含む）が多いのに対し、町系の都市は素朴な市町、宿町から大規模に発展した港町など、主として流通で栄えた交易都市に特徴的である（伊藤 二〇〇五c）。そしてグリッドはいうまでもなく、日本の前近代の二大都市類型である都城と城下町に明瞭に観察される。

以上のような準備的考察にもとづいて、本章では日本の伝統都市の移行期の一局面として戦国から近世にかけての

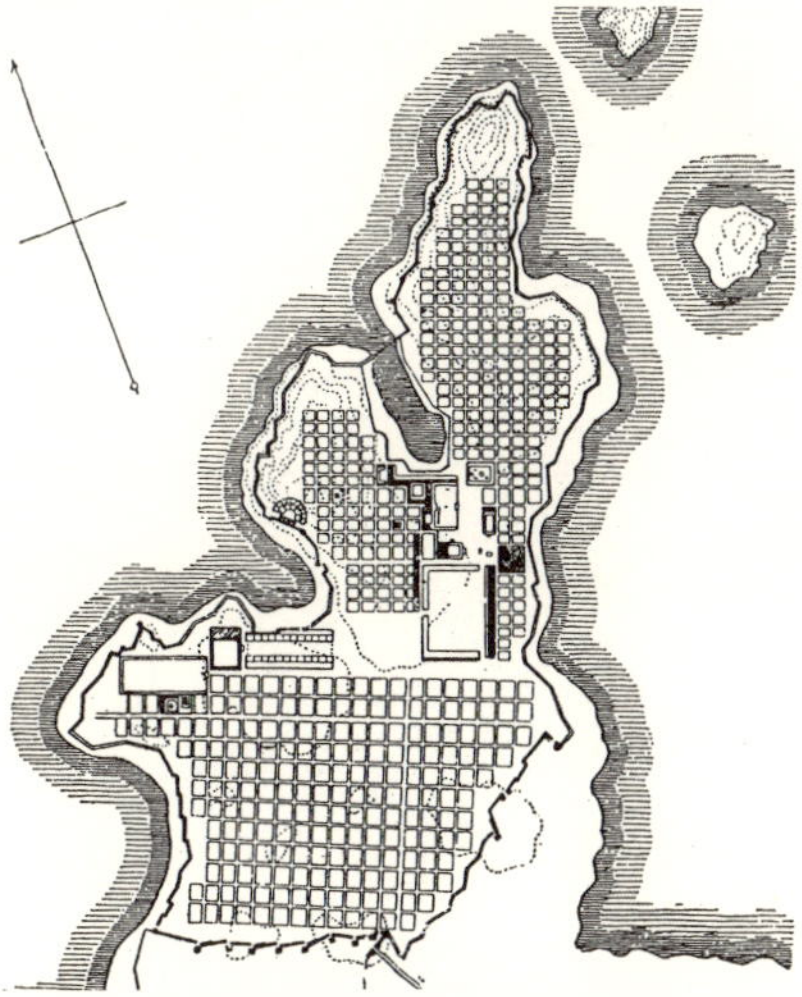

図2　オリュントス

出典）Virgilio Vercelloni, *Atlante storico dell'idea del giardino europeo*, 1990 より.

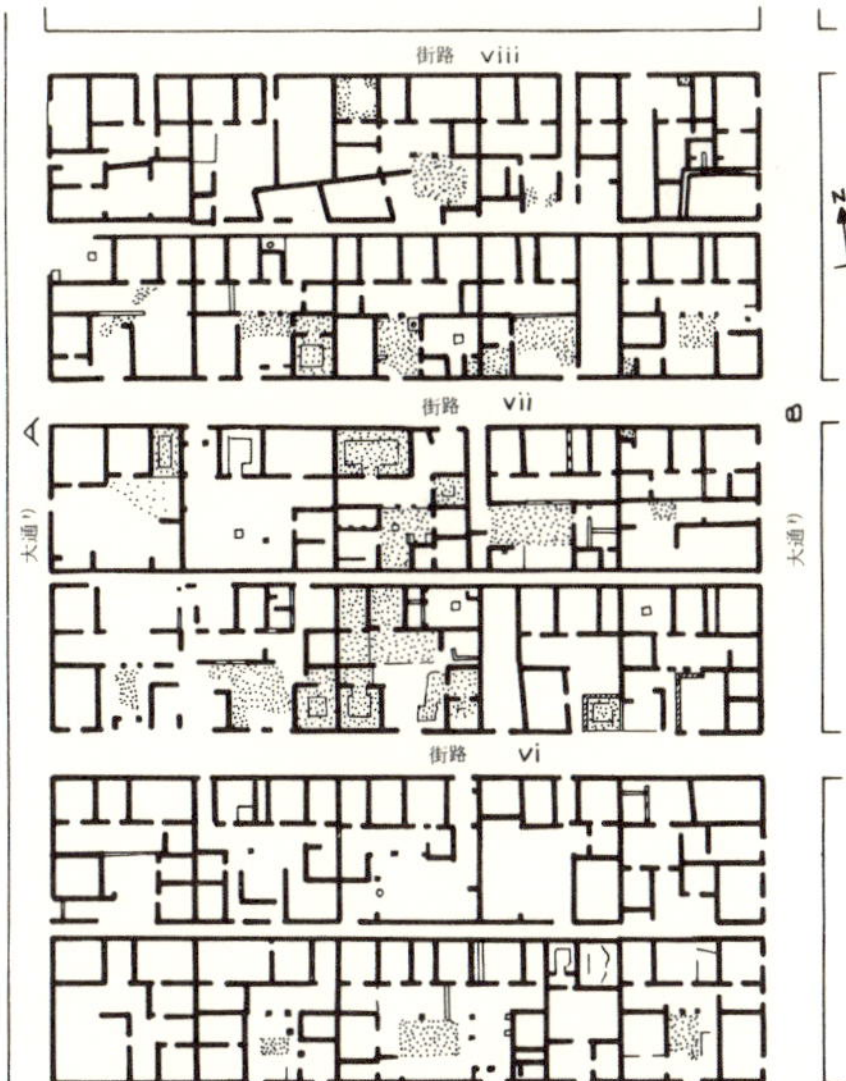

図3　オリュントス新市街の街区

出典）J. B ワード＝パーキンズ著・北原理雄訳『古代ギリシアとローマの都市』（井上書店，1984 年）.

• 在家		1 留雲庵	7 宝雲庵
—— 水路		2 蔵六庵	8 怡雲庵
—— 境界		3 正幢庵	9 南宗庵
		4 野　宮	10 静栖庵
		5 毗沙門堂	11 妙厳院
		6 給園庵	12 地蔵堂

図 4　山城国嵯峨諸寺応永鈞命絵図（応永 33〔1426〕年，天龍寺蔵）

出典）　高橋康夫ほか編『図集日本都市史』（東京大学出版会，1993 年）より．

城下町をとりあげたい。まずは都市史としての城下町研究はどのような系譜のなかで深められたのか。主要な城下町の研究史と論点についてふりかえってみたい。本章ではこうした先行研究に学びながら、それらが必ずしも十分に意識しなかったであろう、都市イデアという観点からこの古典的なテーマを再考してみることにする。

二　城下町研究の系譜

1　小野均の先駆的研究

城下町研究において画期的な研究を行った研究者として小野均をあげなければならない。小野は明治三七(一九〇四)年岡山市に生まれ、昭和三(一九二八)年東京帝国大学文学部国史学科を卒業。卒業論文『近世城下町の研究』を同年出版し、史料編纂所に勤務した。この研究は当時まったく未開拓の分野であり、小野は一から城下町関係の資料を博捜し、その基礎を築いた。のちに問題となる城下町に関する主要な論点はすでにこの研究のなかで提示されており、しかも世界史的視点を含んでいたことが特筆される。しかし不幸にも第二次世界大戦さなかの昭和一八年肺炎を得て早逝してしまう(享年三九歳)(2)。

小野は城下町の重要性について以下のように述べ、城下町研究の世界史的、現代史的意義について強調する〔小野一九二八〕。

近世に於ける本邦都市の発展は実に世界史的の問題にして、アムステルダム、ウィーン、マドリッド、ハンブルグ、ローマの諸都市が人口僅か十万ないし二十万の間を低迷しつつありし十七世紀に於て、我が江戸及び大坂はロンドン、パリをも凌駕せんとする巨大都市として、既に現代都市の有すると同じき幾多の「都市の悩み」の裡にあった。近世都市の発展はただ江戸、大坂のみに止まらずして、現代本邦都市の過半はその成立と発展との基礎を近世に置くものである。而して近世封建領主の居城下に、これを中心として成立したる都市即ち城下町は実に近世都市発展の中核を成すものであって、現代多数の諸都市の一角には今なお石畳厳として旧城郭の屹立せるを発見し得る。故に城下町の研究は即ち近世都市、ひいては現代都市の意義を解明すべき秘鑰である。

小野による城下町の都市史的特質は以下の三点に整理することができる。

①城郭を中心とした都市　「城下町とは城郭を中心として成立せる町の謂いであり、門前町が寺社の門前に発展せると一般である。中世及び近世の初期に於ては「堀之内」「根小屋」「山下」と呼ばれたが、後一般に城下町と称し、幕府の所在地たる江戸を初め、諸侯の居城下に成立せる町を呼称し、山下、根小屋等の名称は僅かに城下町の一部に保存せられているに過ぎない」。

②計画的都市　「徐々たる人口戸数の増加に依って村落より都市に成長せんとするものではなく、既に準備せられたる諸要素を集中綜合し、万事を一朝にして解決せんとする近世城下町に於ては、ここに「町割」即ち、都市計画の実施を必要とする」。

これに続いて小野はヨーロッパの都市計画にも言及する。すなわち、

「欧洲の都市計画の歴史はまたこれと同様である。上代都市に於て実施せられたる都市計画技術は漸を追って発展せる中世都市に於て見るあたわず、（略）しかるに十三世紀に於て、Edward 一世によってフランス Aquitaine, Guienne 地方に新都市建設を見るに及んで、ここに整然たる都市計画の復活を見た。（略）仏の Montpazier, Libourne, Sauveterre, Monsegar, La Lnde, Samite, Foy 英国に於ける Winchelsea を初めとせる五十余の新都市（略）」。

これはまさしく南西フランスのバスティードについて述べたものであり（伊藤 二〇〇五b・二〇〇九a）、小野がどのようにしてバスティードの存在を知るに至ったかはきわめて興味深い問題であるが、少なくともバスティードに関

するもっとも早い時期の言及とみて間違いないだろう。

城下町の都市計画、すなわち「町割り」は小野によると、「近世に於て再現せし城下町の都市計画は京都のそれに模せられたるものと称せられている。即ち『三州志』は高岡の都市計画に関して「京師ノ町形ニ倣ヒ作ラルトナリ」と云い、『飯田万年記』は信州飯田の都市計画に関し、「京都ノ町割ニ準ジテ竪横ニ小路ヲ割」と述べている。」と引用するように、京都がモデルになっているという。この問題はのちに戦国期の織豊系城下町の形成過程について小島道裕、千田嘉博、前川要などが発見した、長方形街区＋短冊型地割りのセット生成を付け加えなければならないが〔小島 二〇〇五・千田 二〇〇〇・前川 一九九一〕、大筋において小野の見解は間違っていない。城下町は寺内町の都市計画と一見似たような形態をとるが、本質的には異なる系譜をもつとわたくしは考えるが、それは京都モデルの採否の差として理解すべきものである。(3)

③ゾーニング　「近世城下に於て、これら両者は確然とその地域を別にするに至った。故に同一郭内に存在した侍屋敷と町屋とは、都市計画の実施に際し、この郭を異にし、侍屋敷は郭内に、町屋は惣曲輪を有するものに於ては、侍屋敷は内郭に、町屋は外郭に置かるるの傾向を有した。」と、小野は城下町の空間構成の重要な事実として身分に応じた住み分け、すなわち都市計画でいうところの「ゾーニング」が截然と行われたことを明らかにしている。

かくして、小野の先駆的研究は城下町の歴史的位置づけはもとより、空間的特性についてきわめて重要な諸点を明らかにし、その後の城下町研究の確かな基盤を築いたのである。(4)

2　矢守一彦の歴史地理学的研究

歴史地理学からの城下町研究は早くに中丸和伯による小田原を対象とした戦国期城下町の研究があり〔中丸 一九五九〕、松本豊寿の安芸を中心とした研究〔松本 一九六七〕などひとつの研究ジャンルを形成しつつあったが、もっとも

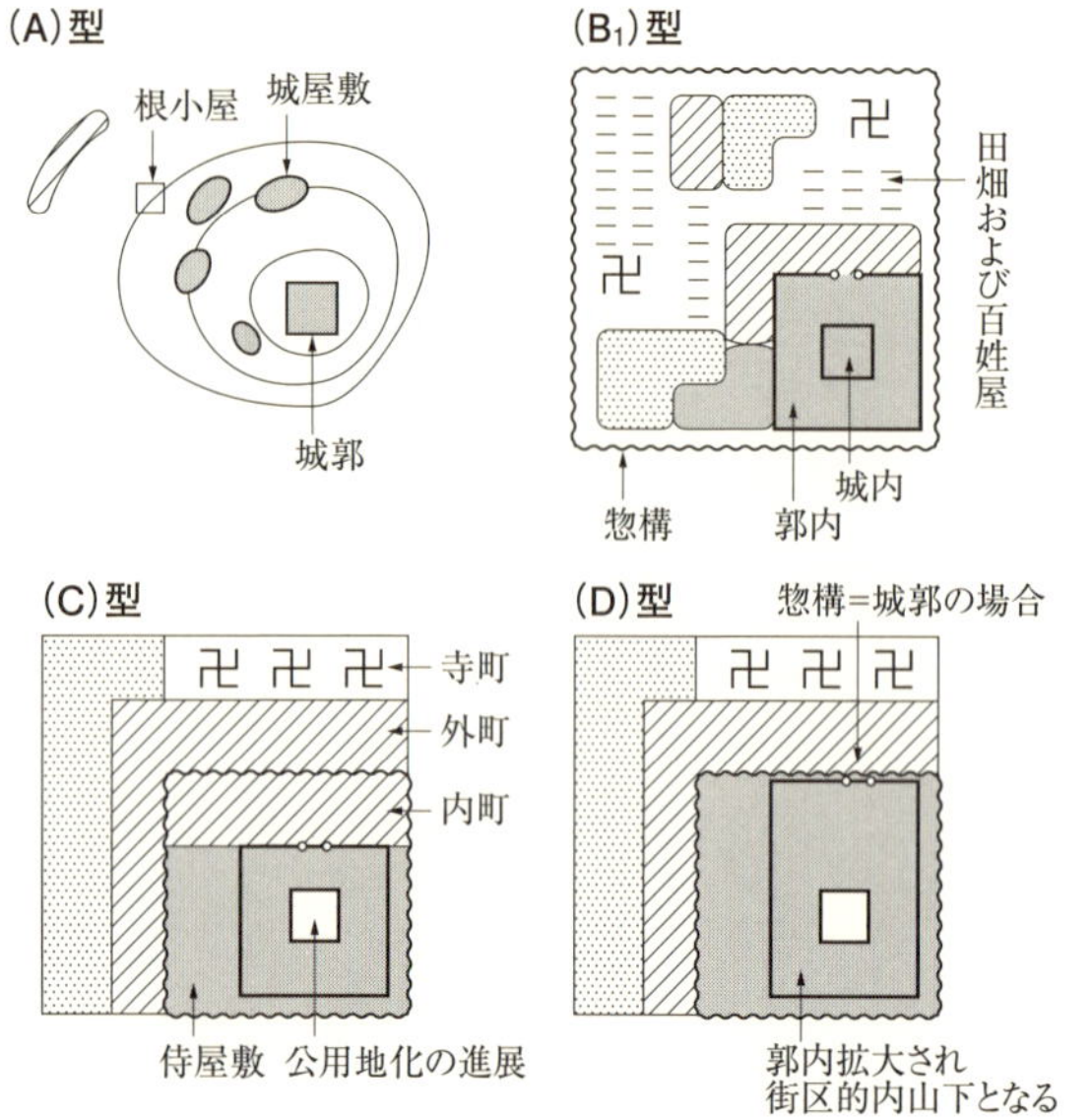

図5　矢守一彦による城下町類型

出典）〔矢守 1970〕.

包括的かつ総合的に城下町論に接近したのは矢守一彦であった。

矢守の代表著作である『都市プランの研究』は、世界史的観点から城下町プランの類型化を試みた野心作で、ヨーロッパ中世都市、ドイツ中世都市（都市核、広場、囲郭、街路パターン）、朝鮮邑城、城下町を取り上げている〔矢守 一九七〇〕。

矢守による城下町類型は以下の通り。

(A)型　中世末ないし戦国時代に卓越的なタイプ。城と城下の垂直的隔たりが顕著であり、地域制が未分化・未整備なもの。

(B)型　惣構え型。侍屋敷と町屋が近接、あるいは混在する。

(C)型　地域制が徹底し、内町と外町の区別が設けられる。↓内町外町型

(D)型　近世城下町の典型。町が郭外におかれ、郭内には城郭および侍屋敷のみが収まる。↓町郭外型

(E)型　元和偃武後の城下町。侍屋敷も郭外へ追い出され、城郭のみ郭内におかれる。↓開放型

この類型はその後城下町研究の基本的枠組みを与え、戦国期城下町研究の進展を促すきっかけになった（図5）。なお、矢守はその後、城郭の正門である大手につながる街路の形態から、竪町型、横町型の別類型を提示し、城下町類型の精緻化がはかられた〔矢守　一九八八〕。矢守の城下町研究史上果たした貢献はきわめて大きく、とりわけ次にみる建築史学からの研究に決定的な影響を与えた。

3　建築史からのアプローチ

①城下町のトポロジカル・プランニング

伊藤鄭爾は日本都市史の通史を叙述するなかで、城下町の捉え方について新しい見方を提案する〔伊藤鄭爾　一九六〇〕。

> （城下町には）視覚的に明確に類型化できるいかなるパターンも存在しなかった。（略）しかし私たちが城下町の平面を分類するにあたって視覚的形態ではなくして都市要素の相互関係または都市活動のシステムのパターンによって規定するとほとんど唯一ともいえるシステムパターンにまとめることができる。（中略）すでに小野均氏は『近世城下町の研究』という画期的な著書の中で次のような意味のことを述べている。城下町は城郭を中心としてその回りに武家町を配し、市内を通過する幹線道路沿いに町屋をつづけたものであると。これはおそらく城下町の計画者が計画の原則として頭に描いていた唯一のシステムパターンであると思われる。（略）このような計画概念は位相幾何学（トポロジー）のそれときわめてよく類似しているので、ここでは仮にトポロジカル・プランニングと称しておこう。

伊藤が見事に看破した城下町のもつ位相的同型性は、城下町の都市イデアを考えるさいに重要なヒントを与えてくれる。城郭を中核とした同心円的な空間構成は一種のダイアグラムとして計画者の観念のなかに宿っていたはずであって、軍事都市として出発した城下町は、まずもって城郭という堅固な守りを中心におくことこそが武士の共通する認識であったことは疑いない。

かつて小島道裕は城下町の普遍性に言及しながら、場合によっては「秀吉マニュアル」のようなものがあったのではないか、と述べたことがあった〔小島 一九九三〕。もちろんそのようなマニュアルは発見されていないし、存在したとは思えないが、戦国期を戦い抜いた武士が、都市を建設するにあたって城郭を中心とした都市構成モデルが観念レベルで共有されていたことは大いにありうる想定である。

②城下町の性格規定

西川幸治は寺内町研究において先駆的業績をあげたが、城下町についても独自の論点を提示したことが知られる〔西川 一九七二〕。西川は戦国期の城下町について、戦闘にあたってはみずから城下の焼き払うという行為に着目した。すなわち、「中世末、戦国争乱の世に、武将たちは各地に多数の城郭を構築し、ここを攻防の拠点として、その領国の拡大と確保をはかった。（略）戦闘をはじめるにあたって、まず城郭の外郭、城下の民屋に放火していることがわかる。合戦は城下を焼きはらってのちはじめられた。（略）戦闘にあたって城下は攻撃側によって放火され、守備側にあって自焼されるべき運命におかれていた」のである。

この城下町の「自焼」という行為は城郭そのものとその外側を取り巻く領域がいまだ密接な関係を形成していなかったことを雄弁に物語るものであり、都市として未成熟の段階にとどまっていたことを示している。

ついで西川は戦国期から近世にかけての城郭の性格について、次のように述べる。

中世の城郭が「城堅固の城」「所堅固の城」としてもっていた戦闘本位の城郭の性格はうすくなり、防禦性もほとんど問題にされなくなり、かわって天下統一あるいは領国支配の拠点としての性格をつよめ、城下は人々が集い来り居住するにふさわしい立地がつよく主張されてきた。（略）攻防の拠点として構築された中世的城郭とは質的にまったく異なる近世の城郭が封建的権威の象徴として現出したことを示している。近世的城郭は建築的構成においても、また自然的調和においても芸術的存在にまで高められ、城下町の中枢として城下に居住し、あるいは城下を訪ねる人々の上に圧倒的な力強さと威厳をもって屹立することになり、近世社会の権威の頂点を地上に表徴し、視覚的にも城下町の景観の中に明確に位置づけられることになった。

このことは西川の「城下町＝擬制的軍事都市」論に接続していく。

城下町は中世を通じてつちかわれた戦闘本位の軍事的性格によって貫かれていることは明らかである。しかし、城下町を総体としてみるとき、そのほとんどが環濠城塞都市の性格を示していない。（略）幕藩体制によって保障された太平の世にあって、城下町はたてまえとして軍事的性格によって貫かれた戦闘本位の都市であっても、しょせんはその原型たる中世の土豪屋敷構や戦国の城下にみられるように、戦闘に際して破壊される運命のもとにおかれ、都市としての防禦性のきわめて弱い擬制的軍事都市であった（略）近世の城下町は兵農分離・商農分離による生活居住空間の分離と都市・村落の自衛的防禦とその城郭の解体と武装的解除を前提として成立したものといえる。

また小野均が早くに指摘していた身分制にもとづく住み分けについては、「城下町の生活空間は封建的・身分格式秩序による地域的・空間的固定をその特色としている。（略）身分制秩序による居住区の分離と固定が近世における生活空間の構成を大きく規制した。このことはまた、城下町の核である城郭がその身分的閉鎖性の故に、「閉ざされた核」として城下町の都市生活の機能的核となりえなかったように、城下町の計画的矛盾の要因ともなったのである」とし、城下町の矛盾という捉え方が鮮明に打ち出されている。

西川は戦国期の京都の町や町組の地縁共同体としての結束、寺内町の宗教的運命共同体の達成に大きな評価を与える一方で、城下町についてはむしろその負の側面を抉り出そうとしている。この評価の転換は興味深い問題を含んでいた。

三　武士という存在

城下町は武士の創出した都市であって、戦国期から近世にかけて日本全国にゆきわたった普遍的都市類型である。とすれば城下町をつくった武士という存在こそが城下町のイデアを考えるために不可欠な要素ということになる。

1　サムライは嘘つきだ!

延慶本『平家物語』に「越中前司最期」というくだりがある（図6）。すなわち、寿永三（一一八四）年源平合戦の帰趨を決する一ノ谷合戦、平家侍大将越中前司盛俊と源氏側武士猪俣則綱との戦いにおいて、盛俊優勢で、則綱を組み伏せ、今にも首をかこうとした時、則綱いわく「この合戦はもう源氏の勝ちだ。主君を失った貴殿はもうすぐ落人になる。私を助けたら、貴殿はもとより一門親族すべてを助けよう」と和議を持ち出した。両者のあいだに和議が成立し、仲良く並んで腰掛けていると、そこに則綱親戚の武士人見四郎が登場した。盛俊が人見に気をとられている間に、背後から則俊を突き刺し、首を取ってしまう。しかしこの首は人見に横取りされる。則綱もぬかりなく、わずかの隙に耳を切り取り隠し持つ。その後、論功行賞の場で、人見が盛俊の首を差し出し自分の手柄であることを述べると、則綱は隠し持っていた耳を出し、結局この手柄は則綱のものになる、という話だ。

このやりとりを取り上げた佐伯真一は古代・中世・近世の武士の戦いを描いたさまざまなテキストを詳細に検討し、古代から近世に至るまで、だまし討ちはごく常態の出来事であったと述べる。むしろ、だまし討ちを無自覚に肯定する意識がすでに古代に胚胎するという。それを自覚的に肯定する意識は、中世の前半から後半へと時代を経るにしたがって、しだいにはっきりと姿をあらわすようになる。すなわちだまし合いは倫理的に非難されるべき問題ではなく、むしろ武闘能力の不可欠な要素として、謀略、知略こそが賛美されていたのだ〔佐伯 二〇〇四〕。

佐伯の論によると、そもそも武士道なるものは、近世に入り平和な時代になって、儒教と結びついたかたちで、語られるようになったものである。しかしそこでも『甲陽軍鑑』のように、勇猛・果敢・武略・知略を賛える傾向が強く、「フェアプレイ」とは無縁の存在であった。死の美学を称揚する『葉隠』は、当時佐賀藩で読まれたばかりで、全国的には無名の存在であったという。佐賀藩でさえ、異端の書として秘本扱いしていた。『葉隠』が有名になるのは、明治三九年以降のことで、われわれが思っているよりずっと新しい。しかしその潔い美学はその後日本軍隊のエートスとして翻案され、しっかりと根を下ろしたのである。

図６　盛俊最期の事

出典）『平家物語絵巻』（財）林原美術館蔵より．

武士道といえば、英文で書かれた新渡戸稲造『武士道』（明治三三年）が国際的にも有名である。しかし実のところ新渡戸は武士道という言葉を自分の造語と考えていた。彼は最初から外国人読書を想定してテキストを書き下ろしたのであって、日本の歴史や文化への知識がない読者に対して、西洋文化の枠組み、とくに騎士道に依拠しつつ、自己の内面をとらえ返す思索のなかから、武士道を「創造」したに過ぎない。したがって武士の死の美学や武士道に象徴される倫理的な行動規範は平和な時代に入ってからつくられた価値観なのである。

とすると、敵を欺き、だまし合いを常態とするプロの殺戮軍団がつくった城下町とは、一体何なのか、という新たな問いが浮上してくる。いままでこうした武士像を前提とした城下町論がなかったことはいささか不可解なのである。世界のあらゆる文明圏に誕生した都市を検索しても、武士や騎士が建設した都市は存在せず、城下町は世界史的にみて、きわめて稀有な存在なのである。

2　武士の三形態

中世の武士、武士団を対象にした優れた先行研究は枚挙にいとまない。そのなかでも石井進の『中世武士団』ははじめて武士団と具体的な在地のトポグラフィと関連づけて描き出した記念碑的な作品であった。この研究を受けて五味文彦は『武士と文士の中世史』において、中世から近世にかけての武士の存在形態の変化を以下のような明快な図式で捉え直した〔五味 一九九二〕。

すなわち武士は当初、獣を狩猟して生業を営む「狩猟民」であったが、中世に入ると土地を媒介とした主従関係で結束した戦闘集団としての性格を強めつつ、在地において「農民」として定着した。そして戦国期になると、戦闘のために在地と戦場を行き来しながら、有力な戦国大名は家臣団、職人、商人を配下に組織し、戦国期城下町を建設する〔都市民〕。このように狩猟民↓農民↓都市民というドラスティックな変化を遂げるのが武士という存在であるが、狩猟、戦闘、移動という本性は時代を通じて継承された。わたくしもかつて「宿」という場の形成を考えたことがあったが、そこには移動を前提とし、宿衛のための場としての武士系の宿と、のちに宿場町として展開する町人地系の宿との二類型が見いだされた〔伊藤 一九九四〕。この武家地系の宿は高橋慎一朗のいう京都六波羅の「武家地」の性格と共通し〔高橋 一九九六〕、戦国期城下町の家臣団屋敷や近世城下町の武家地へと継承される武士の都市居住の重要な存在である。近世において城主が他の城下町に転封されるさい、家臣団もまた「鉢植」と称し、一団をなして移住した例が少なからずあるが、これも武士という存在の本来的に有する流動性に由来するだろう。

3　武家文化の劣等性

戦国大名は戦闘に明け暮れていたわけではない。しばしばみずからの地位を正当化するために、あるいは名誉心を満足させるために官途獲得や上洛運動を積極的に行ったことが知られている。天皇の住む京都へ大名を駆り立てたもの、その理由は、「第一には近隣大名への対外意識、軍事的事情といったものが考えられるが、共通して見られる現象は、大名たちの抱懐する京都への特殊な感情を見逃すわけにはいかない」〔今谷 一九九二〕。

今谷明はこの「京都への特殊な感情」について、次のように説明する。

鎌倉時代以来の数百年の武家の伝統をもってしてもなお、彼らは自前の文化の優位性を公家に対して主張できないでいるのである。戦国大名の文化的な動向として注目されるのは、宸筆の古典籍のような天皇関連の文物を珍重し、絶えず中央に求めるという傾向がみられる。（略）かつての唐物崇拝に対し、戦国期には「公家物崇拝」とでも称すべき宸筆古典籍が大名の間でもてはやされた。（略）彼らの心理の深層にあるものは、中央の文化なり文明に対する（技術も含めた）強烈な劣等意識ではなかろうか。そしてそのコンプレックスこそ、天皇への特別な、一種屈折した思いであったと考えられるのである。

武士は武力を背景に力を蓄え、権力の暴力装置として存在意義を高めながら、ついにその頂点に君臨しようとしていた。しかし武士はつねに文化の劣等性に苛まされていたのであり、彼らの天皇崇拝や上洛は、そのコンプレックスの裏返しであったことは明白である。安土桃山文化の溌剌とした躍動する意匠は確かに武士の文化への新たな息吹を示すものであったが、その背後には伝統的な公家文化に対する反発がこめられていたはずである。公家は公家で武士の実力に対して表面的には従うものの、心の裡では文化や教養を欠いた成り上がり者として見下す態度は根強く残っていたのである。

4　小京都のイデア

戦国期の都市に京都を理想とした「小京都」が生まれ、その多くは戦国期の城下町であったことはあらためて注目に値する〔伊藤 二〇〇三〕。京都はわが国の歴代都市のなかでも卓越的な地位にあったことは疑いなく、平安京以降天皇が居住する特別な都市として憧憬の的であった。「すべて帝都の模様をうつした」大内氏の周防山口、越前朝倉氏の「越南の都」一乗谷城下町、応仁の乱を契機に在地に下向した一条教房が土佐中村で行った町づくりなどがよく知られている。

山口は大内弘世が延文年間(一三五六―六一)に建設された都市で、「大内氏系図」には、「始めて吉敷郡山口に遷す。此の地の繁華は此の世に起こる。山口に祇園、清水、愛宕寺を建立し、統べて帝都の模様を遷す」とそのコンセプトが明瞭に記されている。弘世は山口建設にあたり、古代条里制を採用し、一ノ坂川にそって方形の大内館を構えた。館は堀と土居によって囲繞され、次の教弘の時代には館の北隣に築山館が増設された。

館の西側に南北道路(竪小路)、南側に東西道路(大殿道路)を通し、館周辺に陶氏、内藤氏などの庶族、重臣の居住区が割り出された。竪小路は南端で石州街道と交差し、街道沿いに大町、円政寺町、太刀売町などの町々が分布した。竪小路や大町筋にはさらに多くの横町や小路が細かく分岐し、多くの商人や職人が町屋を連ねたと想像される。

町割りと平行して、大内氏は京都ゆかりの祇園社や北野天満宮を勧請し、祇園祭の山鉾巡行も行ったのである。延徳四(一四九三)年の「大内氏掟書」には、築山館の築地の上から祇園会を見物することを禁止する条文があり、見物場所を確保するのもたいへんなぐらい見物客で賑わっていた(5)。これはいまも鷺舞として伝わる。また京都から名僧を招いて、山麓の各所に多くの寺院も建設された。大内氏は在京経験があり、京都をモデルとした町づくりを行ったこ

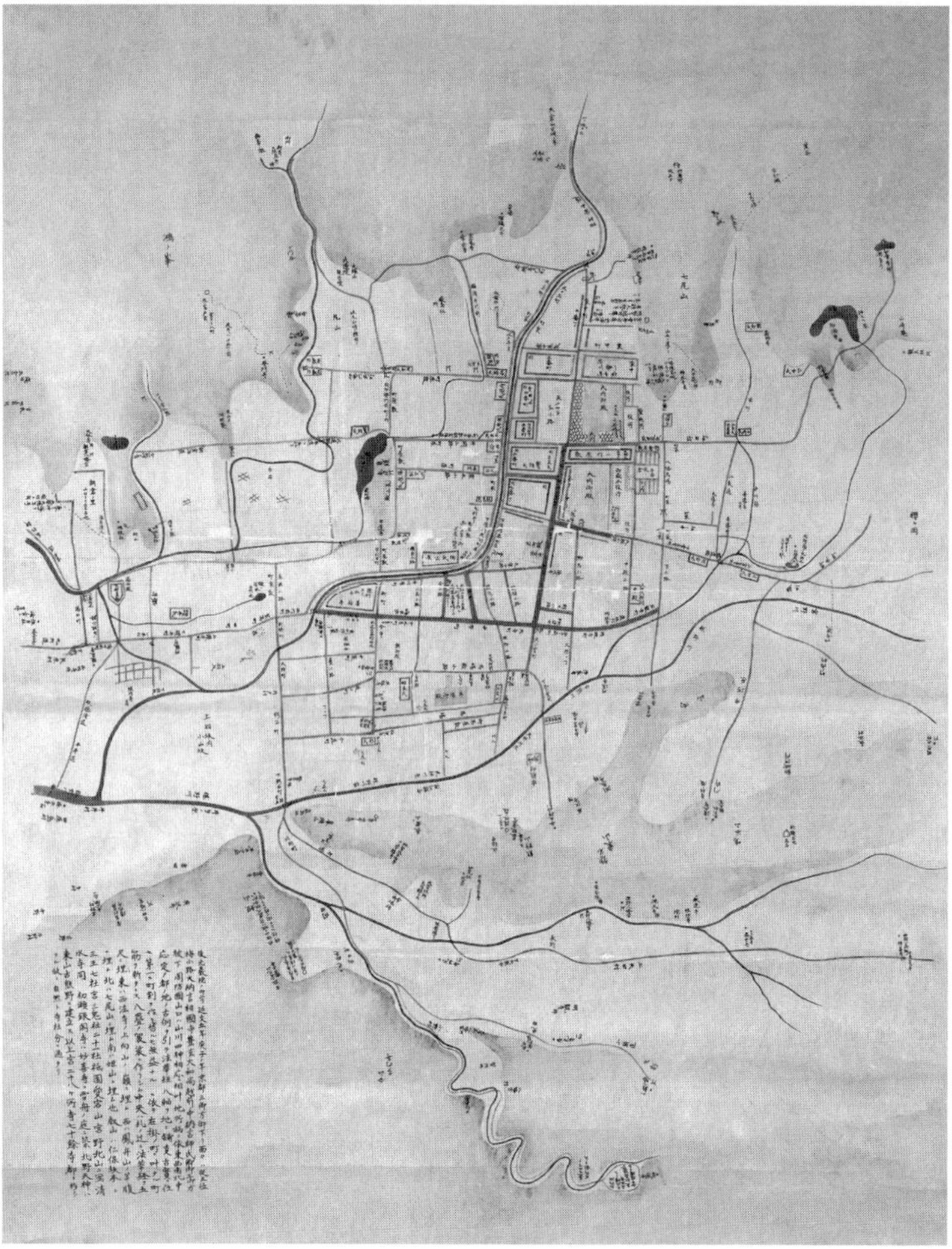

図7　大内氏時代山口古図（山口文書館蔵）

とはほぼ確実であろう。

大内氏が建設した山口を江戸時代に復元的に描いた「山口古図」を子細に眺めると、山口は京都というより、むしろ戦国城下町の特徴をよく備えた都市とみた方が正しい（図7）。堀に土塁によって守られた館とその周辺の武家屋敷地区、街道沿いの市町、職人町などからなる都市構成は、明らかに戦国期に各地に建設された城下町にほかならず、町割りも京都のように整然としたグリッド状のものとはいいがたい。

東、北、西の三方が山に囲まれ、南に平野が拓けていること、中央に一ノ坂川が流れることなど、地形的条件が京都に似ていることと、京都を象徴する寺社をやはり似たようなロケーションを探して勧請したこと、洗練された祭礼や文化が京都から持ち込まれたこと、これらが山口を小京都たらしめた大きな条件であった。大内弘世は在京中に三条西実隆など当代屈指の文人たちとの交流があり、応仁の乱を避けて山口を訪れる公家や学者を歓迎した。連歌師宗祇も山口に招かれており、築山館でしばしば連歌が興行された。また京童を招き寄せ、彼らを町の辻々に立たせて、田舎言葉を矯正しようとしたという伝えも残されている。

戦国期ころから近世にかけて数多く作製された各種の「洛中洛外図屛風」もまた、京都という都市がいかに図像としても武士の間で珍重されたかを物語っている。たとえば三条西実隆の日記『実隆公記』には永正三(一五〇六)年一二月、越前朝倉氏が土佐光信の描いた「京中図」を新調したことが記されている。朝倉氏もまた京文化の摂取に積極的であった。三条西実隆は『伊勢物語』や『源氏物語』などの古典に通暁する一方で、和歌や連歌、茶の湯にも詳しい当代随一の文化人で、日記には多くの地方武士との密接な交友関係がうかがわれる。越後上杉氏、越前朝倉氏、若狭武田氏、周防大内氏などがしばしば日記に登場し、彼らは実隆から熟成した京文化を吸収したのである。

北条氏直は小田原の城下町建設にあたり、京の町屋の板葺をまねて、草葺民家を京風の板葺屋根にあらためたという伝えもあるように、次第に整いつつある京都の統一的な町並み景観もまた彼らの理想像のひとつであった。武士がやがて天下人として支配の頂点に立つ前夜の戦国期城下町は、都市としてはあらゆる点で未成熟であったし、武士はいまだ固有の都市の理想像をもたなかった。当該期の武家文化の劣等性と小京都の存在はそうした事情を示しているものといえよう。

四　信長のイデア

1　天のイデア

戦国城下町から近世城下町の展開に織田信長が果たした絶大なる役割は既往研究が指摘するとおりで、その事実はここでも否定できない。しかし長年にわたる信長研究の蓄積のなかでひとつの注目すべきブレーク・スルーがあった。立花京子は、天正一〇（一五八二）年五月の信長への三職推任事件において、従来朝廷が主体的に推任していたとみられていたのに対して、文書を新たな観点から再解釈し、信長が京都奉行村井貞勝を通して朝廷に推任勅使派遣を強要してそれに成功したことを論証したのである〔立花 二〇〇〇〕。三職推任事件とは、本能寺の変直前、信長の官職につき朝廷側から推任交渉があり、信長を太政大臣か、関白か、将軍かに推挙するための勅使を送ったが、信長は自らの意思の表示を避けたという事件である。

立花はさらに信長の全国支配への道程を再検証し、信長の全国制覇の正当性は、正親町天皇から付与された、源頼朝以降幕府将軍が本質的に保持する「天下静謐執行権」であることを主張する。(6) 信長の「天下布武」は頼朝の「天下草創」と同一理念であり、永禄一三（一五七〇）年三月一日に信長が将軍と同等の権限の獲得に成功したのである。(7) さらに、信長は室町幕府将軍の保持する将軍権限を頼朝まで回帰させ純粋化させることにより、足利義昭を京都から追放する名分を得、さらには自己の政敵を朝敵として討伐することを可能にしたというわけである。

立花の研究は信長研究史のなかで信長のより徹底した全国制覇への戦略を具体的に明らかにした点で大きな意味をもつとともに、それまで信長でさえタブーとみられていた朝廷内部にまで信長の手が及んでいたことを示したことは重要である。有力な戦国大名でさえ、武家文化の劣等性に苛まされていたのであり、京都は依然として彼らの憧憬の文化都市であったが、信長はこうした戦国大名の保守性と限界を一挙に超えうる革命児であったことを別の面で強調してくれたのである。「天下」という語は既成の言葉ではあったが、信長によって再発見され、追求された一種のイデアであったと思われるのである。とりわけ「天」という語に信長は異常なまでの強い関心を示したことは確実である。

2　信長の城と城下

信長は天文三（一五三四）年那古野城（勝幡城）で生まれた。ここで天文二四（一五五五）年まで過ごす。天文二四年、信長は守護代織田氏を滅ぼし清洲城に入城する。尾張支配の拠点となる城郭で、信長の居館と惣構えがあったことが知られている〔小島 二〇〇六〕。

信長は永禄六（一五六三）年、より防御に有利な山城を必要とし、美濃を攻略し小牧城へ移転する。考古学的な知見によると、長方形街区と短冊形地割が検出され、両側町の構成をとっていたという。永禄八年足利義輝暗殺後、花押を「麟」に変えている。

永禄一〇（一五六七）年、美濃を平定し斎藤龍興から稲葉城を奪い、岐阜城に入る。天正四（一五七六）年までここを居城した。「岐阜」という名称は信長による命名であって、信長が側近として重用した禅僧沢彦が中国の故事にもとづいて例示したものから選ばれたものと伝える。

岐阜に移ってからの信長の行動は迅速であった。すなわち永禄一〇年正親町天皇からの決勝綸旨を手にすると全国制覇の大義名分がようやく整い、永禄一一年足利義昭を供奉上洛し幕府を再興するとともに、征夷大将軍に着任する。義昭追放後、信長の強い意向により元号をそれまでの「元亀」から「天正」に改元する。ここにも「天」への強い執着がみられる。

岐阜城は、「宮殿は非常に高いある山（金華山＝稲葉山）の麓にあり、その山頂に彼の主城があります。驚くべき大きさの裁断されない石の壁がそれを取り囲んでいます。第一の内庭には、劇とか公の祝祭を催すための素晴らしい材木でできた劇場風の建物があり、その両側には、二本の大きい影を投ずる果樹があります。広い石段を登りますと、ゴアのサバヨのそれより大きい広間に入りますが、前廊と歩廊がついていて、そこから市（まち）の一部が望まれます」とあるように（ルイス・フロイス著、松田毅一・川崎桃太訳『完訳フロイス　日本史2　織田信長篇2』中央公論新社、二〇〇〇年）、稲葉山山頂に城郭があり、信長とその家族はふだんそこで起居しており、来客があると麓の居館で接待した。特別な場合には、翌日山頂の城まで賓客を案内し接待したことが『信長公記』にみられる。

岐阜城下町の構成は、惣構えのなかに信長居館があり、「古屋敷」という地名は武士団集住区があったことを示している。その西側にはいくつかの町が存在していたが、惣構えによって囲繞されていた。惣構えの外の地理的に離れた場所には、信長によって楽座令が発給された加納市場があり、戦国期特有の城下町の構成を呈していた（図8）。

天正四（一五七六）年、ついに信長は念願の安土城の建設に着手する。「平安楽土」から二字をとって「安土」と命名し、安土山の山頂に城郭を築こうとした。もっとも高い位置を石垣で囲い、そこに信長の居所であり城郭の中心的な施設となる「天主」を建設する。

安土城の縄張りは①外桝形や馬出しなどの複雑な出入口を備え、求心性の強い城郭プランであり、②礎石建ちで瓦葺きの建築群による耐久性を意識した建築への志向性があること。③高石垣による総石垣化や天守建造などによって見せる城としての強い象徴性が認められ、一連の織豊系城郭の展開の画期となったと評価される〔千田　二〇〇〇〕。安土山はきわめて急峻な山であり、その山頂を中心とした縄張りのヒエラルキーとそれに対応する身分制にもとづくゾーニングは、城郭をひとつのモニュメントとして演出した結果生み出されたものと考えられ、強い垂直性の表現はそれまでの日本建築には存在しなかったものである。

問題となる天主復元については、主要な史料である『信長公記』の「安土山御天主の次第」にもとづき過去数多く

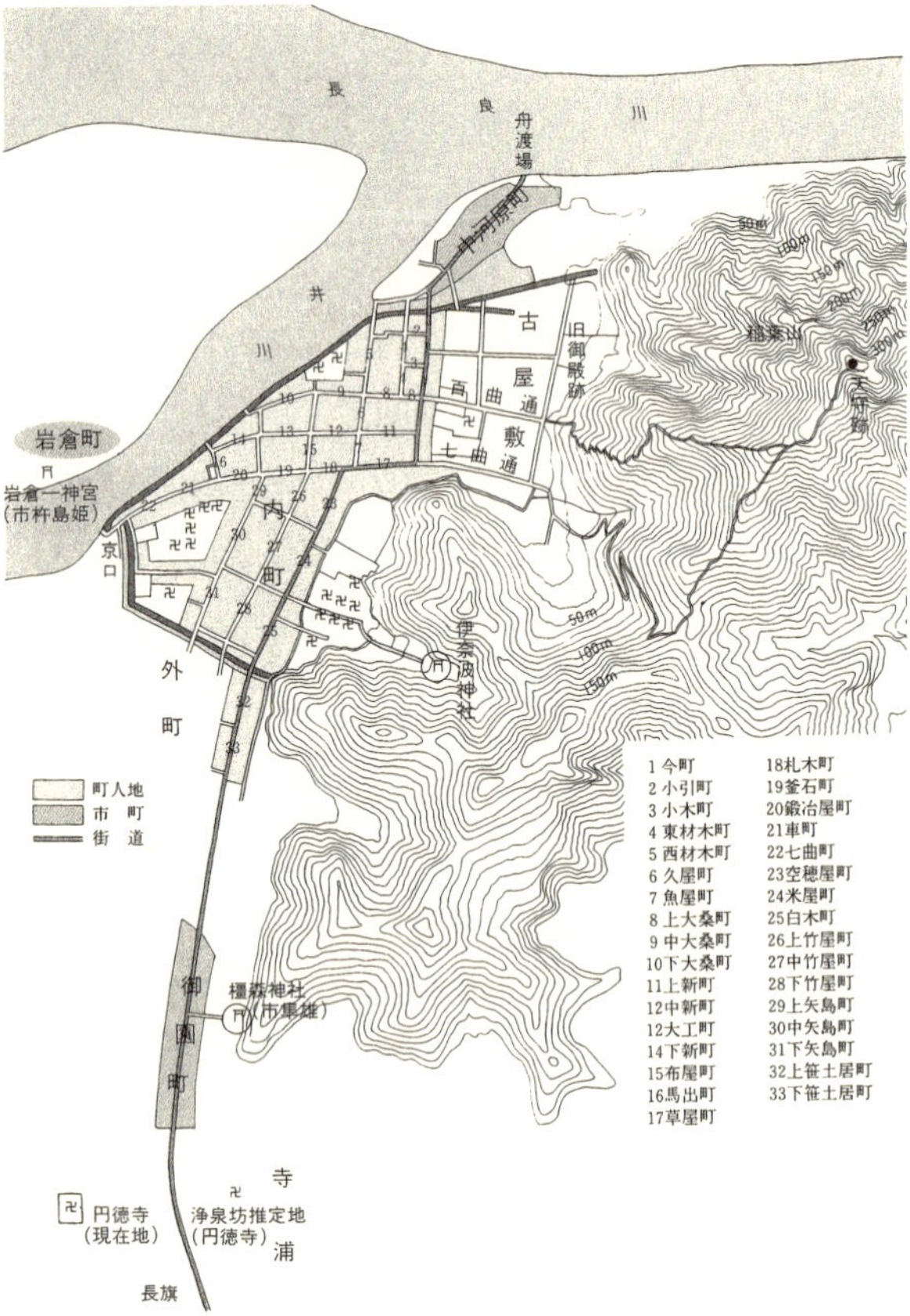

図8　岐阜城下町

出典）小島道裕原図，高橋康夫ほか編『図集日本都市史』（東京大学出版会，1993年）より．

の復元案が提出されているが、決着をみない。

内藤昌は池上右平作「天守指図」（静嘉堂文庫蔵）を発掘し、これをもとに天主台を含む現地調査を重ねながら詳細な復元案を世に問うた〔内藤 一九七六〕。内藤の復元案は吹抜をともなう大胆かつ独創的なデザインであったため、世間の注目を集めた。これに対しては宮上茂隆が徹底的に史料批判を加え、内藤が依拠した「天守指図」は「安土山御天守の次第」をもとに後の時代に復元した図である可能性が高く、史料的問題が多く到底認めることはできないと反論した〔宮上 一九七七〕。とくに内藤案の見せ場でもある、天主内吹抜空間と宝塔の存在は現状遺構からみても疑問視されている。

とはいえ「安土山御天守の次第」は現在のところほとんど唯一の基本史料であることはかかわらず、各復元案は細か

図9　安土城の大手（整備後，筆者撮影）

な点で微妙に異なるものの、「安土山御天守の次第」を通して知ることのできる天主の性格はおおよそ共通する。それによると安土城天主は七重天主で、狩野永徳による水墨画、金箔を多用したインテリア、中国故実や仏教、花鳥風月などをテーマとした各室からなり、独創的かつ豪華な建築であったことは確実である。そこにはチャイニーズ・ロア（中国幻想）、王朝ロア、仏教ロアともいうべき複数のプログラムが共存する特異な建築であったという美術史からの見方も出されている〔大西・太田編 一九九五〕。安土城天主は不明な点が依然多く残されているが、明らかにそれまでの建築類型とはまったく異なるタイプの建築が登場したことは間違いない。異なるプログラムを積層しつつ屹立する、垂直性の強い建築は信長のイデア、とりわけみずからを神格化してまで「天」の高みに到達せんとする信長の意欲が凝縮した建築である。

安土山山腹から山麓にかけては武家屋敷地区が展開していた。信長は家臣に対して国元の屋敷を焼き払うなどの強硬策をとり、妻子を伴って城下町集住を強要した。これはのちに推進されることになる兵農分離のさきがけであって、当時信長軍以外の戦国武士団はいまだ兵農分離は徹底されていなかった。信長は専業的な軍団をはじめて意識的に組織した。城下の平坦地には町人地が広がっていた（現在の字下豊浦、常楽寺、慈恩寺付近）。天正五（一五七七）年、安土城下に楽市楽座令が出され、城下居住町人へ諸役免除などの特権を保証し、外部からの商工業者移住を促進した。この時、中国皇帝を意識した双龍に囲まれた天下布武の朱印をはじめて使用したとされる。

このように安土城および城下町は織豊系城郭の系列のなかに位置づけられるし、近世城郭および城下町の転換点となったという評価は疑いないところであるが、むしろその不連続性にこそ注目すべきだろう。安土の前後で城下町という都市は大きくその性格をかえた。武家が抱えていた天皇や京都に対する潜在的劣等感は一掃された。武士の頂点に立つ信長こそ天に君臨する比類なき存在であることを信長は示そうとした。信長にとって天皇や朝廷はコントロールすべき一対象に過ぎず、京都もまた焼き払っても惜しくない存在であった。信長という存在はまさに激動の移行期にこそ登場できた特異点であり、信長が構想した都市イデアは城下町という世界史上稀にみる都市類型を造形する原動力であった。そして忘れてならないのは、華麗な城下町の背景に控える都市の軍事都市として側面である。プロの殺戮軍団がつくりあげた都市の武断的な性格は。平和な時代に入ると失われてしまうことになるが、城下町という都市類型を成り立たせているもっとも基底的な性格である。

3　視線のイデア――城下町のヴィスタ

近世城下町のヴィスタについて桐敷真次郎が先駆的な研究を発表したあと〔桐敷　一九七二年〕、この視点を引き継ぎつつ、膨大な城下町史料を博捜しながら日本の城下町の全体像理解に大きな貢献をした建築史からの研究として宮本雅明の一連の論考がある〔宮本　二〇〇五〕。宮本の前近代日本の都市理解は都城と城下町を主要な都市類型とする点では吉田伸之とかわるところはないが、その発展のプロセスについて、「日本ではこれらの都城が、城下町へさらには現代都市へと、連続的に成長を遂げることはなかった。古代都城とは一旦断絶した中から、中世を通して新たな都市要素が、その存立を保障する多様な「私」を拠り所として成長していった。これら都市要素を再編・結集することによって成立したのが城下町である」と述べる。続けて「こうした歴史を刻んだ前近代日本の都市は東アジア世界の中では異色である。むしろ、ローマの植民地に起源しつつも、中世に始まる「公共性」の論理の貫徹する新たな社会と空間を創り上げたヨーロッパ都市の歴史に相通ずる感がある」という注目すべき指摘をしている（宮本 二〇〇五）。

宮本がヴィスタ計画を中心に長年研究を続けた城下町論の一つの到達点は、中世から近世への転換点を「公」と「私」から再評価することであった。すなわち、「こうした城下町の建設を通して、中世社会において「私」の世界のなかに埋め込まれていた「公」の世界が自立を果たした。城はこの「公界」と「公儀」を束ねた一元的公権力を象徴する存在として機能した。城と城下町の建設を通して、「私」が卓越した中世社会の枠組みが解体され、「公」が卓越する近世社会の枠組みが形成されたのである」。

こうした観点から戦国期に大名が一貫して関心を示しつづけた市町と城下の町との関係について、「「公界」に成立した市町を城下に結集した場合、その市場平和を保障する領主の視線は、城下町の都市プランを構成するうえで大きな役割を演じた。（中略）城下に開かれた新しい市町を、城主の視線が貫くよう、ヴィスタ（見通し）に基づいて町割することは、市場平和を保障する戦国大名の視線を常に浴びることを意味し、市町に対する城の果たす役割を明確に示してくれる」と述べる。安全で平和な領域における商業活動の賑わいの光景は戦国時代の混乱期において、ひとつの希望のイデアであったろうし、戦国大名はこうした場の創出に向けて自覚的になりつつあった。しかしこの段階ではいまだ天守は成立していなかった。

織豊政権下の城下町では天守が登場し、天守から市町を貫くようなヴィスタが成立するとともに、城下からは垂直に屹立する天守を見通すような視線が得られる。とりわけ宮本が注目するのは、ヴィスタの焦点に天守がたちあらわれたことであって、本町筋から見通せた本丸天守は文禄四（一五九五）年を境に消滅し城下町史におけるごく初期段階のみの現象といえるかもしれないが、「一元的公権力の存在を城下の人びとに深く印象づけたに違いない」と評価する。

城下町の類型はすでにみたように矢守一彦などの歴史地理学のおける蓄積があり、それを継承・発展させたのも宮本雅明の重要な貢献であった。宮本の整理によると、城下町の類型の発展は、総郭型から町郭外型へ、町郭外型から町開放型へと単純化される〔宮本 二〇〇五〕。この展開過程もまた自由な交易の場の拡大・発展という文脈から理解することができて、町郭外型が支配的になる一七世紀以降は広範な領国単位の平和領域が達成されつつあり、もはや都市全体を囲繞する総構えは必要ではなく、むしろ必要とされたのは平和領域での自由な商業活動を下支えする基底的な空間と社会の枠組みであった。

4　イデアからプラニングへ――藤堂高虎の城下町設計

先述した矢守一彦は城下町の発展類型を考察するとともに、城下町の都市計画、すなわち町割りと屋敷割りについても先駆的な分析を行った〔矢守 一九七〇〕。それによると町割りには大きく碁盤型と短冊型があり、屋敷割りには「京型」と「江戸型」があるという。この問題はその後内藤昌の江戸城下町研究に継承されたが〔内藤 一九六六年〕、あまり活発な議論へと展開することはなかった。そうしたなかで、藤田達生は一般書という制約のなかで、江戸時代の城下町設計者としてよく知られている藤堂高虎の実像を見事に描き出している〔藤田 二〇〇六〕。藤堂高虎は、近世城郭の基本的なスタイルを確立した人物であり、江戸城ほか数多くの将軍家の城郭普請に関与した。高虎の城郭普請は諸大名の手本となり、「城郭の縄張り、石垣の積み方、建造物の工法・装飾、室内を飾る障壁画や調度品までが、一定方向に収斂した」という〔藤田 二〇〇六〕。

当時の築城は大きくみて、①占地する、②指図・資材帳簿を作成する、③縄張りを打つ、④資材を調達する、⑤石垣を普請する、⑥建造物を作事する、という六段階の仕事があった。どれひとつおろそかにできない重要なプロセスであり、近世城郭の設計とはそれまでの中世城郭とは格段に異なり、資金・資材・労働力の確保など、周到な計画なしには実現不可能な一大プロジェクトであったといえる。城郭建設は同時に城下町をプラニングしていくことでもあり、「高虎は城づくりの名人として有名だが、まちづくりの名人でもあった」のである。

藤堂高虎の伊予時代に行われた板島・大津の城郭は主に改修であったが、三筋からなる竪町プランをもつ城下町は彼が本格的に普請したものである。そして高虎の代表作となった今治城天守は、全国的にみても層塔型天守のさきがけといわれるもので、矩形の天守台の上に規格材を整然と組み合わせることによって全体をつくりあげた。これによって、従来の天守が抱える構造的欠陥を克服しただけでなく、工期や工費を大きく短縮することができたのである。信長によって創出された天主はすでにみたように城下町のなかにおいてもっとも象徴的なモニュメントであったが、高虎は「天守を実質的に城内最大の櫓に変えてしまった」〔藤田 二〇〇六〕。天守はほとんど使われることなく、「泰平の時代の到来とともに居住性は低下してゆき、平時は武器庫として、戦時には最期の防御陣地としての役割しか果たさなくなってしまう。そして城郭の中心は、御殿へと移ってゆく」。望楼型天守から層塔型天守への変化は、天守と御殿の機能的な変化とも連動していたことになる。

城下町はいまや冷静で緻密な技術官僚によって計画すべき対象であった。高虎は、伊予今治で近世城郭・城下町の基本プランを確立したとみられるが、それを公儀普請を通じて全国的に普及させていった。軍事要塞としての城郭は政庁となり、城下町は「街道を引き込み、幅広く直線的な街路を交差させ開放的な街区をつくることで、地域流通の拠点とすること」に主眼がおかれるようになる〔藤田 二〇〇六〕。このプロセスは宮本が指摘したヴィスタ計画の消滅と大きく関係し、初期城下町に込められたイデアは短い期間で後退し、技術的なプラニングが前景に出てきたことを示している。このことは幕府の作事方・小普請方における技術官僚組織の整備と一連の動きであった。

おわりに――城下町のイデア

以上の大雑把なスケッチから抽出される城下町のイデア的側面のうち、とりわけ注目されるのは次の三点であろう。

(1)　文化の周縁から政治の頂点

戦闘をその本質とする武士はつねに文化的周縁にあり、独自の文化を形成することはなかった。とりわけ戦国大名はすでに天皇や公家を圧倒するほどの実力をもちながらも、官途獲得や上洛運動を繰り返し、天皇家や京都への憧憬の念を隠すことはなかった。一方、戦闘本能の最終的に行き着くところは全国支配であり、それが実現すれば次なるテーマは海外進出ということになる（秀吉の朝鮮進出）。天皇制を前提とする武士支配はもとより限界があって、朝廷を守る「天下静謐」が彼らの武力行使の大義名分であった。信長・秀吉によって天下統一が実現すると、みずからを「天」と見なし、「公儀」と認識するに至ったのである。武士は文化の周縁から立ち上がり、政治の頂点をきわめた。その特異な歴史の象徴が城下町という、世界史的にみてもまれな都市の誕生であった。

(2)　「天」のイデア

近世城下町の成立を考えるうえで、信長が果たした役割は大きい。信長は「天」のシンボリズムを天主で表現し、みずからを神格化して中国皇帝になぞらえた。天主が表現する垂直方向の視線のイデアと内部を飾った図像のイデアは信長のプログラムしたものであったはずである。信長はそれとともに天下布武印などの印章（エンブレム）に強い執着を示した。こうした図像のもつ力を信じる性向が逆に独創的な天主を生み出したともいえる。

天主の創出は、高さへの志向と山頂の征服を意味する。それまで山はそれ自体聖地であって、都市の周辺を取り囲むのみであった。しかし信長以降、城下町は「天」からの視線支配に貫かれ、初期の城下町プランに反映するが、短期間で消滅してしまう。平和な時代の到来とともに、城郭は実務的な政庁としての性格が強くなり、天守が一度焼けると再建しないなど、城下町のなかで副次的な存在へと後退してゆく。城下町のプラニングは細かくみれば数多くのヴァリエーションが存在するが、大局的にみて伊藤鄭爾のいう「トポロジカル・プランニング」、すなわち城郭を中心として武家地・町人地・寺社地が取り囲むという構成はきわめてよく似ており、都市設計という観点からみれば独自性は乏しく、京都をモデルにしたものが支配的といえる。城下町は類型として明瞭であり、全国を覆い尽くすが、都市としてのヴァリエーションはきわめて貧困なのである。

(3)　複数イデアの共存

城下町は泰平の時代になり、当初の垂直性を失い水平性の強い都市へと推移してゆく。城下町は都市としての発展とともに、武士、町人、宗教など異なる身分的要素が地域を分けながらも共存する地域の中心的都市へと性格をかえていく。そこではもはや単一の都市イデアが全体を貫くことはなく、複数のイデアが互いに関係しあいながらも、共存する都市として成熟を遂げるのである。

本章では戦国期から近世にかけて成立した日本の伝統都市の代表的な類型である城下町を都市イデアという観点から再考したが、この城下町が明治維新以降どのような変化をこうむりながら近代化を経験するかは次なる課題である。城下町の近代化というテーマは武家地処理問題や鉄道・港湾などインフラ施設の導入とともに論じられてきたが、本巻の視角からすれば当該期におけるイデアの大きな変容過程として見直すことができる。その点で注目されるのは岩倉使節団の記録（久米邦武『米欧回覧実記』など）である。この使節団の見聞を都市イデアという観点から見直すことは日本の都市の近代を再考することにつながると考えている。機会をあらためて論じたい。

（1）境内・町の諸特徴は、〔伊藤　二〇〇五b〕で示したものを修正して用いている。
（2）小野晃嗣『近世城下町の研究　増補版』法政大学出版局、一九九三年収録の付「小野君の歩いてきた道を憶う」（森末義彰）、解説（松本四郎）参照。

（3）寺内町の町割りは戦国期のものは確認できない。前川要は織豊系城下町の形成のプロセスで寺内町の町割りも戦国期に割り直されたとしているが〔前川 一九九一〕、その根拠は薄い。むしろ近世の町割りが城下町と異なるモデュールであることに留意すべきである。

（4）〔吉田 二〇〇二〕の「序」は本シリーズの前提となる論点がすでに示されており、「城下町の構造と展開」は現時点でのもっとも包括的かつ高水準の城下町論である。本章は、都市イデアにも言及した後者の論文に負うところ大である。吉田もまた小野の研究の先駆性と到達点に高い評価を与えている。

（5）『大内氏掟書』佐藤進一・百瀬今朝男・池内義資編『武家家法Ⅰ』（中世法制史料集3）岩波書店、一九六五年所収。

（6）決勝綸旨の発給のこと。永禄一〇年正親町天皇から信長宛に朝敵討伐のために上洛を要請するむねの綸旨が発給された。

（7）天下布武印とは信長が禅僧宗恩沢彦に命じて作成した印で、岐阜城に入城後（一五六七年）使用開始。足利義昭供奉の上洛への協力を求める書状にも天下布武印が押される。従来、天下布武印は信長の天下統一の意思表明と見なされていた。

〔参考文献〕

伊藤毅「「宿」の二類型」五味文彦・吉田伸之編『都市と商人・芸能民』山川出版社、一九九三年
伊藤毅『都市の空間史』吉川弘文館、二〇〇三年
伊藤毅「グリッドとイデア」『UP』三九三号、二〇〇五年a
伊藤毅「中世都市の空間」『UP』三九五号、二〇〇五年b
伊藤毅「宗教都市と交易都市」『UP』三九七号、二〇〇五年c
伊藤毅編『バスティード』中央公論美術出版、二〇〇九年a
伊藤毅「グリッド論」五味文彦・杉森哲也編『日本の歴史と社会』放送大学教育振興会、二〇〇九年b
伊藤鄭爾「日本都市史」『建築学大系2　都市論・住宅問題』彰国社、一九六〇年
今谷明『戦国大名と天皇』福武書店、一九九二年
大西廣・太田昌子編『安土城の中の「天下」――襖絵を読む』（朝日日本の歴史別冊　歴史を読みなおす）朝日新聞社、一九九五年

小野晃嗣『近世城下町の研究　増補版』法政大学出版局、一九九三年
小野均『近世城下町の研究』至文堂、一九二八年
桐敷真次郎「慶長・寛永期駿府における都市景観設計および江戸計画との関連」『東京都立大学都市研究報告』二八、一九七二年
小島道裕『戦国・織豊期の都市と地域』青史出版、二〇〇五年
小島道裕「戦国期城下町から織豊期城下町へ」都市史研究会編『年報都市史研究1　城下町の原景』山川出版社、一九九三年
小島道裕『信長とは何か』講談社、二〇〇六年
五味文彦『武士と文士の中世史』東京大学出版会、一九九二年
佐伯真一『戦場の精神史——武士道という幻影』日本放送出版協会、二〇〇四年
千田嘉博『織豊系城郭の形成』東京大学出版会、二〇〇〇年
高橋慎一朗『中世の都市と武士』吉川弘文館、一九九六年
立花京子『信長権力と朝廷』岩田書院、二〇〇〇年
都市史研究会編『年報都市史研究16　現代都市類型の創出』山川出版社、二〇〇九年
内藤昌『江戸と江戸城』鹿島出版会、一九六六年
内藤昌「安土城の研究（上）（下）」『国華』九八七・九八八、一九七六年
中丸和伯「後北条氏時代の町（相模の場合）——小田原を中心として」地方史研究協議会編『封建都市の諸問題〈日本の町Ⅱ〉』雄山閣出版、一九五九年
西川幸治『日本都市史研究』日本放送出版協会、一九七二年
藤田達生『江戸時代の設計者——異能の武将・藤堂高虎』講談社、二〇〇六年
前川要『都市考古学の研究——中世から近世への展開』柏書房、一九九一年
松本豊寿『城下町の歴史地理学的研究』吉川弘文館、一九六七年
宮上茂隆「安土城天主の復元とその史料に就いて（上）（下）」『国華』九九八・九九九、一九七七年
宮本雅明『都市空間の近世史研究』中央公論美術出版、二〇〇五年
矢守一彦『都市プランの研究——変容系列と空間構成』大明堂、一九七〇年

矢守一彦『城下町のかたち』筑摩書房、一九八八年
吉田伸之「序」・「城下町の構造と展開」佐藤信・吉田伸之編『新体系日本史6　都市社会史』山川出版社、二〇〇一年
『大内氏掟書』佐藤進一・百瀬今朝男・池内義資編『中世法制史料集3　武家家法Ⅰ』岩波書店、一九六五年

2　地中海都市

陣内秀信

はじめに——都市イデアの図像表現

世界のなかでも、最も古い時代から持続して都市の文明を営々と築いてきた地中海世界は、都市イデアというテーマを考えるのに、ふさわしい対象であるのはいうまでもない。これまで私は、「地中海都市とは何ぞや？」について、いく度か論じたことがある〔陣内　一九九五・二〇〇七〕。ここでは、その経験をもとに、「都市のイデア」の切り口から再度、地中海世界の都市の特質を考えてみたい。支配者ばかりか、むしろこの地域に住む一般市民が、何にこだわり、何を大切にしてきたかのかを考察する。

都市のイデアを語るには、形態や空間構造の次元を超えて、人間の社会的な集合体としての在り方を論じる必要がもちろんあるが、(1) 都市が明快なフォルムをもつことが多い地中海世界だけに、まずは、図像にも表現される理想都市の系譜といったものが頭に浮かぶ。地中海世界では、古代の都市図像、中世聖母に守られる都市、ルネサンス理想都市など、いつの時代にも都市の全体像を明快に示す図像というものが存在した。そこには都市の理念、あるいは理想像を見てとれよう。こうした一種の理想都市の系譜をV・ヴェルチェッローニは、多くの事例を取り上げ、わかりや

図1　古代の円形都市の図像　ニムラウドの遺跡出土の浮彫（前8世紀頃）

すく論じている〔Vercelloni 1994〕。これらの都市の図像を見ていると、明らかに地中海世界の人々の間に、形態や空間の構造に関する都市のイデアというものが存在してきたことが強く感じられる。

具体的にいくつか見てみよう。まず、メソポタミアの古代アッシリアにあった都市、ニムラウドの遺跡出土の浮彫（前八世紀頃）を見ると、城壁で囲われた円形都市が十字形の道路で四分割され、その各ゾーンには固有の職業の人々が描かれており、社会的営みも含む当時の都市の一つのイメージをよく示している（図1）。六世紀の写本に収められた概念的な地図は、古代ローマ人によってつくられた都市およびその周辺の地域に関し、計画的な意志でつくられた明快な空間構造の理念を直接的に物語ってくれる（図2）。四面対称の城壁で囲われた都市を貫く、南北のカルド、東西のデクマヌスという軸線が、城門を抜け、田園まで真っすぐ伸びている様子が見てとれる。さらに、日本の条里制とよく似た百人隊制（centuriazione）にもとづく田園の分割システムも描かれている。こうして、都市（città）と地域（territorio）を同じ秩序のもとに統合して置く、一種の理想都市のイメージが提示されていると考えられる。

時代がずっと下り、一七六二年にイタリア人の建築家、ピラネージが描いた古代ローマのカンポ・マルツィオ地区の理想的復元図は、当時、飛躍的に広がった考古学的な知識を駆使しつつ、コロッセオ、競技場、公衆浴場、神殿などの複合施設をはじめ、無数の建造物のプランを、軸線やシンメトリーなど、配置のレトリックをさまざまに組み合わせながら描き込み、複雑に構成される壮麗な古代都市のイメージを見事に再現し、一種のヴァーチュアル都市像を描いて見せている（図3）。実際の古代都市とは似て非なるものではあるが、逆に、古代の建築、都市に関する理念的な解釈がよりよく伝わり、ピラネージ流の、堂々たる部分の集積から複雑系全体へと組み上げていく都市のイデア

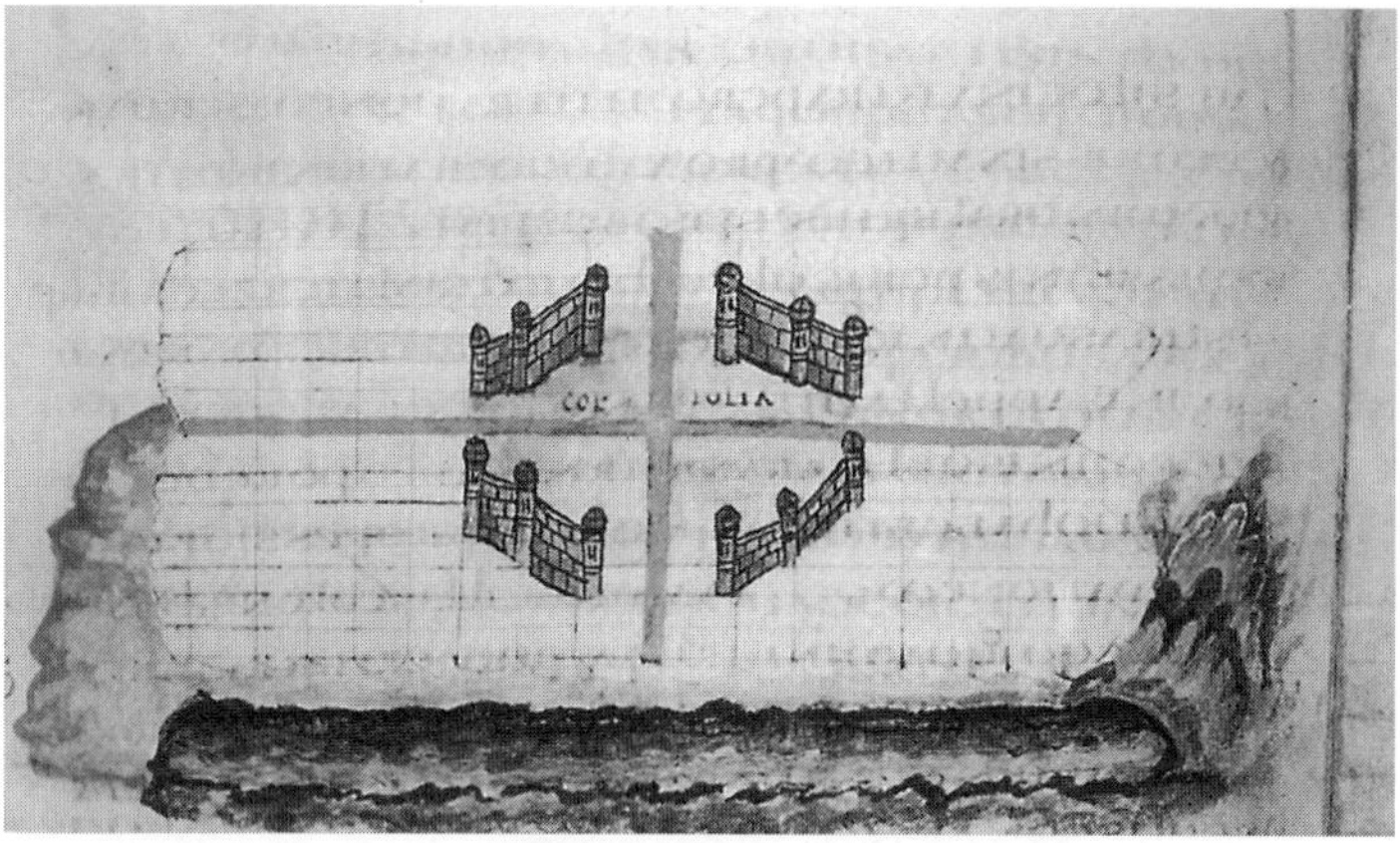

図2　古代ローマ人が征服した地域の都市と田園の絵図（6世紀）

が強烈に感じられる。

一方、アジアに目を向けると、ヒンドゥーの曼荼羅の世界観にもとづく都市構造や（布野 二〇〇六）、中国都市を語る際に必ず言及される『周礼』「考工記」の王城モデルを見ると、やはり一種の理想都市ともいえる都市の理念、イデアというものがあったと考えられる。それに対し日本では、歴史のなかで、都市の全体像を明快に示す図像というものはほとんど存在しなかった。都市のイデアをビジュアルに示すという考え方は発達しなかったように見える。

イタリア人の建築論研究者、V・ウーゴは、観念論的に見て、地中海世界における古代以来の空間の祖型（アーケタイプ）として、神殿と迷宮があると指摘する。これらが空間のイデアといってもよい。神殿は、ドーリス式のオーダー（柱の形式）で構成されたパルテノン神殿に代表されるような、古典的に整った輝く秩序をもつもので、明るさ、光、明晰さ、理性などを備え、アポロンになぞらえられる。その系譜は、後の一八世紀半ば、マルク・アントワーヌ・ロジエにより示され、古典主義建築の基本理念ともなった「原始の小屋」に結実したとする。建築を柱、梁、ペディメントという最小の構造要素に還元することで、普遍的な建築の原理をつかもうとしたものである。一方、迷宮は、神話に登場するクレタ島のクノッソス宮殿に代表されるような、内奥へ向かって複雑に

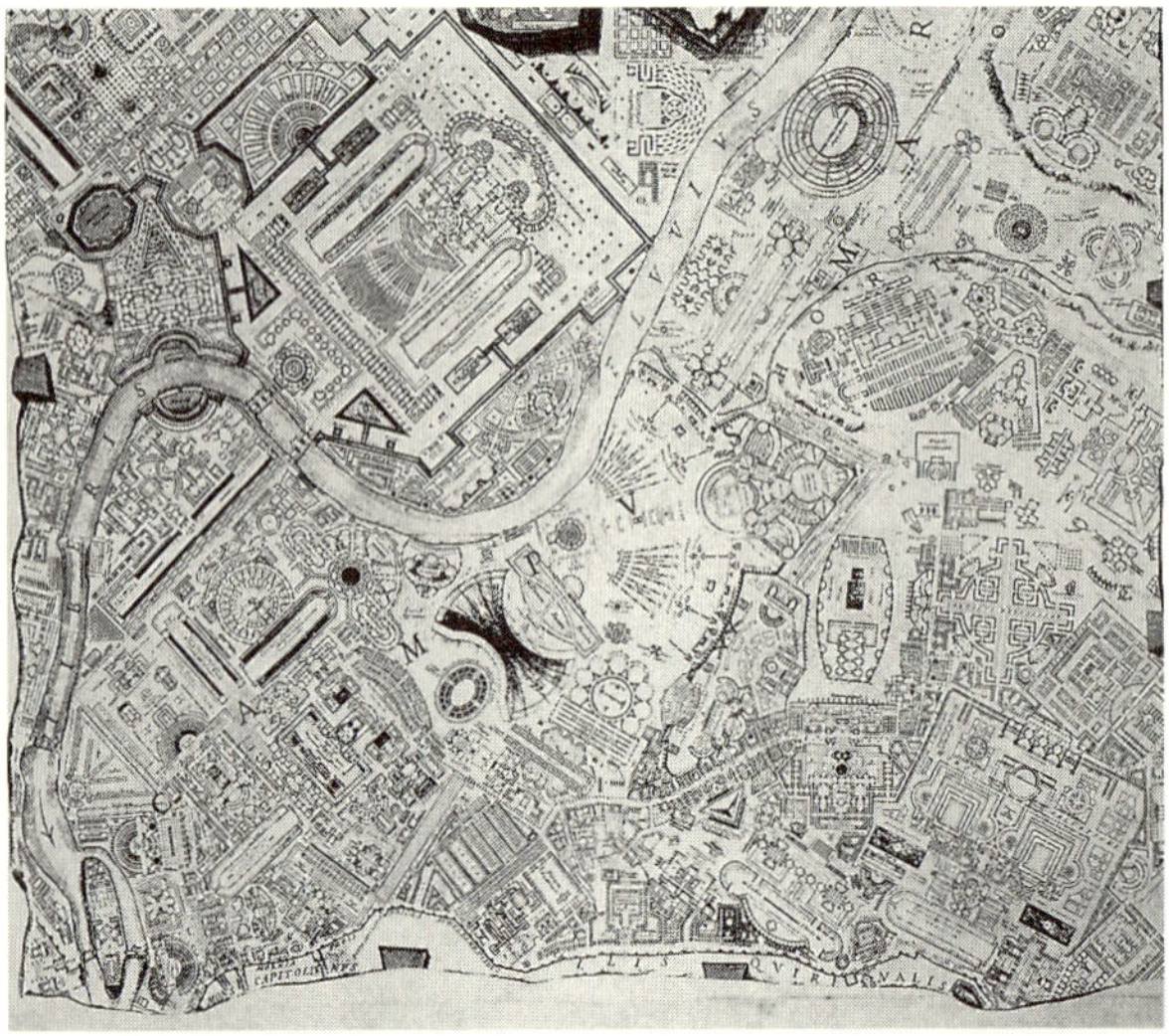

図3　古代ローマのカンポ・マルツィオ地区の理想的復元図（ピラネージ，1762年）

入り組み謎に満ちたもので、暗黒、闇、混沌、情念などを意味し、ディオニソスになぞらえられる、という[2]〔中村 二〇〇一、一五一―一九三頁〕。地中海世界の建築や都市空間のもつ奥深さには、このことが深く関係しているといえよう。

ポンペイから発見されたディオメデスのヴィッラ〔別荘〕の床モザイク〔前一世紀〕は、正方形の城壁で明快に囲まれた秩序ある都市の内部に、クノッソス神話から由来する迷宮パターンの図像が描かれていて、ちょうど都市の内包する両義的な性格を一つの平面に見事に結合した図像として注目される〔図4〕。観念の中の迷宮という考え方〔イデア〕を深層にもつというのが、地中海世界の一つの特徴である〔陣内 一九八九a、一一二―一二九頁〕。

現実の地中海世界の都市もまた、二重構造を見せてきた。伊藤重剛は、ギリシア世界には、古代の計画都市と並行して古い起源をもつ自然発生型都市が存在してきたと論ずる〔伊藤 一九九九、一〇二―一〇三頁〕。実態論的に見て、地中海世界には、古代以来、計画された都市と、生きられた都市、すなわちヴァナキュラーな都市の二つのタイプの都市が見出されるといえる。

計画的な都市は、新規に一気につくられる植民都市にもっぱら見られたのであり、アテネにしてもローマにしても、時代を重ね徐々に形成された大都市は、かなり複雑な構成を見せる。また、斜面地や入り江を好んでできた古くからの小都市、集落は、極めて複雑に見える構成をとっている。このことを考えると、体質的には、地中海の人々は複雑に織りなされる都市空間を求めてきたといえよう。それは外敵から身を守るばかりか、日常生活のなかで、近隣コミュニティや家族の安全を保証するのにも都合がよかった。よそ者が侵入しない安全安心の居心地のよい空間が身のまわりに存在するのである。

こうした視点から見て最も興味深いのは、アラブ・イスラーム世界の都市である。西欧都市、あるいは近代都市を見慣れた眼には、中世の古い時期に形成されたアラブ世界の旧市街（メディナ）は、一見、複雑きわまりなく、秩序がないかに思われがちである。だが、アラブ系の建築家、B・S・ハキームは、アラブ・イスラーム世界の都市独自のマクロとミクロを使い分ける巧みな構成原理があることを論証した〔ハキーム 一九九〇〕。それによれば、マクロな次元には、支配者の側からの公共の観点に立った計画性があり、中心に大モスク、その周辺にスークが置かれ、都市の城門からこうした公共性の強い中心エリアにメインストリートが通され、迷わずに到達できる。一方、ミクロな次元では、一般の住宅地において、市民・住民の側からの個々の建設・環境形成の行為を規制し、誘導する細やかなガイドラインがイスラーム法として制定されている、というのである。高密な都市にありながら、快適な生活空間を実現するには、互いに近隣に迷惑をかけずにうまく住むための知恵が求められるのであり、それが一連のルールとして成立してきたのである。

ハキームはさらに、複雑に見える都市の中の道路網に意図的に生み出されたヒエラルキーがあることを分析する。先に見た城門から中心の公共エリアに至るメインストリートが第一級の通りだとすれば、それら相互をショートカットする第二級の通り、およびその間を細かく結ぶもっぱら地元

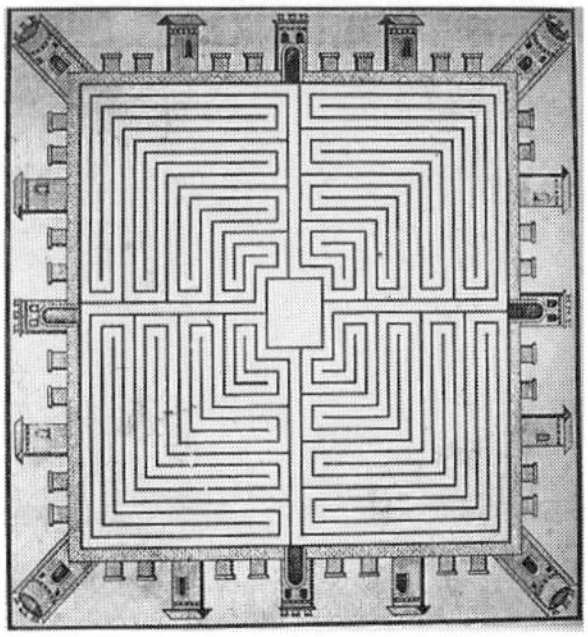

図4　ポンペイのヴィッラの床モザイクに描かれた迷宮的都市（前1世紀）

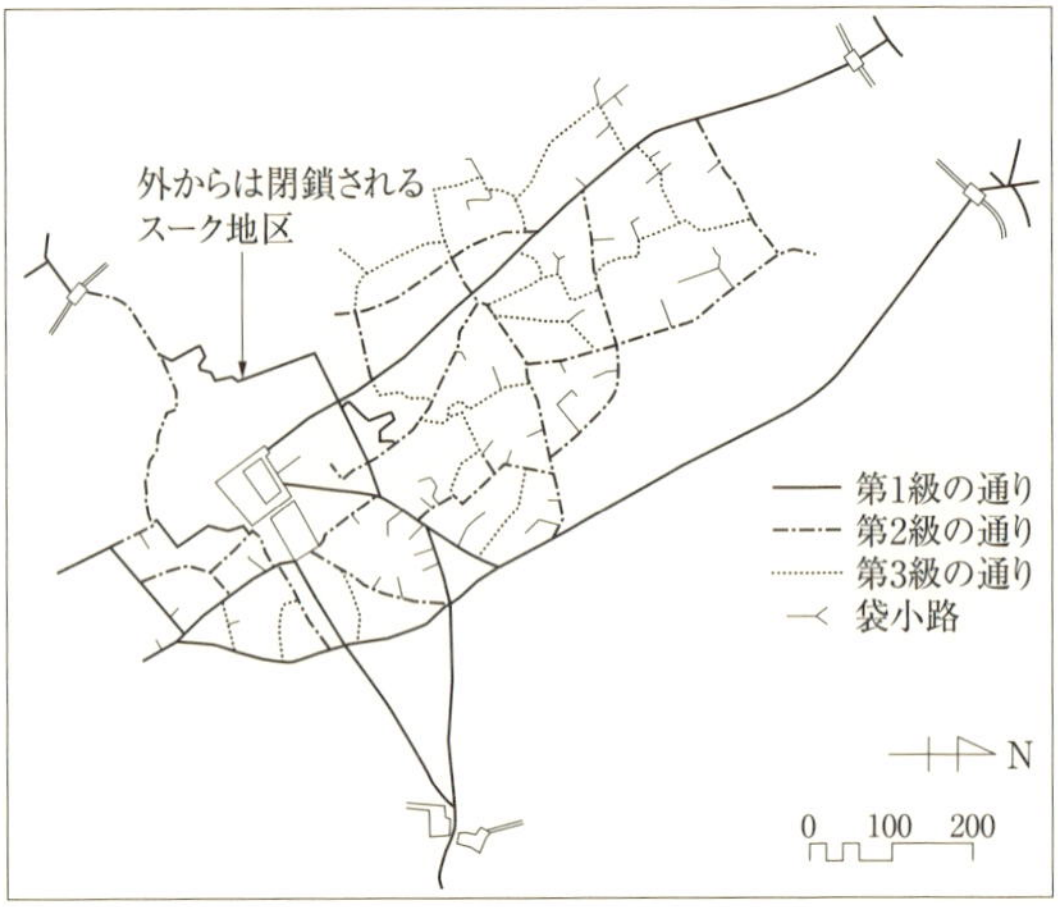

図5　チュニス旧市街の街路ヒエラルキー

の人たちのための第三級の通りがある。さらに、枝分かれして奥へ袋小路（クルドサック）が入り込み、その内部に住む人々とそこを訪ねる人たちだけの路となっている（図5）。チュニスの旧市街では、この袋小路に入口を設ける住宅の比率が高く、それだけセキュリティが高い都市が実現したと考察する。

地中海世界では、都市のイデアが、一見わかりやすい都市形態の次元を超えて、社会の複雑な仕組みと絡んで、ソフト面とも結びついていることが容易に理解できる。

アラブ世界では、こうして古代からの都市の伝統を継承し、七世紀に始まるイスラーム時代にも、独自の論理で高度に組み立てられた都市をつくり上げてきた。しかし、ヨーロッパとは逆に、平面的な地図としても、立体的な景観の図像としても、イスラーム世界の都市の姿を描いた本格的な図像は極めて少ない。彼らの意識は、聖地メッカに向く絶対的な軸線であり、自分たちの都市を独自に組み立てる宇宙論的な論理（コスモロジー）は希薄で、むしろ機能的な要請に応える都市づくりが優先されたように見える。

ここで、都市イデアと関連する、建築が生む空間秩序について考えてみたい。イタリア・ルネサンスの都市像を雄弁に表す「理想都市の広場」と呼ばれる都市景観画（一五世紀後半）を見ると、そこには、一点透視画法にもとづく構図のなかに、当時の先端的な意匠のパラッツォや神殿（教会）で囲まれた広場の空間が見事に描かれている（図6）。左右対称を強調するために、画面の両端近くに井戸が同じように配され、中央に円形神殿が置かれる。我々日本人の

図6　絵画に描かれた「理想都市の広場」(15世紀後半，ウルビーノ美術館所蔵)

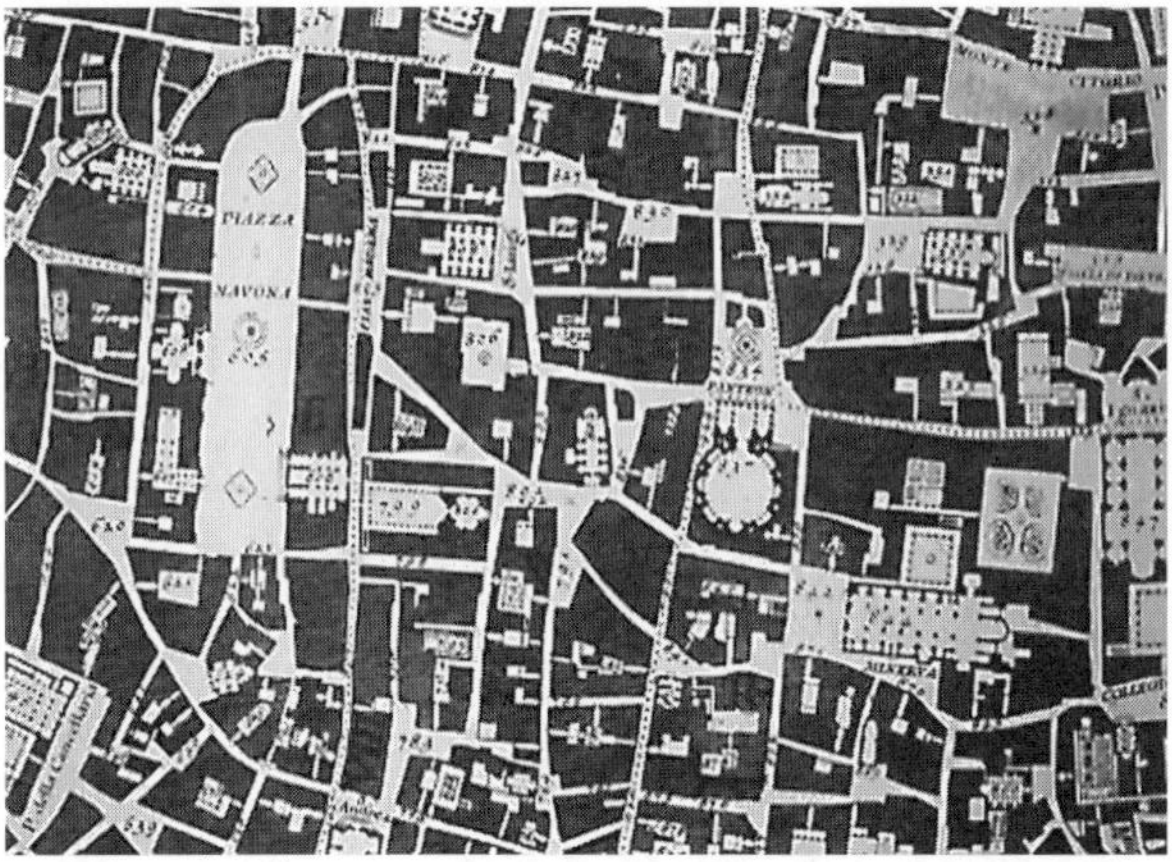

図7　ノッリのローマ地図（パンテオン周辺部分，1748年）

眼に不思議なのは、人の姿がまったくないという点である。ここでは、建築と舗装面と井戸が創り出す都市の形態についての美学が徹底的に強調されている。いかに地上の建築が重要な意味をもつかが理解できる。

都市を構成する要素として、ヨーロッパでは建物が決定的に重要であることは、たとえば一八世紀半ばのローマを伝える有名なノッリの地図を見ればよくわかる（図7）。建物部分を黒く塗り、道路、広場、中庭、裏庭など、空地（ヴォイド部分）を白く抜いていて、両者の関係がよくわかる。しかも、教会や邸宅などの重要な建物については内部のプランも描き込まれている。一方、江戸の詳細な地図、江戸切絵図を見ると、道路と敷地割りしか描かれず（上級武家屋敷には人名がある）、もっぱら土地に関する情報に関心が集中していることがわかる。地震、火事の多い災害都市であり、上物の変化が激しい都市だけに、土地がもっぱら不動産として価値があるという概念が発達したと考えられる。フランス統治時代の一九三〇年代に作成されたシリア・ダマスクスの精緻な土地・家屋地図（plan cadastral）も、やはり建物情報をじつに詳細に書き込んでいる〔新井 二〇〇二、一七七頁〕。都市のイメージは、地中海世界では、建築群が中心となって形づくっているといえる。

一　地中海都市とは？

中世の七世紀にアラビア半島でイスラーム教が誕生し、急速に西のマグリブ世界からスペインにまで広がって以来、地中海の北の南欧の大半はキリスト教圏、西アジア・北アフリカはイスラーム圏という図式ができてきた。従来、学問の分野でも、その両者を対比的に見て、別々に研究することが多く、同じ土俵で共通性と違いを考察する機会は少なかった。

しかし、古代の地中海文明、地中海世界においては、より一体的世界が形づくられていた。特に、ローマ帝国の広がりがその性格を強めた。実際、イスラーム世界の都市の多くも、じつは古代に起源をもつのである〔三浦 一九九七〕。

学際的学会の一つとして地中海学会が一九七八年に誕生し、本来、交流も活発で共通性も多い南欧のキリスト教世界と西アジア・北アフリカのイスラーム世界を一緒に研究する場がようやく成立した。とはいえ、建築史の分野において、従来の建築様式の歴史としてみると、その両者の間の相互の影響関係などを研究するのは、比較の材料が限定されすぎていささか難しく、依然として、ヨーロッパとイスラームの研究は分かれがちであった。しかし、気候風土の影響をより直接的に受けやすい都市空間、住宅の歴史に目を向けると、その両者の間にさまざまな重なりや類似性を見ることが可能となる(3)。

その点から見ると、本来、アカデミックなヴェネツィア・ルネサンス建築史の専門家として知られる、イギリス人の女性建築史家、D・ハワードの近年の研究成果は興味深い。彼女は、従来の研究姿勢から大きく脱し、ヴェネツィアとイスラーム世界の建築、都市に多くの点でよく似た性格が見られることに注目して、その両者の視覚的特徴などを注意深く比較しながら、オリエントの進んだ建築と都市の文化がヴェネツィアに大きな影響を与えたことを論ずる。同時にヴェネツィア人が、オリエントの進んだ都市に親近感をともなう憧れを覚えたことを示している。エジプトのアレキサンドリア、カイロ、シリアのアレッポとダマスクスが特に重要な都市として考察の対象とされる。現地で文献史料を集め、現存する建物を観察し、身体で空間や文化の質を感じながら、興味深く考察を進めている〔Howard 2000〕。ハワードの研究では、都市イデアの次元での共通性が論じられているようにも見える。商業的活気、市場の構造、雑踏、フンドゥク（商館）、穏やかな中庭、迷路から整然とした広場（中庭）への導入、多民族共生などである。

ここで簡単に、地中海世界の広がりを説明しておこう。地中海の北側には、キリスト教の南ヨーロッパがあり、ピレネー・アルプスの山脈を境に、その南側に地中海世界を形づくる。ローマ帝国はその境を越えて、北へ支配を大きく広げたが、古代の足跡の中世以後への影響という点では、南の地中海世界に圧倒的に強く、ルネサンスが古代をさまざまな形で継承するイタリアから生まれたのも当然であった。

とはいえ、西ヨーロッパでは、ローマ帝国滅亡後、都市文化は長らく衰退した。それに対し、西アジアのイスラーム圏では、古代からの持続性が強く、都市が経済的にも社会的にも大いに発展し、古代ギリシアからの知的財産もすべて受け継いで、高度な文化、文明を築き上げた。アラビア語の文献に収められていたその知識、情報が、一二世紀、コルドバをはじめとするアンダルシアの都市、シチリアのパレルモなどが窓口になって、ラテン語に翻訳され、知的刺激をヨーロッパに与えた。それが、一二世紀ルネサンス論と呼ばれる〔ハスキンズ 一九八九〕。その頃、アマルフィ、ヴェネツィア、ピサ、ジェノヴァの海洋都市がビザンツ、アラブ世界と交易してモノ、人、情報をもたらし、ハワードが指摘したように、建築や都市のつくり方においても、その影響がイタリアにもたらされた。こうした動きが、中世都市が興隆してくる上で大きなインパクトとなった〔陣内 二〇〇八〕。したがって、ヨーロッパのキリスト教圏と西アジア・北アフリカ（中東と呼んでもよい）のイスラーム圏の両方を比較してみていくことにしたい。

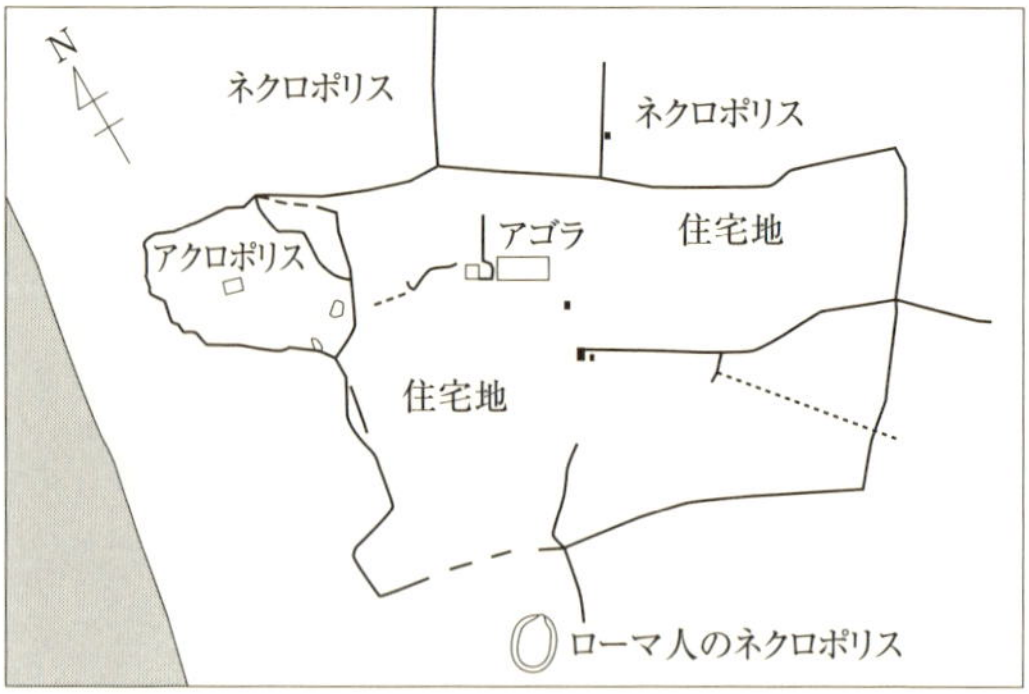

図8　ギリシア植民都市クーマ（南部イタリア）

二　都市の境界と中心

1　都市の内と外

具体的に、さまざまなレベルのイデアを検証していこう。地中海世界には、建築にも都市にも、囲うという発想が強く見られる。外敵から守り、内部に安全で安心できる平和な、そして居心地のよい場を創るという考え方がある。外敵ばかりか、より一般的には、よそ者から守るという意識が日常的には強い。

囲うという意識は、都市レベルでも非常に強い。それと関連して、古代ヨーロッパとイスラーム世界に共通する特徴として、「死者の都市」すなわちネクロポリスを城壁の外に、「生者の都市」を城壁の内につくり、両者を分けるという考え方が発達した点がある〔陣内 一九九八、三八七―四〇三頁〕（図8）。衛生的な配慮がまずあったであろうが、同時に、永遠に生きる死者のための世界は、変化しやすい現世の都市を避け、より安定した自然の大地のよい場所に根を下ろして形成されたと思われる。

さらに、古代ローマ人は、都市の中と外を明快に区切るために、市壁のまわりにポメリウムと呼ばれる聖なる空地を残したことが注目される。エトルリア起源と考えられるこのポメリウムでは、建設活動ばかりか、農耕もできなかった。都市と農村が明確に分かれていた。そして都市は、ポメリウムという神聖な境界線で守られた平和な場所として考えられていた。本来、戦場の血で穢れた軍隊は都市の内部に入るにふさわしくなかったが、凱旋行進の際には、兵士を外に待たせ、木や竹で仮設の凱旋門をつくり、通過儀礼を行って戦争の血の汚れを清めた上で、特別に市門から入って行進をしたのである（陣内 一九八九b、二〇七―二一五頁）。

ヨーロッパでは、キリスト教の普及とともに、死者は神の家である教会の内部や外側に葬られるようになり、生者と同じく都市の城壁内部に存在した。古代地中海世界のイデアを中世以後、直接継承してきたのは、イスラーム世界なのである。アラブの都市で、城壁のすぐ外側を囲むように配された墓地を訪ねると、生者たちの都市は、そのまわりに眠る死者たちによって、守られているようにも見える。一方、キリスト教世界の都市では、市門に聖母マリアや守護聖人の像が置かれ、内に住む都市民を守っている姿をよく見かける。

2　公的中心の存在

ヨーロッパ都市のイメージと深く結びつく象徴的な存在として広場がある。特に、イタリア都市では今なお、市民生活の中心として、広場が極めて重要な役割をもっている。こうした広場の存在は、公共性、あるいは公共空間の考え方が発達していることを雄弁に物語る。その広場を中心に都市は求心力をもってまとまってきた。前近代には、特に市壁が存在していたこともあり、その性格はより強かった。

広場の系譜は、ギリシアのアゴラにさかのぼる。奴隷制を前提にしたとはいえ、民主制が成立し市民が広場に集まり、公共という概念も発達した。ローマ時代には、フォルムといわれ、公共空間として重要性を誇った。古代広場の特徴は、ギリシアのストアをはじめ、まわりに柱廊を設け、さらには、柱廊でぐるりと囲む傾向を示す点である。公共空間を美しく秩序づけることが求められた。ポンペイのフォルムを見ると、聖俗の施設が広場のまわりにややバラバラに並んでいるものの、正面に同じリズムで柱廊が巡らされることで、全体に見事な統一感が生まれている（図9）。広場は多目的で活発に使われることを考え、車を閉め出し、歩行者空間となっていた。

中世には、広場はプラテア（platea）として受け継がれ[4]、さらにピアッツァ（piazza）と呼ばれて発展した。古代都

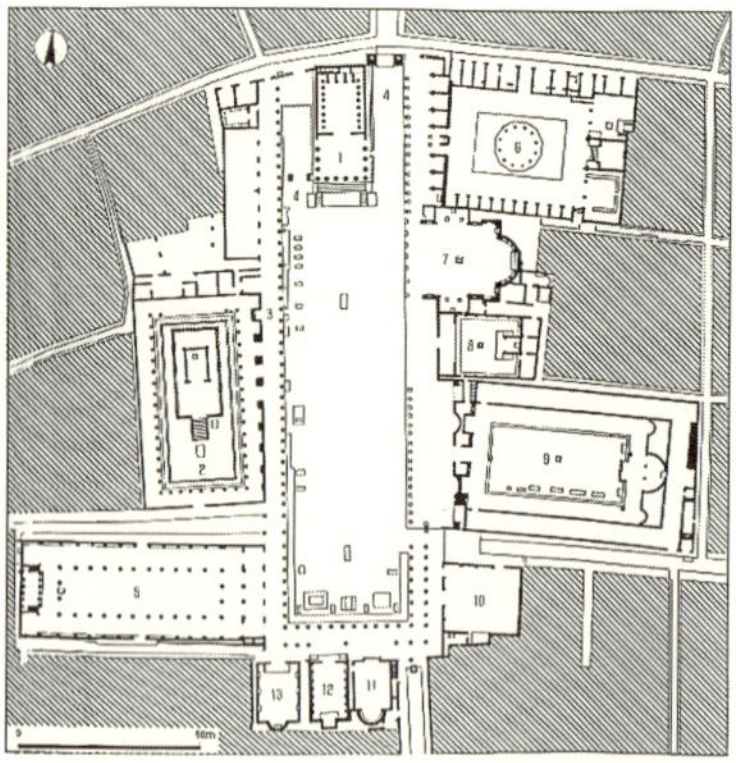

図9　ポンペイのフォルム平面図

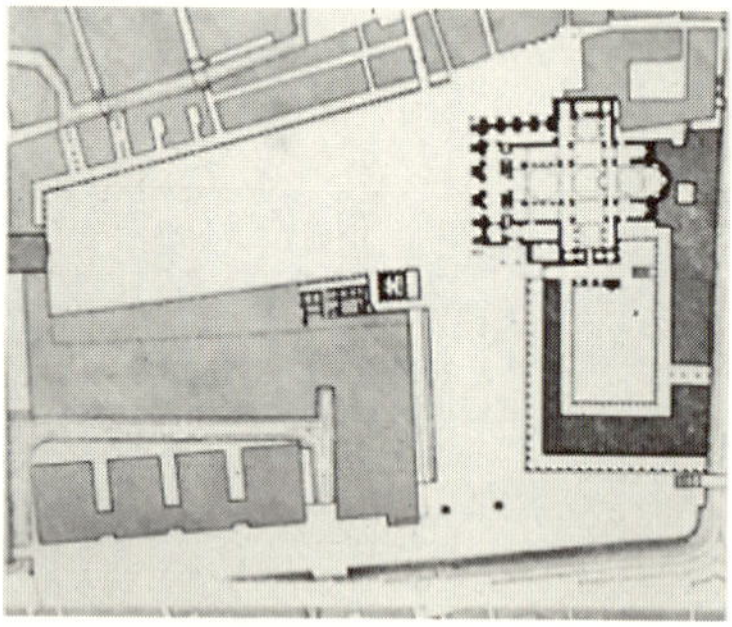

図10　12世紀におけるサン・マルコ広場の想像復元図

市では、公共広場としては中央のそれが唯一の重要な存在だったが、中世には、世俗権力の市庁舎広場、しばしばそれに隣接する市場の広場、宗教権力のカテドラル広場、そして教区教会広場など、異なる性格をもつ複数の広場が登場した。

古代のフォルムはたいてい、中世の市庁舎広場へ受け継がれた。ただし、古代には広場に面し、もっぱら公共建築だけが並んでいたのに対し、中世都市では、市民の住宅が取り巻くようになり、機能の混在複合化が進行した。空間デザインとしても、広場を柱廊が囲んでいる中世都市は少ない。条例で街路に柱廊の設置を義務づけ統一感を演出したパドヴァなどが例外的な存在だが、その場合も、個々の建物のデザインが異なり、統一感はない。ルネサンスになり、古代を手本とする発想が登場してはじめて、ヴィジェーヴァノのような計画的に柱廊を巡らし、美しい統一感のある公共空間が登場したのである。

そのなかにあって、ヴェネツィアだけが別格であった。東方貿易に君臨し、財をなしたこの海洋都市は、一二世紀に国家の中枢機能が集まるサン・マルコ広場を、柱廊が巡る現在に近い形式でつくり上げた（図10）。東端に聖堂を置き、軸を西に伸ばして、ジェンティーレ・ベッリーニの絵画が示すように、周囲を柱廊で囲んだ。教会、行政の館、オスピーツィオなど、公的な施設、建物ばかりで占められ、一般市民の住宅がないことも含め、古代の広場と性格がじつによく似ている。それが可能だった背景として、ヴェネツィアが東方世界に通じており、そこに受け継がれている古代広場を知っていたことが指摘されるが、さらに、イスラーム世界の大きな中庭との類似性も顕著であり、それが空間を生み出す発想の源としてヴェネツィアに少なからぬ影響を与えたと考えられる〔陣内 一九八六、一七一―一八一頁〕。

ヴェネツィアでは、もう一つの経済活動の面から見た公的中心、リアルト地区の市場機能をもつサン・ジャコモ広場もまた、中世の段階から柱廊が巡る統一感のある公共空間をつくり上げていた。住宅は、ここでも排除されている。広場に直接面した部分だけでなく、リアルト市場の中心部全体から住宅は閉め出されたのである。

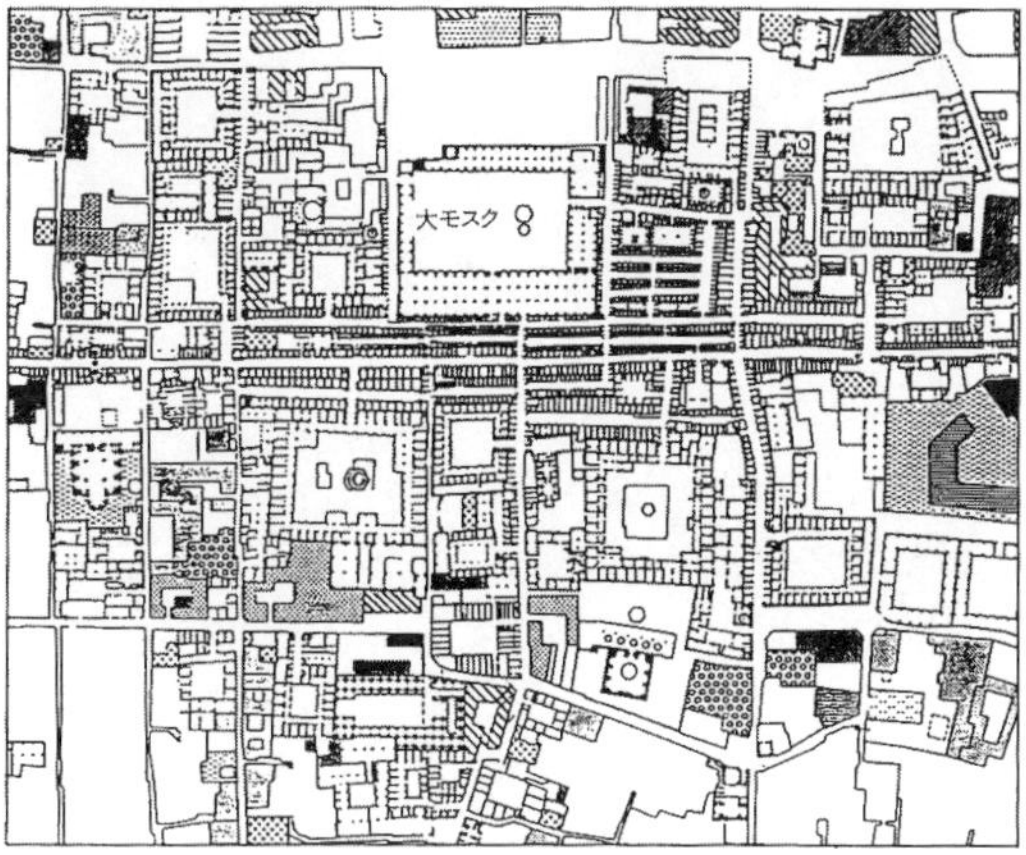

図11　アレッポ旧市街の平面図

こう見てくる時に、イスラーム世界の都市との比較が興味を引く。そこには、ヨーロッパ都市のような象徴性をもった公共的広場は見当たらないが、ヨーロッパ中世都市ともよく似た求心構造が見られる。ただし、中心に置かれるのは、大きな中庭をもつ大モスクと、その周辺に広がるスークあるいはバザールと呼ばれる市場である。そこには商店群に加え、各地から集まる商人たちの宿泊と取引のためのハーン（キャラバンサライ）を含む商業機能が集積しており、大モスクおよびイスラーム学院（マドラサ）という宗教機能と一体となって、都市の求心性を生んでいる（図11）。住宅機能はそこからは排除されている。そこには、広い意味での公共的な空間が計画的に成立しており、都市全体を組み立てる上での明快な理念、イデアが感じられる。

そう考えると、ヨーロッパでは中世になると、都心の広場周辺に住宅を集め、複合コミュニティの空間をつくったのに対し、古代ギリシア・

図12　ダマスクスの道路に開いたマクハー

ローマ都市が創り上げた都心に純粋公共的な空間を設ける考え方を受け継いだのは、むしろイスラーム世界の都市であったといえる。

特にアラブ・イスラームの都市では、大モスクやマドラサという宗教建築にも、ハーンのような世俗の建築にも中庭が設けられ、そこが人々の交流する空間となっており、大きな象徴的な広場はない代わりに、いくつもの小さな広場がネットワーク化され、公的な性格をもつ都心空間を形成していると考えられる。人と人を結ぶ仕組みがおおいに発達し、ネットワーク社会を形成しているのが、地中海都市の特質といえる。

アラブ・イスラーム世界のこうした都心空間には、ヨーロッパ以上に歴史的に、社交と寛ぎの集合的な空間が発達した。ハーンの中庭もその役割を担ったが、公衆浴場（ハンマーム）、マクハーまたはカフワ（カフェ）もまた、古くからおおいに発達した（陣内・新井編 二〇〇二、四〇－四四頁）（図12）。

三　人の暮らしと都市構造

1　家族の私的空間と近隣空間の安定

地中海都市では、このように公共空間が中心部に発達したのと表裏一体の関係で、その周辺に近隣住民のための安全で居心地のよい住宅地をつくる傾向が強く見られた。その建築的特徴として、中庭の存在がある。

中庭といえば、そもそも建築空間を構成する普遍的な方法の一つであり、古い都市文明を発達させた中東、地中海世界、そしてインド、中国などに広く分布している。だがそのなかでも、中東・地中海世界の中庭は、特に洗練された高度な建築文化を築いてきた。乾燥し、夏の暑さの厳しい地域では気候・風土に合った「中庭」の形式が、あらゆる種類の建築に用いられた。

まず、メソポタミアの古代アッシリア、バビロニア帝国の神殿や宮殿に広く見られた。そしてこの地域では、一般の住宅にも同時に中庭が登場し、紀元前二〇〇〇年頃に繁栄した都市、ウルでは、迷宮的な都市構造のなかに中庭型住宅がぎっしり並んでいたことが考古学調査で知られている（図13）。

それを受け継ぐ地中海世界では、人間が集住する長い歴史的経験から生まれた知恵が、「中庭」という形に結実していた。家族が安全で快適な暮らしができ、しかも相互にトラブルを起こさず、好ましい関係を結びながら近隣の生活を営むことができる。複雑に道路が巡る「迷宮空間」とともに、家族の生活を守るのにうってつけの建築形式として、中庭型の住宅が発達したといえる。

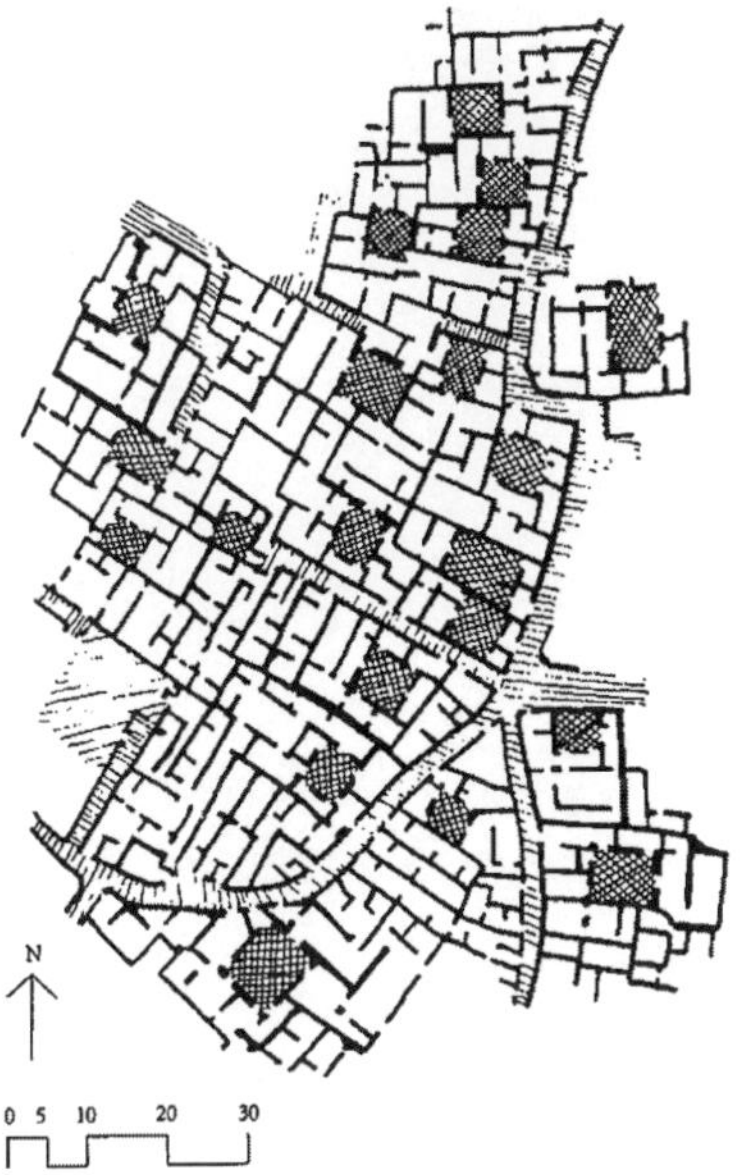

図13　ウルの中庭型住宅群（前2000年頃）

古代ローマ時代の都市でも、中庭型の住宅が発達した。ポンペイの遺跡はそれをよく物語っている。ポンペイといえば、しっかりとした都市計画がなされ、中央に立派な公共的広場（フォロ）があり、格子状の規則的な街路で組み立てられた街区には、中庭を巧みに生かした住まいがぎっしりつくられた。

この都市には、「ドムス」と呼ばれる個人住宅が壁を共有してぎっしり並んでいる。その玄関を入ってすぐのところにある大広間を「アトリウム」という。も

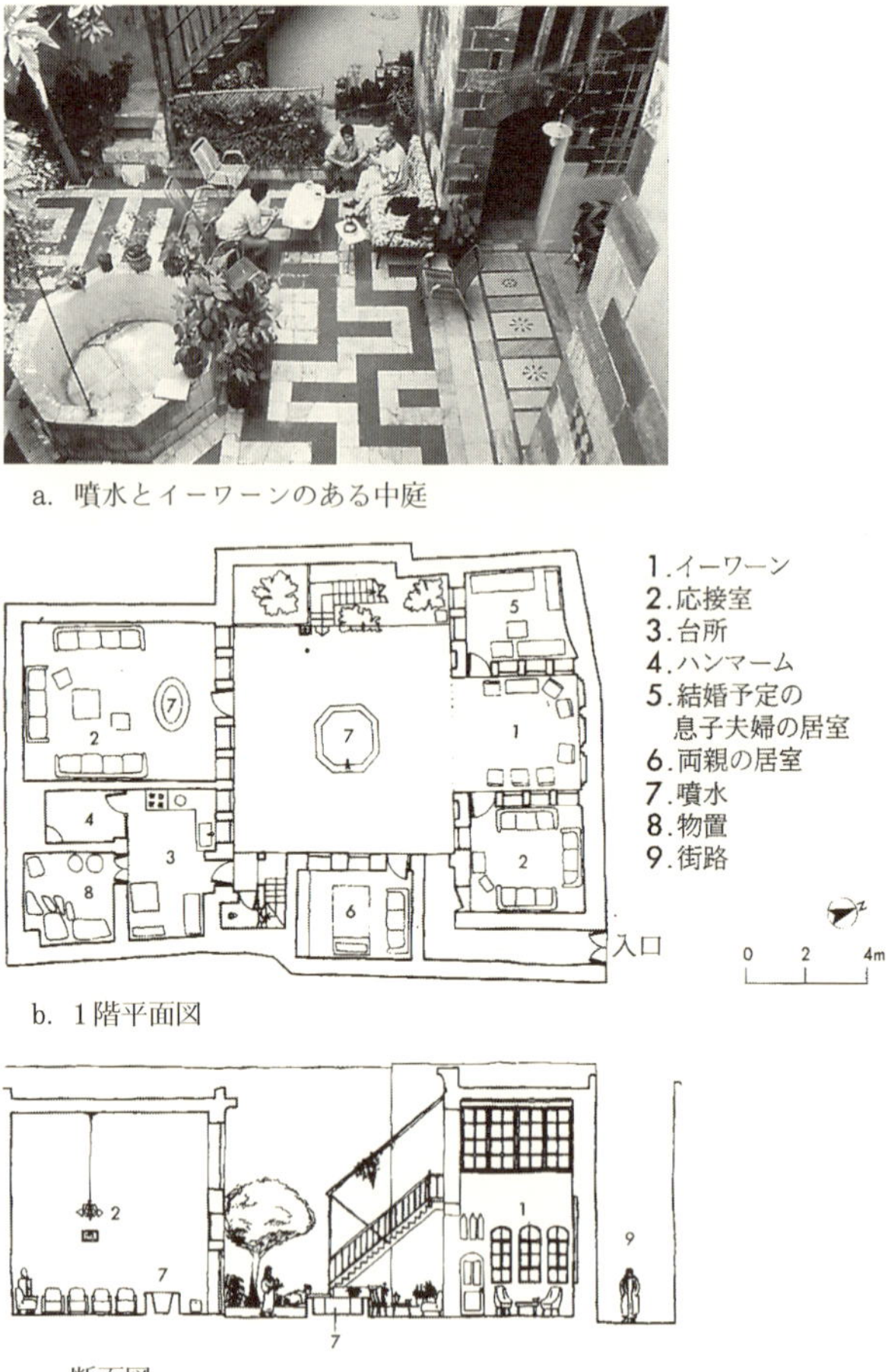

a. 噴水とイーワーンのある中庭

b. 1階平面図

c. 断面図

図14　ダマスクスの典型的な中庭型住宅

ともとはエトルリア人の住宅の中庭にルーツをもち、それが古代ローマの住宅にもち込まれ、おおいに発達した。ポンペイ住宅の背の高い広々としたアトリウムは、半分インテリア化された人工的な中庭空間で、上に天窓をとり、採光すると同時に、そこから落ちる雨水は広間の中央の地中にある水槽に貯められ、有効に利用された。床はモザイクで美しく舗装され、周囲はフレスコの壁画が描かれている。昼間は玄関の扉が開かれ、誰でも入れる半公的空間であったという。

ポンペイのドムス型住宅には、奥にもう一つ、自然の要素を取り込んだ庭園のイメージをもつ「ペリストリウム」という中庭が設けられている。少し遅れ、紀元前二世紀頃、ヘレニズム世界からもたらされたもので、柱廊の巡る開放的な空間であり、私的性格の強い寛《くつろ》ぐ空間である。こうして異なる性格をもった二つの中庭を併せもつというのは、都市に住む上で、最高の贅沢であった。いずれの中庭でも、まわりをぐるりと部屋が囲い、人々の生活は地上のレベルで戸外空間と密接に結びついて開放的に繰り広げられた。これがまさに地中海的な暮らしである。

こうした古代地中海世界の中庭住宅の住み方のセンスは、中世以後、むしろアラブとペルシアのイスラーム圏に色濃く受け継がれた。イタリアも含め、多くのヨーロッパの国々では、生活の主な空間は二階に上がったのに対し、こうした中東世界の伝統的な家では、地面に接した一階の中庭まわりでの暮らしが重要なのである。

なかでも印象的なのは、アラブ世界の住宅の中庭である。たとえば、シリアのダマスクスで旧市街の住宅地に足を踏み入れると、複雑に入り組む迷宮空間にまずは驚かされる。狭い街路に沿って、窓のほとんどない無愛想な表情の壁が続く。だが、家の玄関から入り、直角に折れ曲がりながら中庭に出ると、そこには閉鎖的な外部とはまったく違った美しい世界が待ち受けている（図14）。石の舗装で飾られた中庭の空間には、噴水と樹木があり、「地上の楽園」のような安らぎがある。街の喧騒から離れ、自然を取り込んだ居心地のよい中庭。夏の期間も、外の暑さが嘘のように快適である。中庭に開いたイーワーンと呼ばれる部屋で、快適に過ごすことができる。

アラブの人たちはじつは何千年も前から、気候風土に合う中庭型の住宅に住み続けてきた。近代のヨーロッパが快適な住空間への志向性やアメニティの考え方を生み出すずっと前から、中東では家族のプライバシーを重んずる居心地のよい住まいを実現し、時代とともにそれを洗練させてきたのである。

アラブ世界といっても広く、地域ごとに気候風土も、先行する文化も異なるから、中庭型建築の在り方も多様である。ちなみにアラブ圏の東に位置するイランでは、中庭は庭園のイメージが強く、その中央に大きなプールをつくり、植栽が豊かに配される。建物は、一段上がったデッキから部屋に入る場合が多い。庭は建築とは必ずしも一体化していない。水と緑の存在で、シリアとはまた別の、よりゆったりとした「地上の楽園」のイメージが感じられる。

チュニジアのチュニス、スファックスなどでは、中庭の人工空間化はより強まり、すべて舗装され、半分、内部空

図 15　中庭でテレビを楽しむスファックスの庶民住宅

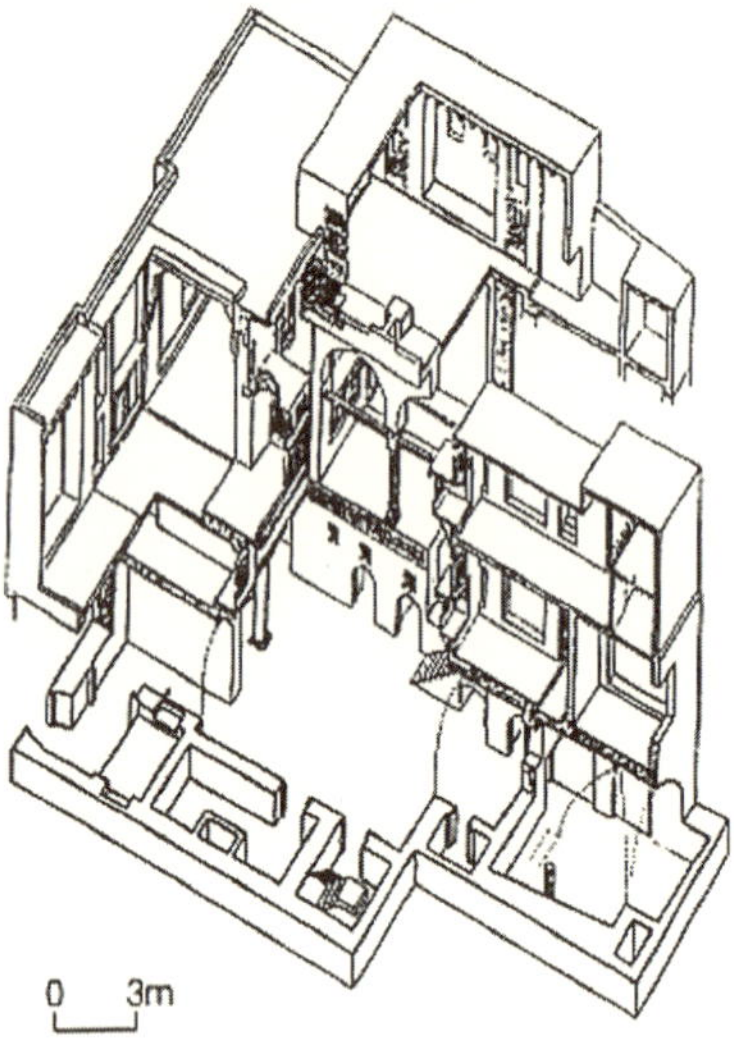

図 16　サブスーリー邸（アクソメ図，B. Maury による）

間のような雰囲気となる。緑はまったくないのが普通である。中庭とまわりの部屋の間にレベル差がなくなり、中庭にカーペットを敷いて、女性たちが寛ぐ姿もよく見られる（図15）。さらに西のモロッコでは、フェズ、メクネスなどを見ても、中庭の室内化がさらに進み、部屋の扉も中庭側に開くことが一般的で、まわりを囲う居室群と一体化した中庭は日常生活の広間となり、祝宴などがしばしば催される。中庭に簡単なガラスの屋根をかけてアトリウム化し、ソファーを置いて、完全に室内のようになった例も多い。

そのなかで、早くから人口の多い巨大都市となったカイロだけが、違う道をたどった。一五世紀から一七世紀にかけての伝統的邸宅が旧市街にいくつも残されているが、どれも、垂直方向への展開を示し、生活の中心が二階へ、そして三階へと移った（図16）。中庭は、採光や通風にとって重要だが、そこが日常生活の屋外広間のように使われることはなくなった。ヨーロッパの貴族住宅とよく似た性格を見せる（陣内・新井編 二〇〇二、一一五―一四八頁）。

むしろ、長い期間、アラブ・イスラームの支配を受けたスペインのアンダルシアは、コルドバやアルコス・デ・ラ・フロンテーラのように、アラブ世界の中庭住宅とじつによく似た性格をもち、中庭（パティオ）が居間の延長のように活発に使われている。中庭を完全に舗装し、鉢植えで積極的に緑を取り込んでいる（図17）。パティオは雨水を集める装置の役割をもち、地下に大きな貯水槽が設けられた。夏、特に乾燥する地中海世界では、このように雨水を貯めて飲料水や生活用水に使う習慣が各地に広がっており、自然の恵みを大切にするエコ的発想の貯水文化を、どこでも見ることができる。

こうしたアラブ世界の中庭型住宅は、血縁関係にある大家族で住むという伝統文化と結びついて成立していた。アンダルシアでは、レコンキスタ以後、キリスト教社会に転じ、血縁関係の大家族で住む形式が徐々に薄れていったと考えられる。現在では、同じ伝統的な中庭型住宅でもその使われ方はさまざまで、内部の所有、利用が非血縁のいくつもの家族に分割されているケースが多い。

図17　アルコスの植栽で飾られた中庭（パティオ）

一方、南イタリアでは、アラブ世界のような中庭は上流階級の邸宅（パラッツォ）に限られるのに対し、一般の庶民階級が住む空間としては、中世から袋小路が広範に発達した。よそ者が心理的には入りにくい、近隣コミュニティのための共有の生活空間となっている。そこには貧しい人々の間に、相互扶助の関係もあった。

シチリアのシャッカは、アラブの直接支配が三世紀続いた都市で、袋小路の多い都市空間を特徴としている。グイドーニは、シチリアに多いこうした袋小路を多くもつ都市組織は、アラブ都市からの影響であると論じた〔Guidoni 1989〕。シャッカでは、九世紀頃のイスラーム支配の時代につくられた最初の古い地区に、不規則な形態の変化に富んだ袋小路が多いのに対し、後の一三—一四世紀に高台の平坦地により計画的につくられた市街地には、規則的な形の袋小路が見られる。時代が下り、都市建設の手法がより計画的に変化しても、近隣コミュニティの生

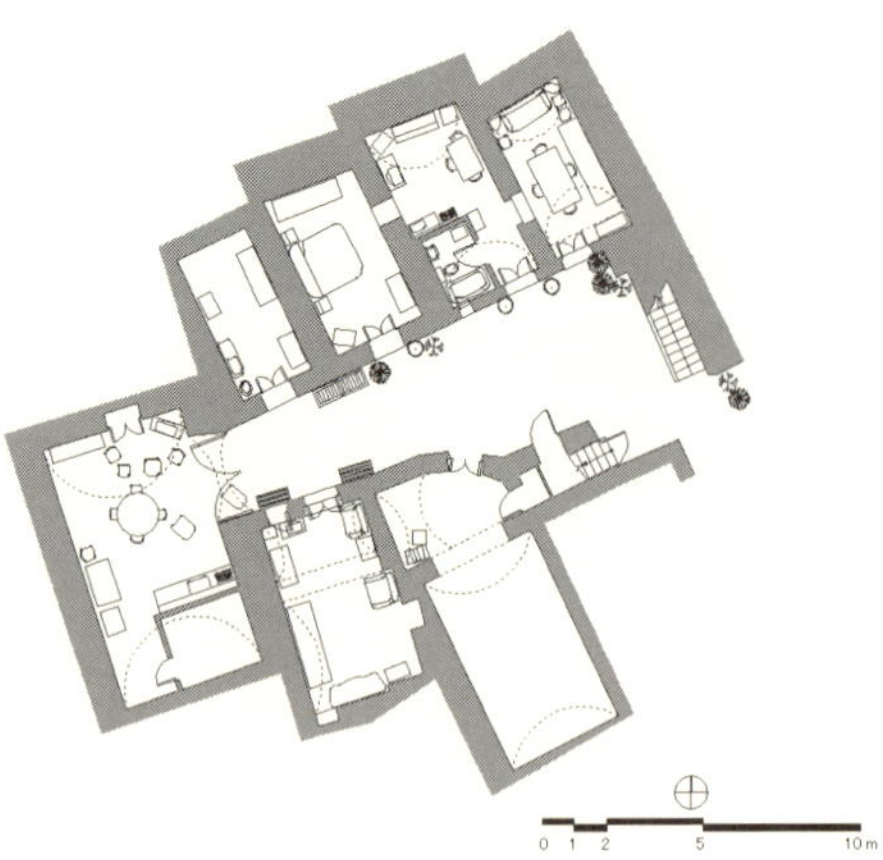

a. 平面図

b. 袋小路で語らう人々

図18　漁民の住むガッリーポリの庶民的袋小路

活基盤としての袋小路を大切にする発想が持続したのが興味深い。

　南イタリアのプーリア地方も、内陸部と沿岸部にかかわらず袋小路の発達した都市が多い。海洋都市ガッリーポリもその典型で、島状の旧市街には、目抜き通りから一歩裏手に入ると、都市の基層として、袋小路が数多く存在しているのに気づく。多くは二階建てで、一階は中世の古いトンネル状のヴォールト（穹窿）が架かる奥長のワンルームからなり、二階には、より進化した星形ヴォールトが架かることが多い。いずれにしても、こうした袋小路は、ヴォールトの形から見ても、中世から形成されたことは明らかである。南イタリアでは、伝統的に子沢山の家族が多かったが、アラブ世界のような血縁関係にある大家族で、ある規模をもった中庭型住宅に一緒に住むのではなく、核家族化が進み、このような小さい素朴な住居が並ぶ形式が発達したのである。ガッリーポリの現状では、同じ袋小路のなかに住む多くの家族のほとんどが血縁関係にあるケースも少なくない（図18）。そう考えると、アラブの中庭型住宅ともよく似た性格ということもできる。

2　複雑系の都市構造

　こう見てくると、地中海都市らしい特徴として、家族や近隣コ

図19　主要道路からの分岐点に架かるアマルフィのトンネル

ミュニティの生活基盤である中庭や袋小路からなる部分、部分を大切にしながら、それを繋げ、ネットワーク化することで都市が成り立っていることがわかる。

公的中心からメインストリート、その裏手に広がる近隣コミュニティの複雑な空間、そして家族の私的空間、と段階構成を示している。とりわけアラブ世界では、複雑な形態の空間に形成されたハーラ（街区）と呼ばれる近隣の小共同体の果たした重要な役割がしばしば注目されてきた(5)。

アラブ世界では、袋小路の多い複雑な地区にあって、末端の単位が大家族のための中庭型住宅で、家族のプライバシー、特に女性を守る役割を担ったのに対し、南イタリアでは、一般庶民の家には中庭がなく、袋小路そのものが近隣の家族間の共有空間となっている点だけが異なる。

公的空間から私的空間までを、いくつも分節しながら組み立てる発想にとって、道路の上に部屋を張り出し、トンネルにする手法は、効果を発揮してきた。アラブ世界と南イタリア、そしてヴェネツィアに共通する都市の構成手法であり、公から私へのチャンネルを切り替える意味をもつ。特に、重要な道路から、近隣コミュニティにとっての私的性格をもつ狭い道路へ分岐する入口をトンネルにするケースが多い（図19）。

3　ジェンダーと都市空間

これまで、地中海世界の都市にとって公共空間が重要であり、またそれと表裏一体の関係で、近隣のセミプライベートな空間、あるいは家族の私的な空間が大切にされてきたことを見てきた。その二つの次元は、じつは、ジェンダーの在り方とも深く結びついている。

地中海世界では、南欧の都市の広場にしても、イスラーム圏のスークにしても、公共空間の主役は伝統的に男性であった。今でも、南イタリアやスペイン、ギリシアの都市の中心広場に昼間行くと、男たちが集まって、立ち話に余念がない。あるいは、職業別のチルコロ（社交団体）、あるいは主に職業と結びついて結成されてきたコンフラテルニタ（信徒会）の会館もまた、男性社会を形成している。これらの多くも、都心近くに置かれていて、公的な性格をもち、メンバーシップ制をとることで人々を束ね、ネットワーク化する役割を果たす。アジアや日本の市場では売り手に女性が多いのに対し、イスラームの市場では、特に売る側には今も男性が圧倒的に多い。都心のスーク、バザールは商業機能に特化し、住まいをもたないから、そこで働く男たちは、周辺の住宅地から通うのである。日本の店（工房）と住まいが一体となり、女性もそこで働く町家の在り方とは、対極にある。歴史的には、買い物に行くのも主として男性の仕事であったという。

一方、近隣住宅地は、逆に女性中心の社会であり、その性格は今も変わらない。都心の公的なビジネス空間で一日働く男性は、カフェ、ハンマームなどで寛ぎを得たのに対し、女性はイスラーム世界では、中庭に親戚、友人で集まり、楽しい時間を女性同士で過ごした。南イタリアでは、家事を終えた女性は、袋小路のまわりに同様に集まり、手仕事をしながら談笑することができた。建築や都市の地中海的な特徴ある戸外の親密な空間は、こうした集合的な役割を果たすのにじつに都合がよかった。

なかなか自由には都市の公共空間を歩けない女性たちにとって、自由に過ごせる居心地のよい場所が工夫されていた。

南イタリアのプーリア地方にあるレッチェ、ガッリーポリには、前庭の街路に面した正面入口の上に、ミニャーノというこの地域独特の一種のバルコニーがあり、装飾的な造形が街路を飾る（図20）。中世のビザンツ文化からの影響といわれ、かつての自由に路上に出られなかった女性たちがここで寛ぎ、外の世界とも繋がりがもてたという〔Costantni 1995〕。

中世のヴェネツィアも事情は似ていた。一四九四年のカソーラの記述には、「女性たちは家の外へ出るには身体を隠し、特に教会に行くには、ほとんどの部分を黒い服装で覆っていた。年頃の婚期に達した女性も、完全に顔を隠しているので、自分の進む道が見えるのかどうか疑わしい」とある。こうした女性の隔離、ヴェールの使用は、ヴェネツィアへの訪問者がよく指摘したことであり、イスラーム社会との類似性を示唆している〔Howard 2000〕。このような状況にあって、ヴェネツィアで発達したアルターナと呼ばれる屋上テラスは、格好の息抜きの場となった。金髪に染めた髪を乾かす場でもあり、女性にとっての一種の自由空間であった。雨の少ないアラブ世界では、勾配屋根が不要で、平らな屋上を生活空間として利用でき、女性にとっての貴重な自由に使える場所であった。

a. 外観　　b. 前庭

図 20　ガッリーポリのミニャーノという名のバルコニー

ジェンダーの空間的な区別は、アラブの住宅のなかでも顕著に見られたが、公共の場であるモスクでもはっきりしている。女性席が二階に設けられ、格子越しに礼拝に参加する形になっている場合も多い。ビザンツの教会の二階席も女性のための空間として誕生した。

四　都市と自然の対話

1　楽園としての都市空間

地中海世界には、都市を楽園にするというイデアがあったに違いない。ローマの街では、古代から離れた水源地からわずかな勾配を活かして水道を引き、都市内に導き、皇帝の庭園、浴場、そして公共の泉、飲料水に用いた。水をふんだんに使う生活が、文明の豊かさの象徴であった。丘の上の宮殿での豊かな生活もこうして可能になった。中世は、こうした水道を維持する力がなくなり、市民の生活の場は、テヴェレ川の水に依存できるカンポ・マルツィオの低地に限られた。

しかし、教皇がアヴィニョン捕囚からローマに戻って、しばらくたった一五世紀前半から都市の再生が始まった。古代の水道システムが修復再生され、さらに新たな水道が建設されて、ローマの都市は見事に蘇った。広場に、そして街角に、数多くの噴水が設置された。水道は勾配を利用して都市に引かれたが、高低差を巧みに計算しながら、噴水のタイプが選ばれた。水圧をかけられる場所では、高く噴き上げる形式が可能であったのに対し、低い場所では、流れ落ちる形式を選んだ〔佐々木 二〇〇八〕。こうして、ローマの至る所に噴水が登場し、道行く人々ばかりか馬もまた水を飲み、貴重な涼をとることができた。特に暑い夏には、噴水は生命力を取り戻すのに欠かせなかった。街路や広場という公共空間での多様な都市活動にとって、噴水は重要な役割を果たした。

噴水は、もともと実用性を重んじて、水を飲みやすい形式でつくられたが、後に都市空間の象徴として装飾性を追求され、時代とともに建築と同様、より美しく華やかに改造されることが多かった。

ルネサンスからバロックのローマでは、高台にも噴水がつくられた。丘の最も高い位置にある峠の交差点ともいうべきサン・カルロ・アッレ・クアットロ・フォンターネ教会の交差点には、それぞれの角に噴水が対称形に設けられた（図21）。どれも、椰子の下に横たわる裸体の男性像が抱える壺から水が流れ出ており、川の流れを寓意として現している。都市の最も水を供給しにくい峠の空間にまで、オアシスのような豊かで居心地のよい場所のイメージを創り出しているのである。

水道の伝統は、中東、地中海世界に連綿と続いてきたものである。カナートと呼ばれる地下水道の技術は、古代からペルシア、アラブ世界に広く分布し、山裾から延々と水を引いて、乾燥地帯の平野部に、緑豊かなオアシス都市が形成された。ダマスクスやマラケシュなどにその姿を典型的にみることができる。トルコも含め、イスラーム世界の都市の内部を歩くと、街角に寄進によってつくられ、公共的な役割をもつ泉が数多く存在している。そうした都市と水の関係は、地中海世界の各地に水道を引いてできた古代ローマ都市にも、そして前述のルネサンス以後のローマなどにも同じように見ることができる。

図21　四角に置かれた噴水（サン・カルロ・アッレ・クアットロ・フォンターネ）

すでに見たように、アラブ・イスラーム世界の都市にあっては、宗教建築、公共建築に加え、個人の住宅にも、中庭に噴水が設けられ、しばしば緑も取り込んで、そこに楽園のイメージを実現している。ローマをはじめ、イタリアのルネサンス期に登場するパラッツォの多くは、中庭をもち、そこにやはり噴水を設けている。特に、ローマのさりげない中庭に設けられた噴水は、ちょっとした楽園のイメージ

図22　アンブロージオ・ロレンツェッティ作「良い政府」(14世紀前半)

を生み出しているように思える。石造りの都市であるからこそ、水、そして緑の自然の要素が生む人間の精神にとっての意味は大きかったのである。

2　都市と農村の密接な結びつき

かつてマックス・ウェーバーが指摘した通り、ドイツやベルギーなど、アルプス以北のヨーロッパに比べ、南欧の都市は、農村との密接な繋がりを常に見せてきた〔ウェーバー　一九七六〕。イタリアの中世都市は、そのまわりにコンタードと呼ばれる後背地をもち、それと密接な繋がりをもつのが特徴だった。シエナの市庁舎の壁に描かれたアンブロージオ・ロレンツェッティの絵画作品「良い政府」（一四世紀前半）は、市民が賢明にも良い政府を選べば、街は平和で繁栄を謳歌できる、ということを物語る寓意画であるが、城壁の外側（右手）に広がるコンタードの農村風景もまた、平和で豊かな姿で描かれているのが印象的である（図22）。イタリアでは、都市は確かに自由で輝く存在であるが、豊かな農村があって初めてその繁栄があることを表している。

北のヨーロッパでは、商工市民が封建勢力にとって代わって権力を握り、自治を獲得して都市の論理をつくり上げたのに対し、イタリアなどの南欧では、じつは貴族上流階級は、農村部に広大な土地をもち、農場を経営しつつ、城壁内部に堂々たる館を構え、都市と農村を支配した。中世には防御を固めたカステッロ（城）を田園にもったが、やがてルネサンスには、優雅さを備えたヴィッラ（別荘）に転じていった。フィレンツェにおいて、メディチ家がもったいくつものヴィッラを年代を追って見ていくと、その変化がわかる。まず、コジモ・イル・ヴェッキオの時期に、イル・トレッビオにある中世の農場を兼ねたカステッロ、つまり防御の要素をもった建物を、全幅の信頼を寄せていたミケロッツォが改修し、エレガントなヴィッラに変えた。一方、やや後の時期、ロレンツォ・イル・マニフィコは、自分がお抱え建築家として使っていたジュリアーノ・ダ・サンガッロに設計をさせて、まさに理想的なルネサンスの新築としてのヴィッラを、幾何学的でシンメトリーな構成でつくった。

一方、ヴェネツィアでは、一五世紀の末から一六世紀にかけて、貴族たちが大陸に土地を所有し、開墾して農地を広げ、農業開発の拠点で寛ぎの場でもあるヴィッラを競うように建設したのである。

南イタリアでは、古代ローマ時代以来、ラティフンディウム（大農場経営）の形式が存続してきた。たとえば、プーリア地方には、マッセリアという農場が田園に数多くつくられた。貴族支配階級は一般に都市のパラッツォに住み、土地を田園に広大に所有し、マッセリアを拠点として、数多くの小作農、使用人をかかえて農業や牧畜を営んだ。小作農の多くは、城壁で囲われた安全な街のなかに住み、朝、城門を出て田園に仕事に出て、また夕方、街に戻った。こうした一見立派な都市に見えるイタリアやスペインのアンダルシアの小都市は、住民の多くが農民なのであり、アグロタウンというべき性格をもっていた。じつはアンダルシアにも、南イタリアと同じような、上流階級による農場経営が広く見られ、コルティホと呼ばれる農場は、プーリア地方のマッセリアとよく似た機能をもつ。

中世のシチリアにも、都市と田園の興味深い関係が見られた。パレルモ周辺の田園は、アラブ支配の時代に、その先進的な農業技術の導入で灌漑が進み、コンカ・ドーロ（金の盆地）と呼ばれる緑溢れる肥沃な土地になった。次の征服者、ノルマン家の王たちは、一二世紀という早い時期に、この豊かな田園に夏の離宮をいくつかつくった。その代表であるジーザの建築は、背後の丘裾から水を引き、大広間に噴水を設け、さらに建物前面にはプールと東屋のある優雅な庭を実現して、田園の美しさ、楽しさを満喫できる贅沢な環境をもっていた（図23）。それは、イスラーム世界に中世から存在した田園の離宮、別荘の考え方を取り入れたものだった。

図 23　ジーザの復元図（1935 年，R. Lentini による）

シチリアの近く、チュニジアのスファックスでは、一一―一二世紀以来、ブルジュという農園兼別荘の役割をもつ郊外住宅が発達し、近代になっても、多くの市民が田園にも住まいをもつ伝統を保持してきた。都市と田園が密接な関係を示す点、すなわち、イタリアでは古代ローマ時代、そしてルネサンスの時代にも都市と田園の密接な結びつきが見られるという点で、イタリアをはじめとする南欧諸国とアラブ・イスラーム世界とで共通する性格であると思える。

イタリアやアンダルシアに見られる南欧型社会での都市と農村の有機的な繋がりは、土地貴族の封建的な支配を断ち切れず、市民自治が発達しにくかったという点で、長らく後進的なものと否定的に見られてきた。しかし、二一世紀、ゆとりを求める都市市民の間に、自然への志向性が高まり、地産地消の発想が再評価されてきた今日、こうした都市と農村の密接な関係は、新たな価値観のもとで、急速に見直されてきている。

おわりに

イタリアでは、一九七〇年代に歴史的都市の再生が政策的にも軌道に乗った後、八〇年代には、都市の外側に広がる田園の領域（territorio）の重要性に光があてられ、その風景（paesaggio）の価値が高く評価されるようになっている。アグリトゥリズモが活発化しているのも、今のイタリアの大きな特徴である。イタリア的な都市イデアは、このように、農業生産の場であり、人間と自然との交流を生む周辺の豊かな田園と常に一体となってこそ成立しうるものだと考えられる。

以上述べてきたように、地中海世界の都市は、そう単純に組み立てられた存在ではない。古代ヘレニズム時代の都市に代表されるような、明快な秩序をもった計画都市を創り出す知恵と技術を存分に備え、合理的な都市づくりの源流も地中海世界に求められるといえるものの、その力の発揮する場所と機会は、古代にしても、中世にしても、むしろニュータウンや植民都市の建設に限られていた。ルネサンスの理想都市の計画手法も、存在感のある既存の都市がある場所では、部分的に導入されるに終わった。地中海都市のイデアの中には、複合、重層、混在といった複雑系の価値体系が色濃く見られるのである。それは人間集団が安全、安心を維持し、文化的アイデンティティを育みながら、質の高い生活を享受する上での優れた知恵だったのである。そういった複合的な構造を有してこそ、地中海世界にふさわしい多民族、多言語、多宗教が共生しうるコスモポリタンな都市社会が可能となったと思われる。

近代には、合理的で機能的な都市の計画が追究され、車社会に対応できる明確な街路網を骨格とする都市が先進的なものとされた。だが、成熟社会を迎えた現在、もっぱら合理主義や経済主義に依拠しながらつくり上げてきた近代都市のパラダイムの見直しが広く行われている。そのなかで、自然の恵みのもと、古代から高度な都市文明を築き上げ、その経験を基層に受け継ぎ、多くの知恵を蓄積しながら発展した地中海世界の都市が再評価される時代が巡ってきたといえるのである。

（1）古代ローマにおいて、都市を定義するのに、形態として現れた文化的な存在としての都市、ウルブス（urbs）とそこに住む人間の社会的な集合体、キウィタス（civitas）の二つの概念が発達し、イタリアをはじめとする地中海世界には、都市をこの両面からとらえる考え方が今も受け継がれている。

（2）アポロンの光明とディオニソスの錯綜を明確に対置したのはニーチェであった。

（3）『地中海世界の都市と住居』〔陣内 二〇〇七〕は、特にその立場で書かれている。

（4）アマルフィの中世におけるプラテアと呼ばれた広場については『南イタリア都市の居住空間』〔陣内編 二〇〇五、五四頁〕を参照。

（5）　一九四〇年代、フランス人研究者のJ・ソヴァジェが、イスラーム世界の都市を構成する単位として、内部にモスク、ハンマーム、小市場、共同水汲み場、パン焼釜などの公共施設を備え、入口に扉が設けられ外部から守られたある種の自治をもつハーラ（街区）＝小共同体が存在することを、一つのモデルとして提示した。それに対しては、単に形態から判断された抽象的モデルにすぎず、歴史史料に基づく実態に即した研究の必要性が指摘されてきた〔羽田・三浦編　一九九一、一〇二―一〇七頁〕。

〔参考文献〕

新井勇治「ダマスクス――歴史の積層する都市」〔陣内・新井編　二〇〇二〕

伊藤重剛「古代ギリシアのアゴラとエーゲ海の自然発生的都市」「古代ギリシアの計画都市」都市史図集編集委員会編『都市史図集』彰国社、一九九九年

ウェーバー、M（世良晃志郎訳）『都市の類型学』創文社、一九七六年

佐々木学『噴水建設の変遷にみるローマ都市史』博士論文、二〇〇八年

陣内秀信『ヴェネツィア――都市のコンテストを読む』鹿島出版会、一九八六年

――「迷宮の虚と実――計画都市の忘れ物」『江戸東京のみかた調べかた』鹿島出版会、一九八九年a

――「都市空間の中の異界――イタリアと日本の比較を中心に」川田順造編『「未開」概念の再検討I』リブロポート、一九八九年b

――『都市の地中海――光と海のトポスを訪ねて』NTT出版、一九九五年

――「死者の家、死者の都市」『都市を読む・イタリア』法政大学出版局、一九九八年

――・新井勇治編『イスラーム世界の都市空間』法政大学出版局、二〇〇二年

――編『南イタリア都市の居住空間』中央公論美術出版、二〇〇五年

――『地中海世界の都市と住居』山川出版社、二〇〇七年

――『イタリア海洋都市の精神』講談社、二〇〇八年

中村貴志『建築論の射程II』中央公論美術出版、二〇〇一年

ハキーム、B・S（佐藤次高監訳）『イスラーム都市——アラブのまちづくりの原理』第三書館、一九九〇年
ハスキンズ、C・H（別宮貞徳・朝倉文市訳）『十二世紀ルネサンス』みすず書房、一九八九年
羽田正・三浦徹編『イスラム都市研究　歴史と展望』東京大学出版会、一九九一年
布野修司『曼荼羅都市——ヒンドゥー都市の空間理念とその変容』京都大学学術出版会、二〇〇六年
三浦徹『イスラームの都市世界』山川出版社、一九九七年
Costantini, A. *La casa a corte e il mignano*, Calimera, 1995.
Guidoni, E. *Vicoli e cortili-tradizione islamica e urbanistica popolare in Sicilia*, Palermo, 1989.
Howard, H. *Venice and the East*, London, 2000.
Vercelloni, V. *Atlante storico dell'idea europea della città ideale*, Milano, 1994.

3　都市図屛風とイデア

杉森哲也

はじめに

本章の基本的な課題は、絵画史料における都市イデア、すなわち画像として描かれた都市のイデアについて検討することである。都市を描いた絵画史料にはさまざまな種類のものが存在するが、代表的なものとして、絵図・地図のなかの都市図、屛風絵のなかの都市図屛風などを挙げることができる。特に都市図屛風は、都市の景観や風俗などを主題としていること、表現されている情報が多様かつ豊富であることなどを特徴とし、何よりも絵画作品としての美しさから見る者を魅了してやまないといえよう。

しかしその一方で、都市図屛風から都市イデアを読み取ることは、実は非常に困難かつ難解である。たとえば都市図の場合は、一般に制作目的や制作者がはっきりとしており、そこに表現されている都市イデアも限定的で明確である。これに対し都市図屛風は、そこに表現されている情報が多様かつ豊富であるのとは対照的に、制作年代・景観年代・注文主・絵師・制作目的・当初の所蔵者などの基本情報はもとより、制作経緯・鑑賞方法・伝来経緯などの関連情報もほとんど不明であるのが一般的である。すなわち都市図屛風は、描かれている絵そのものは多様かつ豊富な情報を有していても、作品自体が社会的・歴史的な文脈のなかで有していた、あるいは有している情報はほとんど不明であるというのが特徴である。これは都市図屏風に限ったことではなく、前近代の日本の絵画に共通する一般的な特徴でもある。こうした条件のもとで、都市図屏風に画像として表現された、あるいはそれ自体が有する都市イデアを読み取ることは、極めて困難かつ難解であるといえよう。

本章では、この都市図屏風における都市イデアについて検討することを試みる。具体的な分析対象としては、織田信長が建設した城下町である安《あ》土《づち》[1]を描いた「安土図屏風」[2]を取り上げる。この「安土図屏風」は、信長が狩《か》野《のう》永《えい》徳《とく》に命じて制作させたもので、イエズス会宣教師に贈呈された後、天正遣欧使節の手によって遥かヨーロッパまで運ばれローマ教皇に献上されたという、際立った特徴を有する都市図屏風である。現在の所在は不明であり写の存在も確認されていないため、絵そのものの詳細な内容は不明である。その一方で「安土図屏風」は、こうした特異な経緯を有するがゆえに、ヨーロッパ人が詳細な史料を数多く残しているという希有な条件を備えている点が注目される。すなわち画像は存在しないが関連史料は豊富に存在するという、異色の都市図屏風なのである。これまで筆者はこれらの史料を用いながら、主として「安土図屏風」の基本的な諸点について検討を行ってきた〔杉森　一九九八・二〇〇三・二〇〇五〕。その概要は、次のようにまとめられる。

(1) 制作年代は天正八(一五八〇)年、注文主は織田信長、絵師は狩野永徳(当時三八歳)、当初の所蔵者は信長、制作目的は信長が自身で愛用するため。

(2) 屏風の形態は、本間《ほんげん》屏風、六曲《きょく》一双《そう》、紙本金地著色(以上は推定)。

(3) 絵の描写内容は、一隻《せき》が安土城、一隻が安土城下。

(4) 伝来経緯は、天正九(一五八一)年に信長からイエズス会東インド巡察師ヴァリニャーノに贈呈された後、一五八五(天正一三)年に天正遣欧使節によってローマ教皇グレゴリウス一三世に献上され、ヴァチカン宮殿内の「地図のギャラリー」に陳列されるが、以後は現在に至るまで所在不明。

そこで本章では、「安土図屏風」に関するこうした研究成果を前提としながら、新たに都市イデアという視角から分析を進めることを試みたい。まず第一節では、基本史料である欧文史料二点と邦文史料一点を取り上げ、これらについて詳しく検討する。管見では「安土図屏風」に関する史料で日本で作成されたものはこれら三点のみであり、いずれも貴重な情報を含んでいるからである。次に第二節では城下町安土について、そして第三節ではその姿を描いた「安土図屏風」の都市イデアについて分析する。

一　「安土図屏風」の基本史料の検討

1　ルイス・フロイス著『日本史』第二部三一章と「一五八一年の日本年報」

本項では、「安土図屏風」に関する基本史料のうち、ルイス・フロイス著『日本史』第二部三一章と「一五八一年の日本年報」という二点の欧文史料について検討する。これら二点の史料は、ともに一五八一（天正九）年のイエズス会東インド巡察師アレシャンドゥロ・ヴァリニャーノの安土訪問について記載したものである。その際の出来事の一つとして、織田信長から「安土図屏風」を贈呈されたことが詳細に記述されているため、「安土図屏風」に関する貴重な史料として位置づけられる。これら二点の史料は一見ほぼ同文であるかのように類似しているが、詳細に比較検討してみると、それぞれにのみ記載されている内容が少なからず存在する。また両者は史料としての成立の経緯も異なっている。ともにかなりの長文であるが、以下にこれら二点の史料の日本語翻訳文のうち関係箇所全文を掲載する。

［史料1］ルイス・フロイス著『日本史』第二部三一章（松田毅一・川崎桃太訳『日本史5　五畿内篇3』一〇六、一一三－一一四頁）[3]

巡察師（筆者注―ヴァリニャーノ）が都（筆者注―京都）に信長を訪問し、同地から再度、安土山を参観に赴いたこと

（中略）

巡察師は同地（筆者注―安土）に一ヵ月近く滞在し、聖霊の祝日（筆者注―一五八一年五月一四日、邦暦・天正九年四月一二日）を祝い終えると、かの地方（摂津、河内など）のキリシタン宗団を訪問することとし、信長にその許可を乞うた。彼は大いなる愛情に溢れた言葉をもってそれを許し、どこへなりと望むところに出かけ、欲するところに説教師を派遣するようにと言った。[a]（巡察師が）その訪問から安土山に帰り、信長に別れを告げ、下《シモ》の地方（筆者注―長崎を中心とする西九州地方）に出発する運びとなった時、（信長）はさらに大きい別の好意を示した。その一つは、[b]一年前に信長が作（らせ）た、屏風《ビョウブ》と称せられ、富裕な日本人たちが、（独自の）方法で用いる飾り付けの布《パンノス》（？）である。[c]それは金色で、彼らの間できわめて愛好される（風物）が描かれている。[d]彼はそれを日本でもっとも優れた職人に作らせた。[e]その中に、城を配したこの市《まち》を、その地形、湖、邸、城、街路、橋梁、その他万事、実物どおりに寸分違わぬように描くことを命じた。[f]この制作には多くの時間を要した。そしてさらにこれを貴重ならしめたのは、[g]信長がそれに寄せる愛着であった。[h]内裏（筆者注―正親町《おおぎまち》天皇）はそれを見ようとして、彼に伺いを立て、気に入ったので譲渡されたい、と伝えたが、彼はとりあわず、その希望（をかなえること）を回避した。ところで、巡察師がまもなく出発することになったことを知ると、信長は側近の者を司祭の許に派遣し、[i]「伴天連殿が予に会うためにはるばる遠方から訪ね来て、当市に長らく滞在し、今や帰途につこうとするに当り、予の思い出となるものを提供したいと思うが、予が何にも増して気に入っているかの屏風を贈与したい。ついてはそれを実見した上で、もし気に入れば受理し、気に入らねば返却されたい」と述べさせた。ここにおいても彼は司祭らに対して抱いていた愛情と親愛の念を示したのであった。

巡察師は自らになされた恩恵を深く感謝し、[j]それは信長の愛好品であるから、また特に安土山に関して言葉では容易に説明しかねることを、絵画を通じ、シナ、インド、ヨーロッパなどにおいて紹介できるので、他のいかなる品よりも貴重である、と返答した。

元来日本人は新奇なものを見たがる強い好奇心を持っているので、[k]安土山、都、堺、豊後において、この屏風を見ようとして集まった人々の数はすこぶる多かった。そして一同の希望を満させ、男も女も自由に見物できるためには、それを教会（内）に展示せざるを得なかった。異教徒たちは、我らが信長から、彼がいかなる場合にも同国人に対してなすことのない、かような多大の好意を寄せられているのを見て、我らを果報者と呼んだ。

（後略）

（筆者注―傍線とアルファベットは、筆者が付したものである。）

［史料2］「一五八一年の日本年報」〔村上直次郎訳・柳谷武夫編輯『イエズス会日本年報　上』三一、九三―九五頁[4]〕

一五八二年二月一五日（邦暦・天正一〇年正月二三日）付、長崎発、パードレ・ガスパル・クエリヨ Padre Gaspar Coelho よりイエズス会総会長に贈りたるもの

（中略）

ビジタドールのパードレ（筆者注―巡察師ヴァリニャーノ）は当所（筆者注―安土）に約一カ月間滞在し、聖霊降臨祭（筆者注―一五八一年五月一四日、邦暦・天正九年四月一二日）が過ぎて、この地方のキリシタンを巡視する許可を信長に請うたところ、彼は慈愛に満ちた言葉をもって許可を与へ、全領内希望の場所に説教師を派遣することを許し、教の弘布することは彼の大いに喜ぶところであると言った。パードレがキリシタンの巡視を終って帰った時、信長は従前よりも大なる好意を表したが、その評判は直に日本全国に伝はり、大いに我等の信用を増した。好意の一つは、信長が屏風と称し、日本の大身達が珍重する一種装飾用の幕を作らせ、約一年前日本の最も著名

なる画工に命じて新市とその城の絵を少しも実際と相違なく、湖水諸邸宅その他一切をありのまま描かせた。そのために多くの時を費し、[l]もし少しでも実際と相違するところがあれば、直にこれを消して新に描かせ、結局彼の満足するものができた。[m]この屏風は甚だよくできた完全な作品であり、著名なる画工が非常に努力して絵を描いたものである故、信長は大いに満足してこれを珍重した。[n]この屏風は大なる評判となり、一層これを高くしたるは、信長が特別の好意として少数の寵臣に観するにすぎなかったことである。この評判は内裏（筆者注―正親町天皇）にも達し、信長に求めてこれを観、大いに満足して懇望の意を伝へられたが、信長は知らざる風をなし、これを贈ることを欲しなかった。信長はパードレが帰国せんとするを聞いて、使者を遣はし、甚だ遠隔の地より拝謁のために来り、長くその市に留り、[o]信長がパードレ達に与へたカザ（筆者注―修道院）の地を大切にする意を示したことを謝し、記念ならびに親愛の印として何か贈り、帰国の際携へ帰らせんと思ひ、[p]所持の品について考へたが、立派な物は皆ヨーロッパより来たものであるから、満足するものがない。ただしパードレがコレジヨ（筆者注―神学校）を絵に描かする希望があらうかと考へて己の屏風を送付する、もしこれを覧て満足すれば留め置くべく、然らざれば送り返せと言はせた。而して未だこれを観ざるうちに、信長から他の使者が来て、その屏風を送ったが満足しなければこれを返すやう伝へた。この際使者の愉快なる態度は屏風を送った人の愛と親しみを反映した。パードレは非常に屏風を喜んだことを伝へるやう頼んだところ、[q]信長は大いに満足し、これによってパードレに対する愛の大いなることを覚るであらう。この屏風は彼が非常に珍重するもので、内裏の求めをも断った程であるが、パードレに与へ、彼がパードレを尊敬することを日本全国に知らしむることを喜ぶと言った。このことは信長がパードレに好意を有する証拠で、もし一千クルサドを与へたとしても、金銀には不足なきが故に、己の喜ぶものを割愛してパードレに与ふることには及ばないのである。このことは直に全市に伝はり、ついで周囲の諸国にも伝はって、異教徒もキリシタンも信長がかくの如き好意をパードレに示したことを聞いて驚き、パードレを幸福なる人と呼んだ。r大身及び武士等は屏風を観るため直にわがカザに来り、三七殿《さんしち》（筆者注—織田《おだ》信孝《のぶたか》）もまた彼等に混って来り、大なる満足を表し、その父がパードレに示した好意を重視した。s屏風を観覧するため来集した人々は、安土山のみならず、都、堺及び豊後、その他通過した各地においても非常に多数であったので、諸人に満足を与へるため聖堂に陳列して自由に観覧させることとした。tそこで各階級の男女が集り、これを観た大身等は皆信長がこれをパードレに与へたことを知って大いに我等を尊敬した。日本の大身中第一位を占むる公家の一人が、パードレの帰る際、その通過すべき各地の領主にパードレを紹介し、信長より優遇歓待を受けたることを通知する書翰を与へた。書翰を宛てた人達の中に豊後の若き王（筆者注—大友義統《おおともよしむね》）及び薩摩の王（筆者注—島津《しまづ》義久《よしひさ》）ならびにその執政達もあって、これがパードレと薩摩の王との間に前に述べた交渉を行ふ際大なる助となった。また豊後ならびに下の地方においては、我等が信長よりいかに尊敬せられたかを聞いて、キリシタンの大身達の間でも我等に対する信用が増した。（後略）

（筆者注—傍線とアルファベットは、筆者が付したものである。）

史料1は、『日本史』第二部三二章の一部である。この章には、ヴァリニャーノの第一次日本巡察（一五七九年七月—一五八二年二月）における、一五八一年三月から八月まで（邦暦・天正九年二月から七月まで）の出来事が記載されている。この期間にヴァリニャーノは、京都・安土・摂津国高槻《たかつき》などを訪れており、京都と安土では織田信長との対面を果たしている。特に安土には、四月中旬から五月中旬までと六—七月頃（正確な日付は未詳）から八月中旬までの二度にわたり滞在している。

ヴァリニャーノの安土訪問の目的は、イエズス会が当時日本の最高権力者と認識していた信長の本拠地の視察と、信長から布教の許可と援助を得ることであった。ヴァリニャーノは、二度にわたる安土滞在中、この間ずっと同地にいた信長と頻繁に対面している。ここで注目すべきは、フロイスは日本語会話に堪能であり、ヴァリニャーノの通訳として日本巡察の期間中行動を共にしていたことである。安土においてフロイスは、ヴァリニャーノと信長の通訳という極めて重要な役割を担うとともに、司祭個人の立場でも信長と多くの会話を交わしている。こうした事実は、この史料の内容の評価とも関わってくる重要な点であることを指摘しておきたい。史料1は、フロイス自身が一五八一年当時に執筆した上司への報告書（以下においては「フロイス報告書」と記載する）および次に検討する史料2を元に、一五八七年から九二年頃までの間に執筆されたと考えられる。

史料2は、「一五八一年の日本年報」の一部である。この史料は、表題にあるように一五八二年二月一五日付で長崎の日本副管区長ガスパル・コエリュ(5)からローマのイエズス会総長宛に出された、「一五八一年の日本年報」すなわち一五八一年一年間の日本副管区における公式報告書である。年報の執筆者は日本副管区長コエリュであるが、日本各地の状況について自身で直接執筆したわけではない。これは日本各地のイエズス会士たちが執筆し送付してきた報告書をまとめ直したものであり、史料2の部分は「フロイス報告書」に基づいて執筆されたと考えられる。

史料1・2の執筆の経緯と基本的な関係は、図1のようにまとめることができる。こうした点をふまえたうえで、次にその記載内容について検討する。史料1・2は「安土図屛風」に関する豊富な情報を含む史料であり、その内容は多岐にわたるため、次に箇条書にまとめて提示する。なお各箇条の文末には、その根拠となる史料の該当部分を傍線部のアルファベットで示すこととする。まず史料1からは、以下の諸点を指摘することができる。

(1) 制作年代は「一年前」すなわち天正八(一五八〇)年、注文主は織田信長であること。(b)

(2) 絵師は「日本でもっとも優れた職人」であり、史料2には「著名なる画工」とあること(6)。次項で改めて検討するが、これは狩野永徳であると考えられる。(d・m)

(3) 「屛風」は原文に‘beobus’とあり、複数形で記述されていること。これは史料2の原文についても同じである。屛風絵は一双すなわち二隻が基本的な様式であることから、これは「安土図屛風」が一双であることを示

していると考えられる。さらに他の史料から、一隻に安土城、一隻に安土城下が描かれていたことがわかっている。(7)（b）

(4) 色は「金色」であること。これは永徳の作品である「洛中洛外図屏風・上杉本」と同じく、紙本金地著色であると推定される。（c）

(5) これには「城を配したこの市」すなわち安土城下町が、「その地形、湖、邸、城、街路、橋梁、その他万事、実物どおりに寸分違わぬように」描かれていること。そしてそれは信長の命令によるものであること。（e）

(6) 制作には多くの時間を要したこと。（f）

(7) 信長はこれを大変気に入っており、手元に置いて愛好していたこと。（g・i・j）

(8) その評判を耳にした「内裏」すなわち正親町天皇が観覧を希望し、信長がそれに応えたこと。そして観覧後、天皇はこれを気に入り譲渡を希望したが、信長はそれには応えなかったこと。この点については、次項で改めて検討する。（h）

(9) 天正九(一五八一年)年七月初め頃、信長は安土を去ろうとしていたヴァリニャーノに対し、「予の思い出となるもの」としてこれを贈呈したこと。（a・i）

(10) ヴァリニャーノがこれを受領したのは、信長の愛好品であることと、「安土山に関して言葉では容易に説明しかねることを、絵画を通じ、シナ、

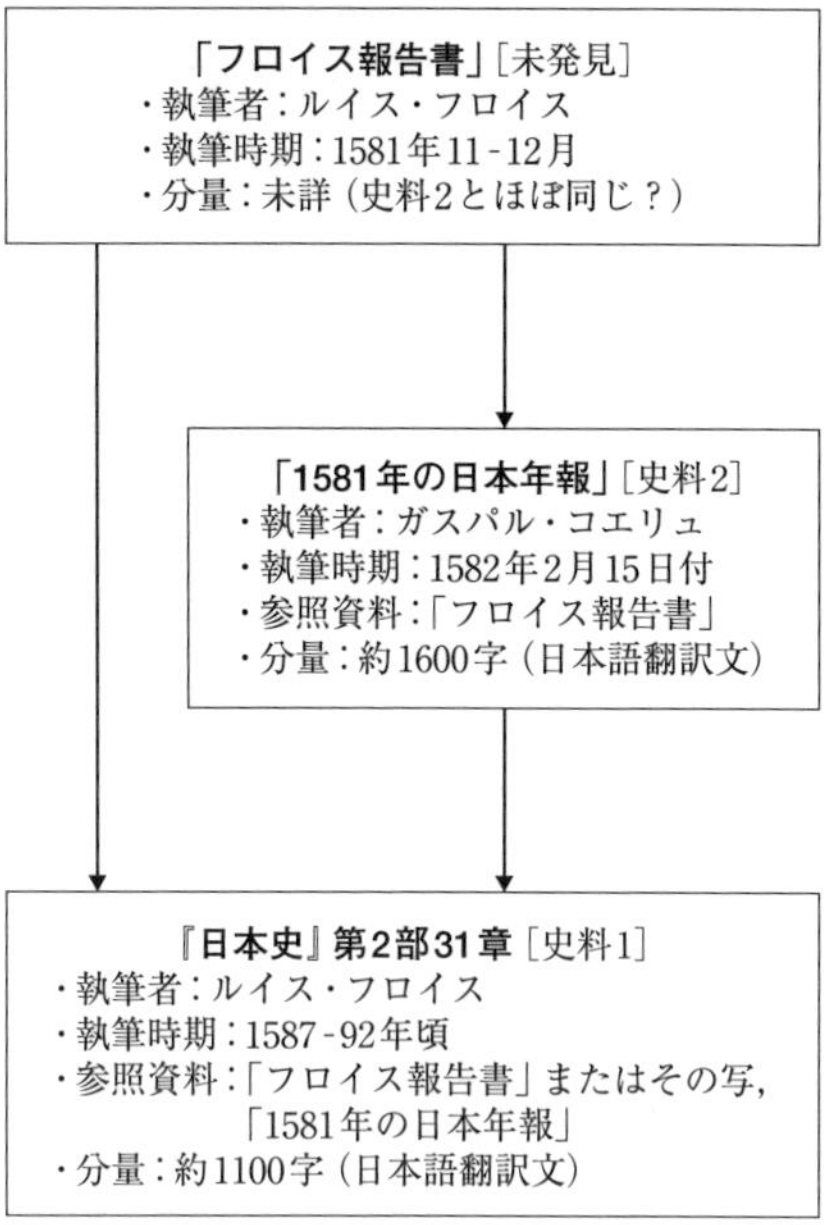

図1　史料1・2の関係

インド、ヨーロッパなどにおいて紹介できる」ことから、他のいかなる品よりも貴重であると考えたことによる。（j）

(11) ヴァリニャーノ一行は安土から長崎に向かう途中、これを安土・京都・堺・豊後の教会で一般に公開したこと。各地ではその評判を耳にした大勢の人々が見物に訪れたこと。（k）

次に史料2からは、史料1と内容が重複している点は除いて、以下の諸点を指摘することができる。

(12) 信長は安土の城と城下をありのままに描くよう命じており、制作途中にも具体的な描き直しの指示を出していること。（l）

(13) これは「著名なる画工」が非常に努力して完成させた優れた作品であり、信長はその出来映えに大変満足し珍重していたこと。（m）

(14) これは大変な評判となったが、信長はこれを少数の寵臣にしか見せなかったこと。（n）

(15) これにはイエズス会の修道院が描かれていたと考えられること。(8)（o・p）

(16) 信長は、ヴァリニャーノに対する好意の徴としてこれを贈呈したこと。（q）

(17) ヴァリニャーノに贈呈された後、信長の家臣たちがこれを見るために修道院を訪れたこと。このなかには信長の三男・信孝もいたこと。（r）

(18) 安土・京都・堺・豊後以外にも、ヴァリニャーノ一行が通過した各地において一般に公開され、各階級の男女が多数見物に訪れたこと。（s・t）

(19) 各地の有力者は、信長がこれをヴァリニャーノに贈呈したことを知って、信長はイエズス会に好意を有していると受け取ったこと。そしてこのことによって、イエズス会は政治的に有利な状況を獲得したこと。（t）

このように史料1・2は、「安土図屏風」に関する豊富な情報を含んでおり、さまざまな点をかなり詳細に明らかにすることができるのである。さらにこれらのなかには、検討すべき重要な論点が少なからず存在していることもわかる。このうち本章の課題と直接関連するものについては、次項以降で引き続き検討することとする。

2 『お湯殿の上の日記』

「安土図屏風」に関するもう一つの基本史料として、『お湯殿《ゆどの》の上《うえ》の日記《にっき》』天正八（一五八〇）年八月一三日条と翌一四日条を取り上げる。管見では「安土図屏風」に関する記載を見出すことができる唯一の邦文史料である。この『お湯殿の上の日記』は、内裏清涼殿の御湯殿上《おゆどののうえ》という部屋に出仕する天皇近侍の女官の当番日記である。女官の日記のため仮名で記載されていることもあり、その解釈は難解である。そこで原文とともに、筆者の解釈によって一部を漢字に置き換え人名を比定した文もあわせて、次に掲げることとする。

[史料3]『お湯殿の上の日記』〔『続群書類従　補遺3　お湯殿の上の日記7』三三〇頁〕

（天正八年八月一三日条）

あつちのていかのけん七郎にひやうふにかゝせて。のふなかけさんに入る。しゆんちやうけんもたせてまいる。こよひはこなたにをく。

安土の体、狩野源七郎《(狩野永徳)》に屏風に描かせて、信　長《(織田信長)》見参に入る。春長軒《(村井貞勝)》持たせて参る。今宵は此方に置く。

（同年八月一四日条）

昨日のひやうふに。ちよくしよをと申まゝ。あくひつをそめいたす。つかいくわんしゆ寺中納言。日のゝ中納言。ひのゝしん中納言文をもちてのふなか所へゆく。

昨日の屏風に、勅書をと申まま、悪筆を染め出す。使、勧修寺中納言《(勧修寺晴豊)》・日野中納言《(烏丸光宣)》・日野新中納言《(日野輝資)》、文を持ちて信長所へ行く。

最初に、この史料の基本的な性格について述べておく必要があろう。『お湯殿の上の日記』は、正本と写本を合わせ文明九(一四七七)年から文政九(一八二六)年までのものが現存する厖大な記録である。中世および近世の宮廷に関する基本史料であり、当番の女官だけでなく天皇自身が執筆した部分も存在することが知られている。史料3はまさにその部分に相当し、正親町天皇が執筆した部分であることが明らかにされている〔是澤　一九三二・一九四三・一九四四・一九八一、一〇一―一三頁〕。その理由は、「ちよくしよをと申まゝ。あくひつをそめいたす」という記載にある。なぜなら「ちよくしよ」(勅書)のことを「あくひつ」(悪筆)と記すのは、女官には絶対にありえない表現であり、天皇自身の謙譲表現であると判断されることによる。(9) よってこの史料3の記載主は、正親町天皇であるという点をまず確認しておきたい。

そこで次に、史料3の記載内容から「安土図屛風」に関して明らかになる点について、具体的に検討を行いたい。史料3からは、以下の諸点を指摘することができる。

(1) この史料の日付は、天正八年八月一三日・一四日であること。
(2) 織田信長が安土の有様を「かのけん七郎」(狩野源七郎)に命じて屛風に描かせたこと。
(3) 信長がこの屛風を正親町天皇の上覧に供したこと。
(4) 「しゆんちやうけん」(春長軒。村井《むらい》貞勝《さだかつ》の法名)がこの屛風を内裏に持参したこと。
(5) この屛風は、当日夜はそのまま内裏に泊め置かれたこと。
(6) 翌日、正親町天皇は、この屛風について「ちよくしよ」(勅書)を認めたこと。
(7) 使として勧修寺《かじゅうじ》晴豊《はれとよ》・烏丸《からすまる》光宣《みつのぶ》・日野《ひの》輝資《てるすけ》の三名が、手紙を持って信長の許へ行ったこと。

史料3の記載は限られており、これだけでは解釈しきれない点も少なくない。しかし、先に見た史料1・2と比較検討することによって、かなり明確にこれを解釈することが可能となる。史料3の内容は、全体として史料1・2の内容とよく一致しているからである。そこでまず注意すべきは、制作年代、注文主、絵師という基本的な諸点である。制作年代は、史料1・2には一五八一（天正九）年の「一年前」すなわち天正八年とあり、これは史料3の日付と一致している。また注文主は、史料1・2にも史料3にも信長であることが明記されている。そして絵師は、史料1・2では「日本でもっとも優れた職人」「著名なる画工」とあるものが、史料3には「かのけん七郎」（狩野源七郎）と具体的な名前が記されている。これは狩野永徳を示していると考えられる。永徳の字《あざな》は「源四郎」であり一致しないが、史料1・2の記載や信長との関係を勘案すると、これを永徳と解釈することに合理性があると判断されるからである。(10)

史料3と史料1・2との関係で最も注目されるのは、正親町天皇による「安土図屏風」の観覧という問題である。史料3の記載の主旨は、①信長が「安土図屏風」を正親町天皇の上覧に供したこと、②それに関連して正親町天皇が勅書を認めたこと、③三名の使者が信長に手紙を持参したこと、にある。このうちまず信長が「安土図屏風」を正親町天皇の上覧に供したという点については、史料1・2が記す内容と一致していることがわかる。これによって史料1・2の内容が事実であることが裏付けられるとともに、史料3によってその詳細が明らかとなる。すなわち「安土図屏風」は、天正八年八月一三日に信長の家臣で京都所司代を務めていた春長軒こと村井貞勝によって内裏に運ばれ、正親町天皇の上覧に供されたのである。そして「安土図屏風」は、当日夜はそのまま内裏に泊め置かれたことがわかる。信長は七月一四日に安土から上洛しており、八月一五日まで宿所である二条衣棚《にじょうころものたな》の妙覚寺《みょうかくじ》に滞在していた（岡田一九九九、四二六―四二七頁）。したがって「安土図屏風」は、七月一四日に信長とともに安土から京都に運ばれ、妙覚寺に置かれていたものと推定される。そして八月一三日には、村井貞勝によって妙覚寺から内裏に運ばれたのであろう。

史料3でさらに注目すべきは、八月一四日条の記載、特に「昨日のひやうふに。ちよくしよをと申まゝ。あくひつをそめいたす」の解釈である。これについては、すでに正親町天皇の直筆部分であることが明らかにされていることを述べた。すなわち「あくひつをそめいたす」の主語は、正親町天皇ということになる。問題は、「昨日のひやうふに。ちよくしよをと申まゝ」の解釈、特に主語を誰とするかという点にある。これについて是澤恭三は、「昨日の屏風に（対し）、（信長が）勅書をと申すまま」としている。すなわち主語は信長で、正親町天皇に対し、屏風に画賛を求めた、という解釈である〔是澤 一九三二・一九四三・一九四四・一九八一、一〇―一三頁〕。筆者も以前はこれに従っていたが〔杉森 一九九八・二〇〇三・二〇〇五〕、ここでは新たな解釈を提示することとしたい。それは「昨日の屏風に（ついて）、（天皇近侍の者が）勅書をと申すまま」というものである。すなわち主語は勧修寺晴豊など天皇近侍の者で、正親町天皇に対し、屏風について勅書を書くよう求めた、という解釈である。そしてこの勅書とは、後に続く「つかいくわんしゆ寺中納言。日のゝ中納言。ひのゝしん中納言文をもちてのふなか所へゆく」という文章のなかの「文」にほかならない。すなわち勅書とは、屏風への画賛ではなく、屏風についての信長への手紙という解釈である。この解釈の前提には、史料1・2において、正親町天皇は「安土図屏風」の観覧後、これが気に入り譲渡を希望したが信長はそれには応えなかった、と記されていることがある。すなわち勧修寺晴豊以下三名の使者が信長のところに持って行った「文」とは、正親町天皇直筆の手紙すなわち宸翰書状であり、その内容は「安土図屏風」を所望するというものであったと考えられるのである。正親町天皇は、「安土図屏風」を観覧して気に入り、これを所望する旨を勧修寺晴豊など近侍の者に伝えたのであろう。これに対し近侍の者は、そのためには天皇自らが筆をとって所望する旨を信長に伝える必要があると判断し、そのことを正親町天皇に伝えたのではないか。それが「ちよくしよをと申まゝ」ということであり、正親町天皇はその言に従って自ら手紙を認め、勧修寺晴豊以下三名の使者がそれを信長に届けた。このように考えると、「昨日のひやうふに。ちよくしよをと申まゝ。あくひつをそめいたす」という記載は、こうした経緯を正親町天皇の立場から記したものであると解釈することができるのである。

八月一四日、勧修寺晴豊・烏丸光宣・日野輝資の三名は、「文」を届ける使者として信長の許に遣わされた。勧修寺晴豊は武家伝奏を務めており、天皇の意を信長に伝えるには最もふさわしい人物である。この三名の使者の派遣自体が、「文」の重要性を示しているといえよう。信長は七月一四日の上洛以来、宿所の妙覚寺に滞在していたので、この日三名の使者が向かった先は妙覚寺であろう。ただしその後の経緯については、『お湯殿の上の日記』には記載がなく、不明であるとせざるをえない。また当事者である三名の使者のうち勧修寺晴豊と日野輝資は、それぞれ『晴《はれ》豊公記《とよこうき》』〔『増補続史料大成9　晴右記・晴豊記』〕と『輝資卿記《てるすけきょうき》』〔東京大学史料編纂所所蔵謄写本〕という日記を遺しているが、いずれも当該日および前後の記載を欠いており、残念ながらこれらの史料からも本件の経緯を知ることはできない。しかし結果として、信長が正親町天皇の所望を断ったことは確かであり、史料1・2が記載するとおりであろう。

信長は、翌八月一五日に石山合戦の終結した大坂に向かっており、二三日に帰洛している。そして五日後の八月二八日に安土に戻っている。信長がいつどのような形で正親町天皇の所望を断ったのか、また「安土図屏風」がいつ内裏から信長の許に戻されたのかは、不明である。しかし、「安土図屏風」がそのまま内裏に長期間泊め置かれたとは考えられず、信長が八月二八日に安土へ持ち帰った可能性が高いと考えられる。(11)

このように史料3の内容は、史料1・2の内容とよく一致しており、これらを比較検討することによってより一層の理解が可能となるのである。さらに史料3の意義は、正親町天皇が自身で記載した史料であるという点にある。改めて述べるまでもなく、正親町天皇は「安土図屏風」を実際に見ているのはもちろんのこと、「安土図屏風」に関係した重要な当事者の一人なのである。すなわち史料3は、伝聞などを記した間接的な二次史料ではなく当事者が直接記載した一次史料であり、「安土図屏風」に関する極めて重要な史料として評価することができる。

二　城下町安土

1　安土城

安土は、琵琶湖東岸南部、滋賀県近江《おうみ》八幡市《はちまんし》安土町《あづちちょう》にかつて存在した城下町である。付近を通る下街道《しもかいどう》（朝鮮人街道）と中山道・東海道を経て、京都まで約五〇キロメートルの位置にある。天正四（一五七六）年正月、織田信長はこの地の安土山に築城を開始し、翌二月には本拠を岐阜から当地に移している。天正七（一五七九）年五月には安土城の天主と御殿が完成、その頃には安土城下も一応形を整えたものとみられる。ところが天正一〇（一五八二）年六月二日の本能寺の変によって信長が死去し、直後の混乱のなかで安土城の天主と御殿、安土城下も焼失した。その後この地の新しい領主となった羽柴秀次《はしばひでつぐ》は、天正一三（一五八五）年に近接する八幡《はちまん》に新たに居城と城下町を建設して移転し、安土城と安土城下を廃絶してしまう。ここに城下町安土の歴史はわずか一〇年足らずで終わり、以後は農村に戻ってしまうことになるのである。

安土城が築かれた安土山は、琵琶湖湖面からの比高約一一〇メートル（標高一九八メートル）の小高い山である。その東側、北側、西側の三方を琵琶湖内湖に囲まれており、ちょうど琵琶湖内湖に突き出た半島のような形をしている。山麓の西側南部が安土城下と接しており、南側は湿地帯、東側南部は近江国守護佐々木六角《ささきろっかく》氏の居城である観音寺城《かんのんじじょう》があった繖山《きぬがさやま》（別名・観音寺山）へと続いている。山麓の西側南部も元来は湿地帯であったため、城下町建設以前の安土山の自然景観は、わずかに南側東端が北腰越《きたこしごえ》で繖山とつながっているだけの実質的には島のような状態であったと推定される。

安土城については、縄張りや天主をはじめとする建築物の構造について具体的に記した絵図などの同時代史料はほとんど現存しておらず、その構造については不明の部分が多い。こうした史料状況のもと、滋賀県によって一九八九

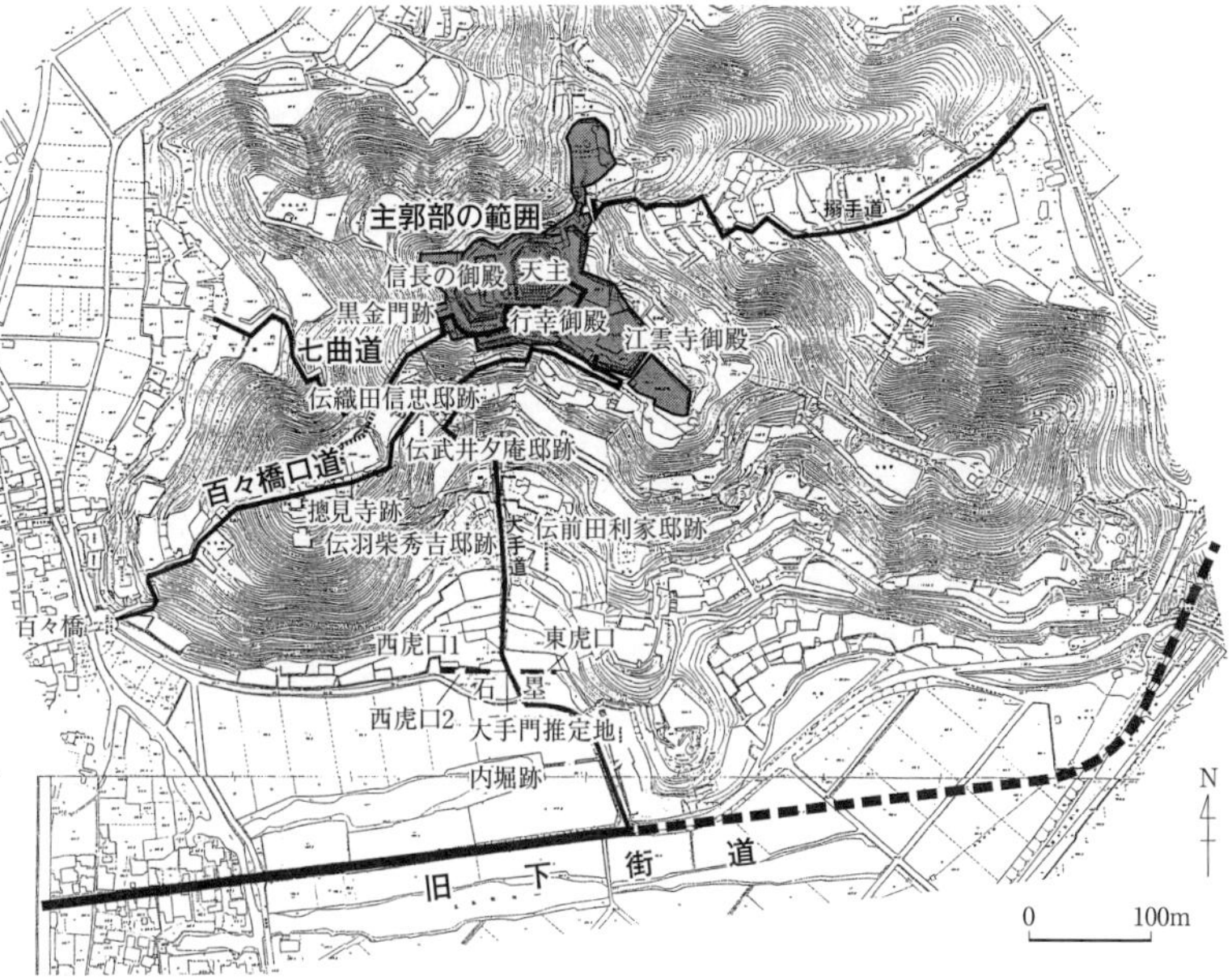

図2　安土城跡地図

注）『〔図録〕信長と安土城――収蔵品で語る戦国の歴史』（滋賀県立安土城考古博物館，2008年）40頁掲載図を基に一部改編して作成.

年から二〇年間にわたり特別史跡安土城跡調査整備事業が実施され、その一環として滋賀県安土城郭調査研究所による発掘調査が進められた。これによって安土城の具体的な構造が明らかとなり、数多くの新たな知見が得られている〔木戸 二〇〇三・二〇〇四・滋賀県安土城郭調査研究所編 二〇〇四〕。本項では主郭部の構造と「大手道」[12]について検討することとする。

図2は安土城跡地図である。天主を中心とする主郭部は、安土山の山頂部に位置する。中央の最も高い位置に天主、その西側に伝二ノ丸[13]、天主の東南側に伝本丸と伝三ノ丸などが尾根沿いに配置されている。このうち伝二ノ丸は、安土城の焼失直後に羽柴秀吉が建立した信長廟が現存している場所であるため発掘調査は行われていないが、ここには信長の御座所がある御殿が存在していたと推定されている。したがって天主とこの御殿が、信長の居住空間ということになる。伝本丸には、三棟からなる大規模な御殿が存在したことが、発

掘調査によって初めて明らかとなった。『信長公記《しんちょうこうき》』（奥野高広・岩沢愿彦校注『信長公記』）に「御幸の御間」についての具体的な記載があることから、(14)これは天皇を迎える行幸御殿であったと考えられている。さらに伝三ノ丸には、「江雲寺御殿」(15)と呼ばれる性格不明の比較的規模の大きな御殿が存在していた。すなわち主郭部の主要な建物として、西側から東側の順に、信長の御殿・天主・行幸御殿・江雲寺御殿が並んでいたことになる。

次は主郭部に至る道筋の一つである「大手道」である。この道は、安土山南麓の「大手門」から、まず北へほぼ直線で約一八〇メートルも斜面を登っている。そして西へ直角に曲がった後は、屈曲を繰り返しながら急斜面を登り、西南の尾根道で主郭部に至る道として日常的に使用されていた百々橋口道《どどばしぐちみち》と合流している。その構造は、道幅約六メートル、両脇に幅約一メートルの側溝を伴うというもので、安土城内の道としては最も道幅が広い。この道は日常的に使用されていた形跡がなく、城内の道としては構造上も特異であるため、行幸のために設けられた行幸道であると考えられている〔木戸 二〇〇三・二〇〇四〕。

このように安土城の構造として最も注目されるのは、行幸御殿と行幸道である「大手道」の存在である。発掘調査の結果、安土城は建設当初から行幸を前提として建設されていることが明らかとなったのである。木戸雅寿は、この行幸という点に、安土城築城の新たな意義が見出されるとしている〔木戸 二〇〇三・二〇〇四〕。これは安土城さらには城下町安土の性格を考えるうえで、極めて重要な指摘であるといえよう。

2　安土城下

安土城下は、琵琶湖内湖に向かって南北に伸びる微高地上に位置しており、その東側と西側は湿地帯となっている。城下町絵図や城下町の範囲を直接示す史料は現存しておらず、また城下町自体も短期間で廃絶したため、その正確な範囲は長く不明のままであった。こうした史料状況のもと、小島道裕は明治期の地籍図および地形図や近世の村絵図などの諸史料を用いることにより、安土城下の主要部の範囲を図3のように推定復元した〔小島 一九八五〕。その後、発掘調査の進展によって安土城下の全体像が明らかになりつつあり、主要部の範囲についてはこれがほぼ正しいことが確認されている〔坂田 二〇〇八〕。

安土城下の範囲には、中世以来、豊浦庄《といらのしょう》と佐々木庄《ささきのしょう》という二つの荘園の集落が存在しており、安土城下は全くの未開発地に新たに建設された都市ではない〔木戸 二〇〇八〕。特に佐々木庄の一部である常楽寺《じょうらくじ》は、琵琶湖水運の港町であり宿場でもあった〔小島 一九八五・一九九三〕。信長は天正四年の安土城建設開始以前、岐阜からの上洛途中にしばしばここに滞在しており、こうした過程で岐阜から当地に拠点を移すことを構想し、安土城と安土城下の建設に着手したものと考えられる。安土城下の主要部の建設は、①新たに町割が行われた下豊浦《しもといら》と中世以来の港町・宿場として町並みを形成していた常楽寺を二つの核として開始された、②安土城下の建設は継続的に行われた、③それは主として下豊浦を中心に四方に町並みを拡大するという形で行われた、④下豊浦と常楽寺という建設開始当初の二つの町並みは次第に連続する一つの町並みになった、とまとめることができる。

次にこうした過程を経て建設された安土城下は、どのような構造的特質を有していたのだろうか。小島道裕は、安土において初めて給人居住域と市場が統合されて両者が一体となった一元的な構造の安土山下町が成立したことを指摘し、そこに近世城下町成立の画期を見出した〔小島 一九八四・一九八五〕。これは研究史上大きな意義を有するが、ここではそれとは違った観点から安土城下の構造的特質について考えてみたい。それは行幸との関連である。先に見たように、安土城は建設当初から行幸を前提として建設されていることが明らかとなった。これは安土城下についても同様であると考えるべきであり、その構造を行幸という観点からとらえ直すことが必要となろう。ここで注目すべきは、安土城下を通過し、安土山南麓の「大手門」に至るまでの行幸道である。安土城下は下街道が通過しており、これが行幸道に該当すると推定されるが、ルートの詳細と周囲の建築物の配置などの検討は今後の課題となろう。さ

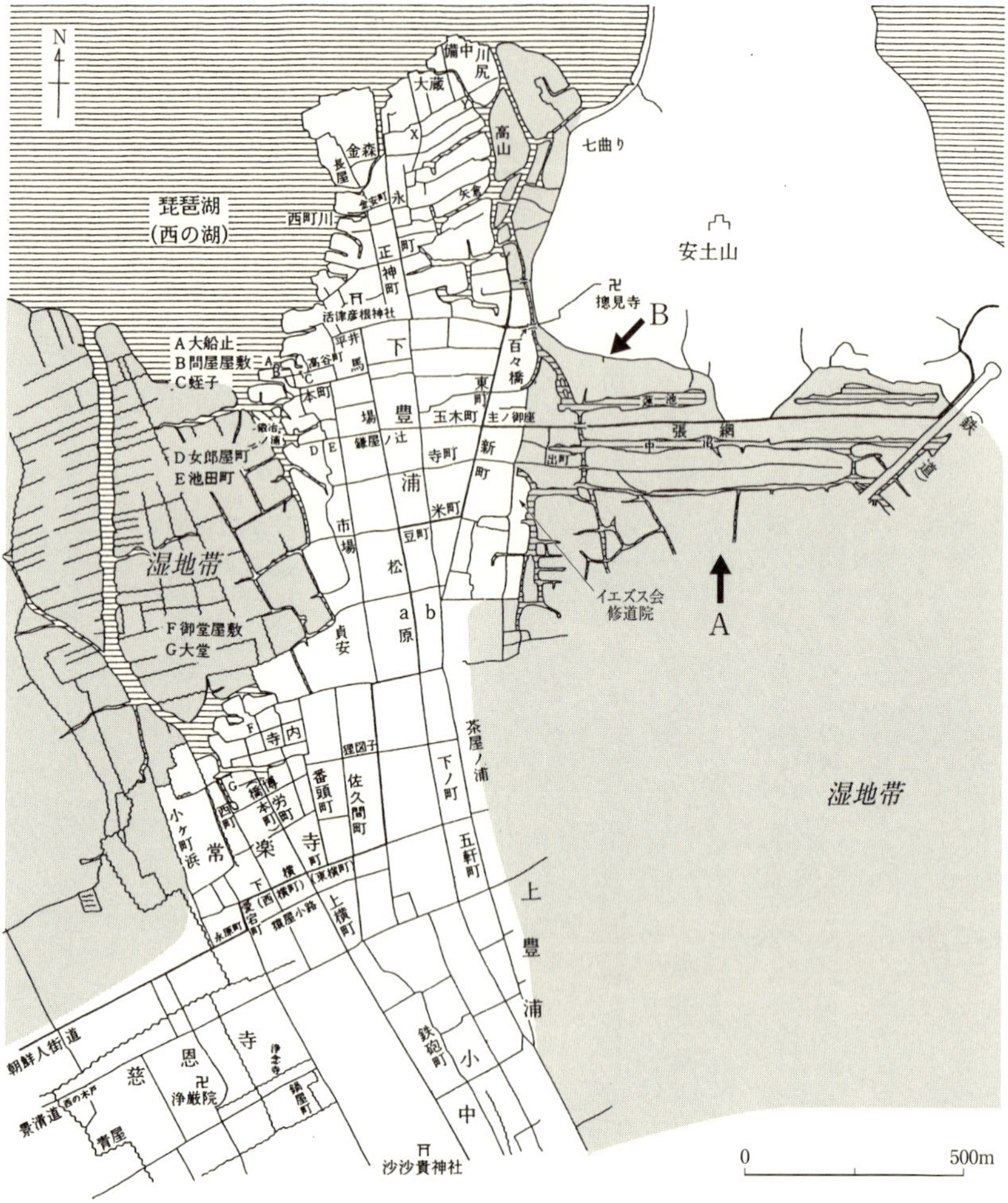

図 3　安土城下町図

注 1)　小島道裕『戦国・織豊期の都市と地域』(青史出版，2005 年) 131 頁掲載図を基に一部改編して作成．

2)　矢印 A は「安土城隻」の視点，矢印 B は「安土城下隻」の視点を表している．

らに行幸道については、安土城下以外についても考える必要がある。フロイスは、信長が安土から京都に至る道路を整備するとともに、難所であった瀬田川《せたがわ》に橋を架け、逢坂山《おうさかやま》に切り通しを開いたことを記している〔松田毅一・川崎桃太訳『日本史4　五畿内篇2』一二九―一三〇頁〕。これは単に重要な交通路の整備というだけでなく、行幸道の整備という観点からもとらえることができるといえよう。

三　織田信長の都市イデア

1　織田信長と安土

織田信長にとって、安土とはどのような都市だったのだろうか。天正三（一五七五）年一一月、信長は領国の尾張・美濃と居城の岐阜城を嫡男の信忠に譲り、翌年二月に築城を開始したばかりの安土に本拠地を移している。またこれと同時に、後に誠仁《さねひと》親王に「二条新御所」として献上されることになる自らの京都屋敷の建設も開始している。永禄一一（一五六八）年に足利義昭を奉じて上洛を果たした信長にとって、安土は単なる領国支配のための拠点ではなく、天下統一を視野に入れて新たに建設した都市として位置づけることができる。そうした意味において、信長が尾張統一以降それまで拠点としてきた清洲《きよす》・小牧《こまき》・岐阜とは、明らかに性格の異なる都市であるといえよう。また天主の建築に代表される安土城の城郭としての画期性、給人居住域と市場が統合されて両者が一体となった一元的な構造の安土城下の画期性などは、これまでの研究が明らかにしてきたとおりである。

この安土の都市イデアを考える手掛かりとして、まず最初に「安土」という名称に注目したい。これは信長によって命名されたもので、「平安楽土」[16]に由来するといわれている。それを裏づける確実な史料は見出しえないが、信長は小牧から井口《いのくち》に拠点を移した際に嘉名の「岐阜」と改めていること、安土築城以後に「安土」という表記が見られるようになることなどから、信長による命名であることはほぼ確実である。信長は天正七（一五七九）年に安土城の天主と御殿が完成したのを機に、京都・妙心寺《みょうしんじ》住職の南化《なんか》玄興《げんこう》に賛を求めて「安土山之記」（『特賜定慧円明南化国師虚白録』国立公文書館所蔵、所収）を得ているが、そのなかの七言詩の一項に「山名安土太平兆」とあることが注目される。「安土」という名に、「太平の兆し」を見ているのである。こうしたことから「安土」は、信長が自らの城下町に「平安楽土」あるいは「太平」の意味を込めて命名した地名であり、天下統一を視野に入れたこの都市のイデアを最も端的に表象するものであると考えられるのである。

そして信長は、この安土を屏風絵として描くことを狩野永徳に命じる。これは都市イデアという観点からは、どのようにとらえることができるのだろうか。永徳とその一門は、天正六（一五七八）年頃から安土城天主と御殿の障壁画の制作を開始している。『信長公記』には、七重（地上六階、地下一階）からなる天主の構造と障壁画の詳細な記述があり、その全体像を知ることができる。また信長の御殿と江雲寺御殿にも永徳の絵が描かれていたことが記載されており、行幸御殿も同様であったと考えられる。翌天正七年五月に信長が天主に移っているので、この頃までには天主と御殿の障壁画も完成したことになる。そしてその直後に、信長は永徳に新たな絵画すなわち「安土図屏風」の制作を命じている。安土城の天主と御殿の完成を機に、信長は安土城とその頃には一応形を整えたとみられる城下を描く屏風絵を求めたのである。これは南化玄興に賛を求めたのと同じく、自ら構想した城と城下の完成を記念するという点に、まず基本的な目的があったといえよう。「安土図屏風」は、制作開始翌年の天正八（一五八〇）年に完成している。史料1・2によると、信長はこの屏風絵の制作の際、永徳に対し実物どおりに寸分違わぬように描くことを求めている。そして完成した屏風絵に大変な愛着を寄せていた様子が、繰り返し述べられている。これらの事実は、信長にとって「安土図屏風」は、安土の都市イデアを絵画として具体化したものにほかならないことを示していると考えられるのである。

2　都市図屏風としての「安土図屏風」

それではこの「安土図屏風」は、都市を描いた屏風絵である都市図屏風の歴史のうえで、どのように位置づけられるのだろうか。都市図屏風の歴史は、京都の市中と郊外を描く「洛中洛外図屏風」の歴史として始まる。その成立は一六世紀初頭頃であり、現存最古の作品は一五二〇―三〇年代に制作されたとされる「歴博甲本」である。その基本的な様式は定型として確立し、以後の作品にもほぼ一六世紀を通して引き継がれていくことになる。ここで注目されるのは、「安土図屏風」が初めて京都以外の都市を対象として制作された都市図屏風であるという点である。一七世紀以降、大坂や江戸を描く屏風絵が制作されるようになるが、「安土図屏風」は京都以外の都市を描く都市図屏風の先蹤ということになる。これは言い換えるならば、京都以外に初めて屏風絵として描かれる都市が出現したということであり、城下町という新しい都市類型が全国展開した近世という時代の幕開けを象徴する出来事であるといえよう。このような意味において、「安土図屏風」は都市図屏風の歴史のうえで画期的な作品として位置づけられるのである。

次にこの「安土図屏風」が制作されるに至った背景について、都市図屏風という観点から検討してみたい。その際に重要な鍵となるのが、狩野永徳と「洛中洛外図屏風・上杉本」である。黒田日出男は、従来定説をみなかった「洛中洛外図屏風・上杉本」の制作と伝来の経緯について、有力な仮説を提示した〔黒田 一九九六〕。これによると、「洛中洛外図屏風・上杉本」は、将軍足利義輝が上杉謙信に贈るために永徳に注文したものであり、永禄八(一五六五)年九月に完成した。注文主の義輝は制作途中の同年五月に殺害されてしまったが、永徳はその後も制作を継続して完成させ、そのまま手元に置いていた。間もなく新たな権力者として信長が台頭してくると、狩野派を率いる立場の永徳は信長に接近し、この作品を披露した。信長はこれを見て入手することにし、天正二(一五七四)年三月に義輝に代わって謙信に贈った。以上が黒田の仮説の概要である。発表以来、現在まで有効な批判は出されておらず、大方の支持を得ているといえよう。

この黒田の仮説をふまえると、信長は「洛中洛外図屏風・上杉本」を実際に見たことが確実である。これは信長が永徳の力量を認める契機の一つとなったと考えられ、後に永徳は安土城の障壁画を担当することになった。さらに「洛中洛外図屏風・上杉本」の信長への披露は、これにとどまらない結果をもたらすことになった。それが「安土図屏風」の制作である。「洛中洛外図屏風・上杉本」の信長への披露なくして、「安土図屏風」の注文はありえなかったと考えられる。なぜなら信長は、「洛中洛外図屏風・上杉本」を見て初めて都市を描いた屏風絵の存在を知るとともに、特に金雲と金地で彩られ金色に輝く京都の風景に強い印象を受けたものと推測されるからである。「安土図屏風」を実際に見たフロイスが、史料1に「それは金色で」と記していることに注意したい。こうして信長は、まず自らの城下町である安土を京都と同様に屏風絵として描くこと、さらにそれを金色に輝くものとして描くことを着想し、その制作を永徳に命じたと推定されるのである。このように永徳と「洛中洛外図屏風・上杉本」の存在は、「安土図屏風」が制作される前提条件となったと考えられる。もしその存在がなければ、信長は「安土図屏風」の着想を得ることはなく、制作が実現することはなかったといえよう。

3　「安土図屏風」の景観構成

こうして制作されることとなった「安土図屏風」には、どのような絵が描かれていたのだろうか。先に述べたように、一双のうち一隻に安土城、もう一隻に安土城下が描かれていたことはわかっている。しかし、現在実物は所在不明でありその写なども残されていないため、具体的な景観構成については全く不明である。そこで本項では、その具体的な景観構成について考えてみることとしたい。

まず「安土図屏風」の基本的な視点について検討する。これによって景観構成も規定されることになるからである。都市の景観を一双の屏風絵に収めるのは決して容易なことではなく、特に都市を望む視点をどこに定めるのかという点は非常に重要である。ここに絵師の創意工夫が必要となり、その力量が問われることになる。数多くの作品が現存する「洛中洛外図屏風」では、一部の例外を除き、両隻の視点は同方向ではなく逆方向となっている。例えば「洛中洛外図屏風・上杉本」では、一隻（上京隻《かみぎょう》）には上京の町並みと背景に北山と西山の名所、一隻（下京隻《しもぎょう》）には下京の町並みと背景に東山の名所が描かれている。ここで注意すべきは、前者はおおよそ東南方向から西北方向を望む視点、後者はおおよそ西北方向から東南方向を望む視点であり、両隻は全く逆方向の視点で描かれていることである。「洛中洛外図屏風・上杉本」の場合は、「歴博甲本」をはじめとする先行作品があり、すでにこうした定型が確立されていたため、基本的にそれに従って制作されている。一方、「安土図屏風」は全く初めての作品であり、その基本的な視点と景観構成は、永徳の創意によって決められ制作されたのである。

安土城が描かれている隻（以下、「安土城隻」と表記する）は、おおよそ南方向から北方向を望む視点、すなわち安土山を南側から望む視点であると推定される（前掲図3参照）。その理由は、①安土城の主郭部の建物は基本的に山頂の尾根筋に沿って東西方向に並んで配置されていること、②安土山南麓のほぼ中央に「大手門」が位置しそこから「大手道」こと行幸道が北へ延びていることから、安土山は南側が正面になると考えられることによる。この視点の位置を実際の地点に求めると、安土山南麓近くの場所であれば安土山南面を見上げることになり、また安土山南麓から南に離れた場所であれば安土山南面をほぼ水平に見ることになり、いずれも不適切である。なぜならこれでは実際に見えるのは城壁と石垣ばかりであり、主郭部の建物は天主の上層部以外ほとんど見えないからである。こうしたことから、安土城隻の視点の位置は、安土山南側上空の架空地点に設定されていたものと推定される[17]。これによって安土山南面全体、そして主郭部の建物の全体を見渡すことができるからである。「洛中洛外図屏風・上杉本」では、これと同様に視点は洛中上空の架空地点に設定されており、内裏や公方邸などは建物の全体が描かれている。以上のことを押さえたうえで、安土城隻の景観構成について、次のように推定する。安土城隻では、何と言っても安土山山頂に展開する主郭部が絵の中心で、画面中央に左側から順に、信長の御殿・天主・行幸御殿・江雲寺御殿が並んで配置されている。この主郭部に向かって、安土山南麓のほぼ中央に位置する「大手門」からまっすぐに「大手道」こと行幸道が延びている。主郭部の左側には、安土山の南西の尾根筋中腹にある摠見寺《そうけんじ》、画面左端には安土山西麓に位置し安土山と安土城下を結ぶ百々橋付近までが描かれている。主郭部の右側には、安土山南東の尾根筋が麓の北腰越付近まで描かれている。そしてこの安土城が展開する安土山の背景として、琵琶湖内湖と対岸の比良山地《ひらさんち》が配されている。

安土城下が描かれている隻（以下、「安土城下隻」と表記する）は、おおよそ北東方向から南西方向を望む視点、すなわち安土城天主から安土城下を見下ろす実景の視点であると推定される（前掲図3参照）。その理由は、何よりもこれは信長が実際に安土城下を日々望んでいた視点であることによる。史料1・2によると、信長は「安土図屛風」制作の際、永徳に実物どおりに寸分違わぬように描くことを求めるとともに、少しでも実際と相違するところがあれば描き直しを命じている。この事実は、安土城下隻が信長にとって見慣れた風景であること、すなわち安土城天主から安土城下を見下ろす視点で描かれていたことを示唆していると考えられる。以上のことを押さえたうえで、安土城下隻の景観構成について、次のように推定する。安土城下隻では、画面右側に新しく建設された下豊浦の町並み、画面左側に城下建設以前から存在する常楽寺の町並みが配されており、城下の発展によって次第に連続する一つの町並みとなりつつある様子が描かれている。またちょうど画面中央下部あたりの位置には、新しく建設されたばかりのイエズス会修道院が描かれている。このイエズス会修道院は三階建てであり、下豊浦の町並み東端の埋立地に位置していたため、安土城天主からよく見えたはずである。そしてこの安土城下の背景として、画面右側には琵琶湖内湖と鶴翼山《かくよくざん》（別名・八幡山《はちまんやま》。比高約一八四メートル）、画面左側には田畑と農村の風景、さらにその遠景として三上山《みかみやま》（別名・近江富士。比高約三四四メートル）が配されている〔辻 一九七九〕。

こうした景観構成をもつ安土城隻と安土城下隻は、一双屛風としてどのように並べることになるのか、さらにその場合の全体としての景観構成について検討する。通常の一双屏風のように右隻と左隻として並べるのだとすると、安土城隻は右隻、安土城下隻は左隻になると考えられる。両隻の視点の方向は異なっているが、両隻をこのように並べてみると、右隻である安土城隻の左端の景観は安土山西麓の百々橋付近、左隻である安土城下隻の右端の景観は下豊浦の町並みの北部付近で、両隻の景観はほぼ矛盾なくつながることになるからである。すなわち「安土図屏風」は、一双で安土城のある安土山と安土城下を見渡す大パノラマとなっているのである。

以上、「安土図屏風」の基本的な視点と景観構成について、やや大胆に推定してみた。さらにこれを都市図屏風の前例である「洛中洛外図屏風」と比較検討してみたい。周知のように「洛中洛外図屏風」は、単に京都の都市景観を描いたものではない。そこには洛中の風俗や年中行事、洛外の名所などが描かれており、さらに季節性という大きな要素も含まれている。これらは京都という都市がもつ長い歴史と文化に裏打ちされたものであり、他の都市では容易には描くことができない要素であるといえよう。よって「安土図屏風」には、こうした要素は基本的に描かれていなかったと考えられる。その一方で「安土図屏風」には、徹底した写実性が求められていることが注目される。その前提として、安土と京都では、都市の規模が大きく異なることも指摘しておかなくてはならない。こうした観点からとらえた場合、「安土図屏風」は、都市図屏風とはいっても「洛中洛外図屏風」とはかなり性格を異にする作品であると評価されよう。

4　政治状況と「安土図屏風」の都市イデア

本項では、さらに政治状況という観点から、「安土図屏風」に込められた都市イデアについて検討を進めることとしたい。この時期の信長をめぐる政治状況は複雑で多岐にわたるが、ここでは正親町天皇の誠仁親王への譲位問題に着目し、これを中心に見ていくこととする。

天正元（一五七三）年一二月、信長は正親町天皇に譲位とその援助を申し入れており、正親町天皇はこれを歓迎したことが明らかにされている〔橋本 一九八二〕。中世の天皇は譲位して上皇となるのが通例であったが、正親町以前の後土御門《ごつちみかど》・後柏原《ごかしわばら》・後奈良《ごなら》の三代の天皇は、譲位・即位にともなう儀式や院御所造営の費用が賄えないという理由で譲位を行えなかったからである。朝廷は信長の申し入れを受け、その直後から実際に譲位と即位の準備を始めている。しかしなぜか譲位は延引され、信長存命中に実施されることはなかった[18]。さらに天正四（一五七六）年一一月の時点で翌年に安土行幸が予定されていたことが明らかにされているが〔橋本 一九七六〕、結果的にこれも延引されている。ここで注目すべきは、ちょうどこの時期に、信長は安土を拠点とする新しい政権構想を実行に移していることである。正親町天皇の譲位、安土行幸、そして行幸御殿を伴う安土城建設は、それぞれが密接に関連していると考えられる。安土に拠点を移してから本能寺《ほんのうじ》で死去するまでの間、信長の政権構想にとって、正親町天皇の譲位と安土行幸は大きな課題であり続けた。ただし信長がこの課題を最終的にどのような形で行おうとしていたのかについては、今後さらに検討する必要がある。本願寺《ほんがんじ》をはじめとする敵対勢力との軍事情勢、自身の官位昇進と辞官など、多くの要素が複雑に絡み合っており、信長の情勢判断も時期によって変化していると考えられるからである。

こうした政治状況を勘案すると、「安土図屏風」の制作意図、そして信長のこの作品に対する扱いなどについても、それを考慮に入れたうえでさらに検討する必要があることがわかる。そこで次に、信長が「安土図屏風」を正親町天皇の上覧に供したという点について、改めて検討することとしたい。史料1・2には、「安土図屏風」の評判が天皇の耳に達し、天皇から信長にその観覧を求めたと記されている。しかし史料3からは、そのような状況を読み取ることはできず、むしろ信長が主体的にこれを天皇の上覧に供したというように解釈することができる。そこで注目したいのは、史料3の日付である。天正八年八月一三日・一四日というのは、「安土図屏風」が完成して間もない時期であると推定される。すなわち「安土図屏風」の完成時期と天皇が「安土図屏風」を観覧した日の時間関係を勘案すると、「安土図屏風」の評判を聞いた天皇が信長に観覧を求めたのではなく、信長が主体的にこれを天皇の上覧に供したのだと考えるのが合理的である[19]。

それではなぜ信長は、完成して間もない「安土図屏風」を正親町天皇の上覧に供したのだろうか。その目的は、自らの城下町である安土、そして行幸御殿を正親町天皇に見せることにあったのだと考えられる。これは安土行幸、そして譲位問題と直結していることが明らかであろう。さらに言えば、「安土図屏風」の制作目的の一つとして、これを正親町天皇に見せるということがあったと考えることもできる。ただし「安土図屏風」を正親町天皇の上覧に供することによって、信長は何を得ようとしていたのか、その意図については判断を保留せざるをえない。正親町天皇の行幸、正親町天皇の譲位と即位後の誠仁親王[20]の行幸など、いくつかの可能性が考えられるが、その検討は今後の課題である。

前節では、城下町安土は当初から行幸を前提として建設された都市であると評価することができると述べた。これは安土という都市を規定する重要な都市イデアであり、その安土を描いた「安土図屏風」にも、当然この都市イデアが反映されていたものと考えられる。これは単に景観構成として行幸御殿や行幸道が描かれているということを意味しているのではない。注文主である信長の制作意図や正親町天皇の上覧に供するという使われ方など、屏風絵そのものが行幸という要素を含む都市イデアを体現するものとしてとらえることができるのである。安土という都市は信長の都市イデアを具体化した都市であり、さらに「安土図屏風」はそれを別の形で表象したものであると評価することができよう。

おわりに――二つの都市イデア

天正九(一五八一年)年七月初め頃、信長は安土を去ろうとしていたヴァリニャーノ一行に「安土図屏風」を贈呈した。「安土図屏風」はその後、天正遣欧使節によってローマに携行され、一五八五(天正一三)年四月三日、ローマ教皇グレゴリウス一三世に贈呈された。こうした経過は、日本の史料では一切見出すことができず、イエズス会関係者の史料とヨーロッパで作成された史料によって初めて明らかとなるのである。これらのなかには、「安土図屏風」のことを「ノブナンガ(Nobunanga)という日本の主要な都市を描いた絵」と記した史料、'Nabunanga'(=信長)や'Anzuchiama'(=安土山)という都市名を記した日本地図などを見出すことができる〔杉森 二〇〇五〕。

信長がヴァリニャーノ一行に「安土図屏風」を贈呈した目的は、「予の思い出となるもの」を与え、自らの名声をヨーロッパ世界に知らしめることにあった。信長は、ヴァリニャーノが東インド巡察師というイエズス会内部で高い地位にある者であること、その使命が日本における布教状況の視察とローマのイエズス会本部への報告であることを、よく理解していたと考えられる。そして信長の望みどおりに「安土図屏風」はヨーロッパに運ばれ、ローマ教皇をはじめとするヨーロッパの人々は初めて日本の都市の風景を目にしたのである。これによって信長と安土の名は、多少の錯誤はあったもののヨーロッパ世界に広く知られることとなり、信長の目的は達せられたと評価されよう。

ここで注意しなくてはならないのは、信長がヴァリニャーノ一行に「安土図屏風」を贈呈した時点で、当初それに付与されていた都市イデアは大きく変化したと考えられることである。例えば「安土図屏風」のなかの行幸御殿や行幸道の絵は、ヴァリニャーノ一行にとっては単なる風景の一部にしかすぎず、特別な意味は有していないといえよう。当初「安土図屏風」に付与された都市イデアは、正親町天皇の上覧に供するということと不可分の関係にあったと考えられる。このためもしヴァリニャーノ一行の安土訪問が正親町天皇の「安土図屏風」の観覧前であったなら、これがヴァリニャーノ一行に贈呈されることはなかったであろう。

このように考えると、都市図屏風に付与されている都市イデアには、描かれた絵の内容によって示されるものと、屏風絵自体の社会的な関係のなかで示されるもの、という二種類が存在することがわかる。前者は、絵として示される〈可視の都市イデア〉ともいうべきものである。後者は、注文主や所蔵者が都市図屏風を通して行う行為、具体的には他者に観覧させることや贈呈することを通して、目に見えない情報として付与される〈不可視の都市イデア〉ともいうべきものである。「安土図屏風」の場合は、描かれた絵の内容は同じであっても、信長が正親町天皇の上覧に供した時点とヴァリニャーノ一行に贈呈した時点では、この〈不可視の都市イデア〉が異なっていることを示している。さらに描かれた絵として示される〈可視の都市イデア〉も、絶対的で不変なものではなく、〈不可視の都市イデア〉との関係で変化するものであると考えられる。

本章では、「安土図屏風」を事例として、都市図屏風における都市イデアについて検討してきた。その結果、描かれた絵の内容による都市イデアの分析や解釈はもちろん重要であるが、それは〈可視の都市イデア〉の分析にすぎず、それだけでは不十分であることが明らかとなった。都市図屏風には、社会的な関係のなかで意味が付与される、目に見えない〈不可視の都市イデア〉も存在するのである。さらに〈可視の都市イデア〉自体も、〈不可視の都市イデア〉との関係で変化しうるものである。ただし多くの都市図屏風では、主として史料的な制約から〈不可視の都市イデア〉を分析することは困難であり、描かれた絵の内容による〈可視の都市イデア〉の分析が中心となろう。しかしその分析においては、〈不可視の都市イデア〉が存在すること、さらに〈可視の都市イデア〉自体もそれとの関係で変化しうるということに留意する必要があると考えられるのである。

（1）　学術用語としての「城下町」は、「城」とそれ以外の「城下」から構成される都市域全体を示す。城下町である安土の場合も、城である「安土山《あづちやま》」と城下である「安土山下町《あづちさんげまち》」から構成されている。本章では、前者を「安土城」、後者を「安土城下」と表記する。

(2) この屏風絵は城下町である安土を描いたものなので、その名称は「安土図屏風」とするのが最も適切であると考えられる。

(3) 原文はポルトガル語。本史料の原文は、Luís Fróis; edição anotada por José Wicki, *Historia de Japam*, 5v. Biblioteca Nacional de Lisboa, 1976-1984. として刊行されている。

(4) 原文はポルトガル語。本史料の原文は、一五九八年にポルトガルのエヴォラで刊行された *Iesus: cartas que os padres e irmãos da Companhia de Iesus escreuerão dos Reynos de Iapão & China aos da mesma Companhia da India, & Europa, des do anno de 1549. atè o de 1580*...に掲載されており、その複製版が *Classica Japonica: facsimile series in the Tenri Central Library; Section 2. Kirishitan materials; 1, 2v.* Tenri Central Library, 1972. として刊行されている。

(5) Gaspar Coelho の日本語表記は、「コエリュ」「クエリヨ」「クエリョ」など諸書によりさまざまであり統一されていない。本章では「コエリュ」と表記する。

(6) 原文には'ao mais insigne official que havia em Japão'と'pintor insigne'とある。

(7) ダニエッロ・バルトリ著『イエズス会史』には、ローマ教皇に贈呈された「安土図屏風」に関する記述があり、その一節に次のように記載されている。「そのうち、最も優れたるものは、かの地に於いて屏風と称する、二枚の家具にして、その一には安土山の新市、他の一には安土山の難攻不落の城を画きたるものなり」(『大日本史料　第11編別巻1　天正遣欧使節関係史料1』二〇四頁、欧文編一七六頁)。原文はイタリア語。

(8) 都教区の布教長で安土に滞在していたニエッキ・ソルド・オルガンティーノは、一五八〇年五月二二日(邦暦・天正八年四月九日)に信長から修道院建設のための土地を与えられており、短期間で三階建ての建物を完成させた。信長は、修道院建設に際して金銭的援助を行うとともに建設現場にも視察に訪れるなど、安土城下に南蛮人の建物が存在することを好ましく思っていたことは確実であり、実景としても存在する修道院は「安土図屏風」に描かれていたと考えられる。

(9) 史料3は、正本は現存しておらず、写本として東山御文庫本・高松宮本などが伝存している。したがって筆跡による判断は不可能であり、記載内容のみによって判断されている。

(10) 元禄四(一六九一)年刊・狩野永納著『本朝画史』には、「狩野永徳」の項に「始字源四郎」とある。また本書には「狩野源七郎」の項があり、「松栄之三男也。能画。学永徳得其画法。而有新奇。先松栄永徳夭卒。」と記されている。これによると源七郎は、松栄《しょうえい》の三男で永徳の弟にあたることになるが、その詳細は不明であり、この人物が該当するとは考えられない。よって史料3の「かのけん七郎」という記載については、一応誤記であると理解しておく。

(11)　信長が次に上洛するのは、半年後の天正九（一五八一）年二月二〇日である。

(12)　この道を「大手道」、入口の門を「大手門」と呼ぶことの是非は今後検討されるべきであると考えられるが、発掘調査ではこれらの名称が用いられているため、本章でも便宜的にそのまま用いることとする。

(13)　「伝」とあるのは、江戸時代に作成された絵図などに記されているものの、その根拠が不明であることによる。

(14)　『信長公記』天正一〇年正月朔日条。

(15)　同右。翻刻本の注に「江雲寺光宝亀山（六角定頼《ろっかくさだより》）を祀るところ。湖南地方における六角氏のかつての勢力を配慮したとみえる」（『信長公記』三七四頁）とあるが、根拠は示されていない。

(16)　管見では、その初出は『日本紀略《にほんきりゃく》』延暦一四（七九五）年正月一六日条および『類聚国史《るいじゅうこくし》』歳時の踏歌の項の同日条にある「新京（年）楽。平安楽土。万年春」で、元来は『日本後紀《にほんこうき》』同日条（逸文）に記載されていたものである。平安京遷都の翌年正月一六日の踏歌節会において、新京を寿ぐ踏歌の合いの手として繰り返し歌われたことが記載されている。

(17)　安土山山頂の南約二・六キロメートル地点に南腰越《みなみこしごえ》、東南東約二キロメートル地点に繖山（比高約三四五メートル）山頂が位置している。永徳は実際にこれらの地点に立って、安土城隻の視点を構想したと考えられる。

(18)　堀新は、譲位延引の原因は信長側にあるはずだがその詳細は不明である、としている〔堀 二〇〇九、二六―二七頁〕。

(19)　このことは史料1・2の記載の信憑性を否定するものではなく、フロイスがそうした話を聞いたことは事実であると考えられる。むしろフロイスにそうした話が伝えられたこと自体の意味を考える必要があろう。

(20)　史料上では確認できないが、信長は「安土図屏風」を内裏で正親町天皇の上覧に供した前後に、「二条新御所」で誠仁親王にも上覧に供した可能性が高いと考えられる。

〔参考文献〕

岡田正人『織田信長総合事典』雄山閣出版、一九九九年
木戸雅寿『よみがえる安土城』吉川弘文館、二〇〇三年
――『天下布武の城――安土城』新泉社、二〇〇四年

――「安土山と安土山下町――織田信長が目指した形」仁木宏・松尾信裕編『信長の城下町』高志書院、二〇〇八年
黒田日出男『謎解き洛中洛外図』岩波新書、一九九六年
小島道裕「戦国期城下町の構造」『日本史研究』二五七号、一九八四年
――「織豊期の都市法と都市遺構」『国立歴史民俗博物館研究報告』八集、一九八五年
――「安土――近世城下町の成立」『朝日百科日本の歴史別冊　歴史を読みなおす6　平安京と水辺の都市、そして安土』朝日新聞社、一九九三年
是澤恭三「御湯殿上日記に就て」『歴史と国文学』七巻五―六号、一九三二年
――「正親町天皇宸筆『御ゆどのゝ上の日記』」『肇国精神』三巻一一号、一九四三年
――「御湯殿上日記の構成」『国史学』四九・五〇号、一九四四年
――編『日本の美術183　桃山時代の書』至文堂、一九八一年
坂田孝彦「考古学からみた安土城下町の構造」仁木宏・松尾信裕編『信長の城下町』高志書院、二〇〇八年
滋賀県安土城郭調査研究所編『図説安土城を掘る――発掘調査一五年の軌跡』サンライズ出版、二〇〇四年
杉森哲也「描かれた近世の都市2――幻の「安土図屛風」」大口勇次郎・高木昭作・杉森哲也『日本の近世』放送大学教育振興会、一九九八年
――『描かれた近世都市』山川出版社、二〇〇三年
――「都市図屛風の成立と展開――日欧交流の視点から」鈴木博之・石山修武・伊藤毅・山岸常人編『シリーズ建築・都市・歴史5　近世都市の成立』東京大学出版会、二〇〇五年
辻惟雄「永徳の三上山真景図について」『美術史学』一号、一九七九年
橋本政宣「織田信長と朝廷」『日本歴史』四〇五号、一九八二年
――「「安土行幸」を示す『言経卿記』紙背文書の一通について」『書状研究』四号、一九七六年
堀新「信長公記とその時代」『信長公記を読む』吉川弘文館、二〇〇九年
村上直次郎訳・柳谷武夫編輯『イエズス会日本年報　上』雄松堂書店、一九六九年
奥野高広・岩沢愿彦校注『信長公記』角川文庫、一九六九年

『続群書類従　補遺3　お湯殿の上の日記7』続群書類従完成会、一九五八年
東京大学史料編纂所編『大日本史料　第11編別巻1　天正遣欧使節関係史料1』東京大学出版会、一九五九年
『輝資卿記』東京大学史料編纂所所蔵謄写本
『特賜定慧円明南化国師虚白録』国立公文書館所蔵
松田毅一・川崎桃太訳『日本史4　五畿内篇2』中央公論社、一九七八年
――『日本史5　五畿内篇3』中央公論社、一九七八年
『増補続史料大成9　晴右記・晴豊記』臨川書店、一九七八年

II 考える

〔Ⅱ 考える〕

1 豊臣秀吉の京都改造と「西京」

三枝暁子

はじめに

日本中世の京都は、「洛中」（上京・下京）と「洛外」の寺社門前町とで構成される「複合都市」であったといわれている〔脇田 一九八一〕。その京都を、武家が一元的に支配する「城下町」へと変貌させたのは、豊臣秀吉であった〔小野 一九四〇〕。秀吉は、聚楽第と武家町の建設、内裏・公家町の再編、長方形街区の設定、寺町・寺之内・本願寺の設定、洛中検地と地子免除、惣構（土居堀）の構築等を通じて京都改造を行った[1]〔中村 二〇〇一〕。これらの政策は、秀吉が関白であった時期に相当する天正一二（一五八四）年のころから同一九年にかけて、段階的に実施された〔杉森 二〇〇二〕。本章ではこうした京都改造が、豊臣政権にとって具体的にどのような意義を持ったのか、京都「西京《にしのきょう》」の変貌から探ることにしたいと思う。

はじめに、本章で問題とする「西京」の地域範囲について説明しておきたいと思う。「西京」とはふつう、左京と右京からなる平安京の、右京をさす言葉として知られている。しかしその右京は、慶滋保胤の『池亭記』に、「予《われ》二十余年以来《よりこのかた》、東西二京《にきやう》を歴《あまね》く見るに、西京《にしのきやう》は人家漸《やうや》く稀らにして、殆《ほとほと》に幽墟《いうきよ》に幾《ちか》し矣」（日本古典文学体系『懐風藻・文華秀麗集・本朝文粋』）とみえるように、早くも一〇世紀には荒廃していた。そして天暦元（九四七）年に北野社（北野天満宮）が創建されて後、鎌倉期には、その西北部が北野社領「西京」として史料に現れ始めるようになる。本章が対象とする「西京」とは、この北野社領「西京」をさしている。北野社領「西京」の具体的な範囲について特定することは難しいが、戦国期の『北野社家日記』（史料纂集）・『目代日記』（北野天満宮史料）、及び近世の『京都御役所向大概覚書』から、東西は七本松通から木辻通近辺まで、南北は一条通から三条通までを含む範囲にあったと考えられる。

もともと「西京」は、中世を通じて、「洛中」に対する「辺土」・「洛外」に相当する地にあった。(2) 後述するように「保」とよばれる単位によって構成された場であることから、「西京」を「都市的な場」であったとする見解もある〔網野　一九九一〕。しかし、貝英幸が指摘するように、「寛永十四年洛中絵図」（宮内庁書陵部編『寛永十四年七月二日　洛中絵図』）の描く西京は畠地の広がる農村的景観を帯びている〔貝　二〇〇三〕。また「西京」の住民が北野社に対し、白米・麹をはじめ、柴・菖蒲・小破木・炭等を神供として納めている点などをふまえるならば（『北野社家日記』・『目代日記』）、屋敷地の集中する区域を部分的にはらみながらも、全体としては農村的景観を帯びた地域であったと考えられる。

こうした西京（の一部）が「洛中」化したのは、まさしく秀吉の京都改造を受けてのことであり、具体的には検地と土居堀築造によって達成された。そしてそれは同時に、西京の諸要素に分断をもたらすこととなった。そこで本章においては、検地と土居堀築造のうちでも、特に土居堀の築造に注目することにより、秀吉の京都改造が西京にもたらした変貌の具体的中味について明らかにしたいと思う。(3)

一　「西京」における土居堀築造

1　土居堀築造以前の西京

はじめに、秀吉による土居堀築造以前の西京がどのような空間であったのか、確認しておきたいと思う〔三枝　二〇〇七〕。先にも述べたように、北野社領「西京」が史料上に本格的に現れ始めるのは、鎌倉期のことである。すなわち弘安六(一二八三)年の「公文得分注文」より、「西京」の三月保・北保・中保・馬代保・七月保・九月保・二三条保・栖霞《せいか》寺《じ》田《でん》保の各「保」に対し、北野社が「節料木」を賦課していたことが確認される(『北野社家日記』第七巻)。また『勘仲記』弘安七年八月四日条には、「北野祭」と関連して「西京」の「神人《じにん》」が登場している。こうしたことから、北野社が社領「西京」の住民を「神人」として組織するとともに、神役を賦課するため、「保」とよばれる領域単位ごとに編成していた様子をうかがうことができる。

これら各「保」に組織されていた西京神人は、南北朝期になると、麴業を営んでいたことが知られる〔小野　一九三二〕。そして麴の売買を通じて獲得した利益の一部を、「神役」として北野社に納める一方、造酒正《みきのつかさのかみ》の賦課する「酒《しゅ》麴《きく》役」をも負担することになっていた。しかし足利義満政権期に入ると、将軍義満とその御師をつとめる北野社社家松梅院との密接な関係を背景として、西京神人の「酒麴役」は免除され、北野社社家に対する神役負担へと一本化された。こうした西京神人の保護政策はまた、室町幕府―北野社による北野祭の興行とも連動しており、西京神人は新たに祭礼時に「馬上七騎」・「御鉾」の費用を負担し巡行する「西京七保」とよばれる七つの「保」に編成されるに至っている。その結果、「西京」には、二条通を境として、「西京七保」(＝「上保」)と「西京二三条保」(＝「下保」)の二つのブロックからなる「保」が存在することとなった。そして次の足利義持政権期になると、さらに幕府による西京神人への特権付与がはかられ、西京神人に対し麴売買の独占権が与えられるとともに、京都の酒屋・土倉の麴室が破却された。

しかし、文安元（一四四四）年のいわゆる麴騒動を境に[4]、西京神人の麴業も衰退を余儀なくされたと考えられ、戦国期の西京には麴業者以外の人々が住むに至っている。また戦国期には、「西京七保」・「西京二三条保」のうち後者については武家に押領され、北野社領主権のほとんど及ばない地となっていた〔三枝 二〇〇七〕。

そうした戦国期の西京の状況については、『北野社家日記』・『目代日記』等により、少し詳しく知ることができる。すでに網野善彦が指摘しているように、「七保」には「沙汰人」がおり〔網野 一九九二〕、北野社が七保に段銭・人夫役賦課を行う際の徴収責任者となっていた。そして「沙汰人」の下には、各「保」の「保長」・「沙汰人」がおり、柴・菖蒲・小破木・炭・麴等の神供役徴収の責任者となっていた。これら「七保」および各「保」の統括者はまた、「保」内において犯罪が発生した際、領主北野社に報告する義務をも負っていた。その一方、「沙汰人」らは戦国期には武家被官化し、有力神人の武家被官化は武家による西京の押領や北野社検断権への介入を招くとともに、神人による北野社領主権に対する抵抗を導いた。そうした中で、「こうや」や「檜皮大工」など、麴業以外のさまざまな生業を営む人々が西京に居住していた様子もうかがえる。したがって当該期の西京の「保」は、「沙汰人」を中心として、北野社の領主的支配から自立しつつ、地縁的共同体としての性格を強めていったと考えられる〔三枝 二〇〇七〕。

その後戦国末期になると、再び幕府が西京神人の麴業独占を認可するような動きがみられるものの（『北野天満宮史料　古文書』八七・九四号）、西京の麴業はすでに「有名無実」化していた（『北野天満宮史料　古文書』八六号）。すなわち室町期半ばまでみられたような、西京の住人＝麴業を営む商人＝北野社神人、という図式はいよいよ成立しがたい状況となっていく。そのような中で、西京は豊臣政権期を迎えることとなった。

2　土居堀築造と西京

それでは豊臣政権による京都改造は、西京においてどのように展開したのであろうか。本章では土居堀築造に注目しながら、こうした点について検討してみることにしたい。

近年精力的に土居堀研究を推し進めている中村武生によれば、土居堀は、天正一九（一五九一）年閏一月末－三月初旬という短期間のうちに、京都全域を囲い込む形で構築され、その性格は「日本にはじめて実現した首都の城壁」というるものであったという(5)〔中村 二〇〇一〕。こうした土居堀の構築目的については、聚楽第防御のためとする説〔足利 一九九〇〕、洪水対策とする説〔横田 一九九三〕など、さまざまに存在するが、京都の近世城下町化の完成を象徴するものであるとの見解は一致していよう。

北野社近辺の土居堀築造の様子について、細かな状況を知ることはできない。ただし『北野社家日記』三月六日条より、この日秀吉が境内北側の紙屋川にかかる「高橋」から「大堀」を視察したことを確認することができる。この「大堀」とは、土居堀の「堀」の部分をさしており、同じ記事に「帋屋川大堀ニ成申候」とあるように、紙屋川を利用してできたものであった。

さて、こうした北野社近辺の土居堀については、「寛永十四年洛中絵図」（前述）より、一条通のあたりまではそのまま紙屋川の流路にしたがって形成されていることがわかる（図1）。しかし一条通以南については、紙屋川とは別の堀が土塁に接するかたちで形成されるとともに、土居堀は西側に突出し、紙屋川がそれを分断するように流れている。この奇妙な土居堀の屈曲部分――通称「御土居の袖」――の存在については、築造理由をめぐって従来より議論がなされてきた。この「御土居の袖」が旧来よりの北野社領「西京」を分断しつつ形成されていることをふまえると、その築造の経緯について十分な検討が必要であると考えるが、まずは、従来の議論がどのように展開しているのか、中村の整理に学びながら〔中村 二〇〇二〕、みてみることにしたい。

「御土居の袖」研究に先鞭をつけたのは、今井林太郎である。今井は、「袖」の袖丈部をなす佐井通に沿う地下水脈

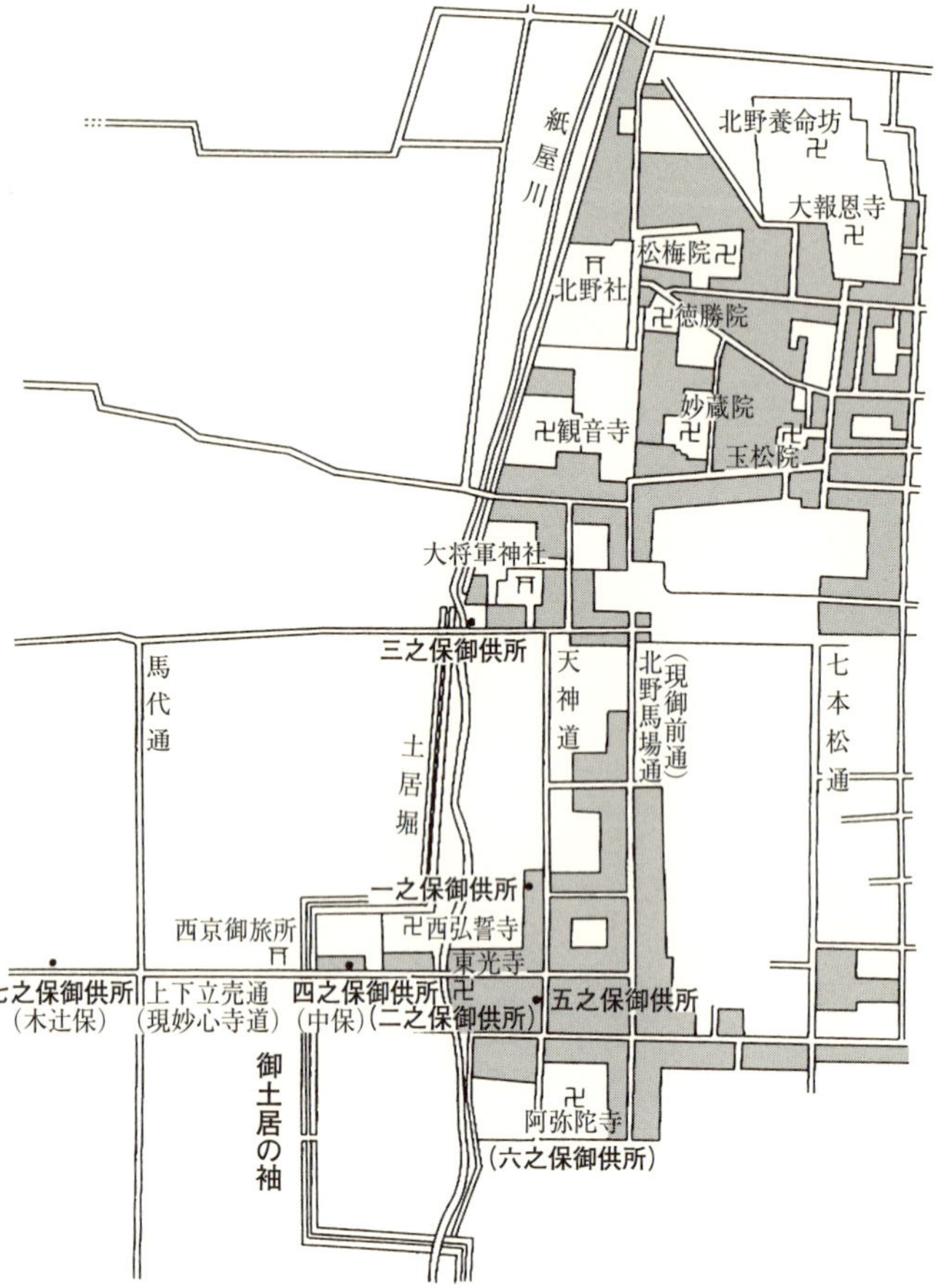

図1　西京七保略図

注）〔三枝 2007〕より転載・補足.

を取り込むため、すなわち「宝の水脈」を敵の手に渡さないために、「袖」が形成された、とした〔今井 一九六五〕。この今井説を、太古において湖底であった京都は名水脈には事欠かなかった、として批判した森谷尅久・横井清は、「袖」内部に位置する西弘誓寺の由緒に着目した。すなわち西弘誓寺の開山は天正年間のことで、開祖玄富禅師は秀吉の信任を得ており、天正一四年に建材を秀吉から寄附されたという。したがって、秀吉由緒の寺を土居外に放り出さないため「袖」を作った、とするのである〔森谷・横井 一九六七〕。

一方大塚隆は、「袖」の上部を走る下立売通《しもだちうりどおり》（図1の上下立売通《かみのしもだちうりどおり》）に注目した。この通は遷都以前からの古代から丹波国に通じる主要路であったという。そして近世初期製作の「洛中図屛風」（「京都図屛風」図2）より、千本通から西に町並みが続いているのは、この下立売通のみであることから、既存の民家群・寺院を取り込むため「袖」が形成されたのではないかとしている〔大塚 一九七九〕。この他、足利健亮は、西方から実行された本能寺攻めを教訓に、西方を防御するため、聚楽第との位置関係より「袖」が形成された、とみている〔足利 一九九〇〕。

こうした各説に加え、近年中村自身もまた新たにいくつかの可能性を提示している。その一つは、紙屋川の流路に関するものである。中村はまず、「京都図屛風」（図2）の「袖」の部分に、紙屋川流路が全く描かれていないことを指摘した上で、大正元（一九一二）年以前の地籍図や大正一一年の京都市都市計画図に、現紙屋川流路とは別に分水する小流路のあることに注目している。そして当該地区が洪水常習地帯であり、下立売通付近の紙屋川は昭和初年まで底の浅い川であったという地域の話を紹介している。さらに当該地点の土居跡と現紙屋川流路の小字は「河原畑」であることから、当該地区が、以前は河原であった可能性を指摘している。よって豊臣期の紙屋川は、「一条以北で一旦水がせきとめられ、西側の土居の突き出し部分のさらに西側（洛外）に流路が付け替えられたと推定することができる」としている。そしてその目的は洛中で洪水が起きないようにし、さらには西南部に広がる低湿地へ水を流すことにより洛外を広範な水堀とする点にあったという〔中村 一九九七〕。その一方、土居堀の東南部においては江戸時

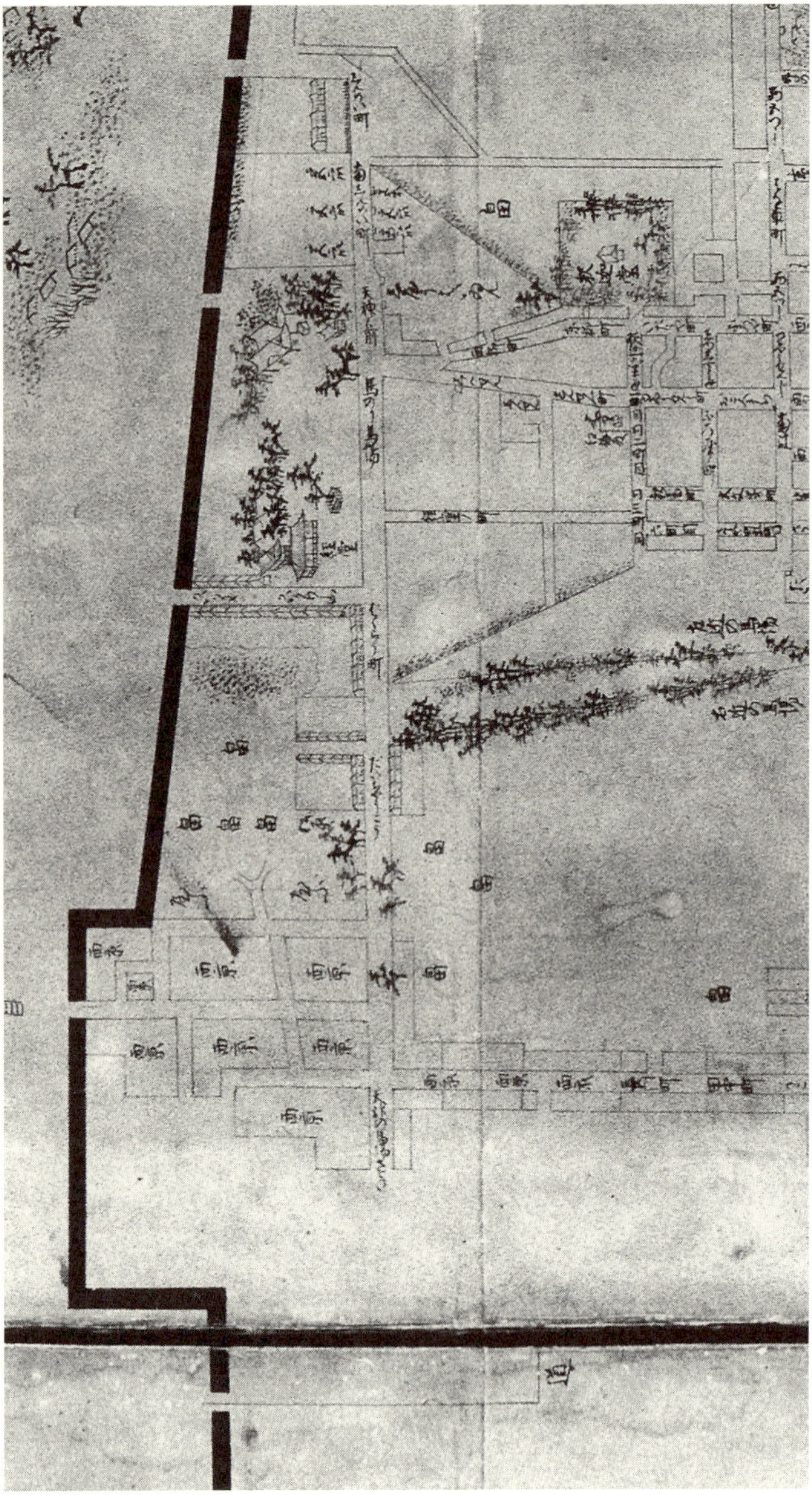

図 2 「京都図屛風」

出典）高橋康夫ほか編『図集日本都市史』（東京大学出版会，1993 年）．

代に位置の付け替えが行われていたことから、そもそも豊臣期に「御土居の袖」が構築されていた根拠はなく、徳川期になってから改変され突出した可能性もあるとしている〔中村 二〇〇二〕。

さらに中村は最近、かつて森谷・横井の両氏が注目した（西）弘誓寺の性格を改めて重視する見解も提示している。すなわち上京区千本通下立売西入ル長門町には、もう一つ弘誓寺（東弘誓寺）が存在するが、その東弘誓寺に所蔵された縁起（万治元（一八五八）年の成立か、東・西弘誓寺の第二世本阿潤白筆）には、西弘誓寺の創建に秀吉がかかわっていたとする記述がみられるという。また江戸後期の地誌『山城誌』によると、西弘誓寺には「天正十九年将家喜捨文」が存在したといい、「将家」＝秀吉、の可能性のあること、また天正一九年が御土居堀の構築年であることにも注目すべきである、としている〔中村 二〇〇五〕。

このように西京に築造された「御土居の袖」をめぐっては、地形のあり方や絵図の描写、寺伝等の検討をもとに、その築造理由について実にさまざまな説が提示されている。いずれの説がもっとも妥当な説といえるのか、結論を導き出すことは容易ではない。「御土居の袖」がなぜ作られたのかという問題は、土居堀がなぜ形成されたのかという問題と非常に密接にかかわる点で重要である。そこで当該期の西京関連史料、あるいは土居堀築造以外の京都改造施策との関係から、章を改め、「御土居の袖」の築造理由について考えてみることにしたい。

二 「御土居の袖」の再検討

1 紙屋川の流路

まず、中村武生が問題とする紙屋川の流路が、土居堀築造時に土居堀内部を走っていたかどうか、という点について検討してみたいと思う。土居堀築造時の紙屋川の流路を知る手がかりは、ほとんどないといってよいが、次に示す北野社『目代日記』の記事は注目に値する（傍線は筆者による）。

［史料1］北野天満宮史料『目代日記』天正十二（一五八四）年九月九日条

一、九月九日、西京ヨリ御供之儀ニ付き候て、とうからし分河ニ成り候とて、御供ハそたて、しはい銭出す間敷と申し候処、けん以さま《(前田玄以)》下奉行はりま殿《(村井播磨守長勝)》へ、西京衆ヲ召し上げ、ことこまかに御尋ねの処ニ、田ハいか程あるそと御尋ね候処ニ、六段半御座候と申し候、皆河ニ成り、一段半程植え申し候由に候間、御供ハ何程参るそと尋ね候処ニ、廿二はい参り候と申候、（以下略）

西京から北野社へ、九月九日に御供が進上されるべきであったところ、「とうからし分」が河成となったため規定どおりの進上とならず、西京衆が京都所司代前田玄以の下奉行であった村井長勝に召喚される事態へ発展したことがわかる。旧稿で明らかにしたように〔三枝 二〇〇七〕、北野社領「西京」では「保」ごとに住人（西京神人）が組織されていたが、各「保」は三月三日や五月五日といった節句の折に、分担して北野社へ神供を納めることとなっていた。そして九月九日に御供を納めることになっていたのが、右の史料にみえる「とうからし分」すなわち「東光寺」を御供所とする「保」であった。

この「東光寺」を御供所とする「保」は、室町期から戦国期にかけて「九月九日保」・「薬師堂保」とよばれており、近世には「東光寺保」、あるいは「堀川保」ともよばれていたことが知られる〔三枝 二〇〇七〕。さらに前述の寛永一四（一六三七）年「洛中絵図」には、「堀川町」とみえる。ここから中世の「九月九日保」という空間に建立された薬師堂が東光寺へと発展し、東光寺を中核とする神人組織が東光寺保あるいは堀川保とよばれるようになるとともに、堀川保の神人の住む地が堀川町とよばれるようになった様子がうかがえる。

西京神人の系譜をひく川井銀之助の論考によると、東光寺保は七保のうちの「第二保」で、「東光寺又の名藥師寺（一名新保）は西ノ京堀川町五百卅七番地（上下立賣通ノ南側）紙屋川畔」にあったという[6]〔川井 一九三四〕。いま図

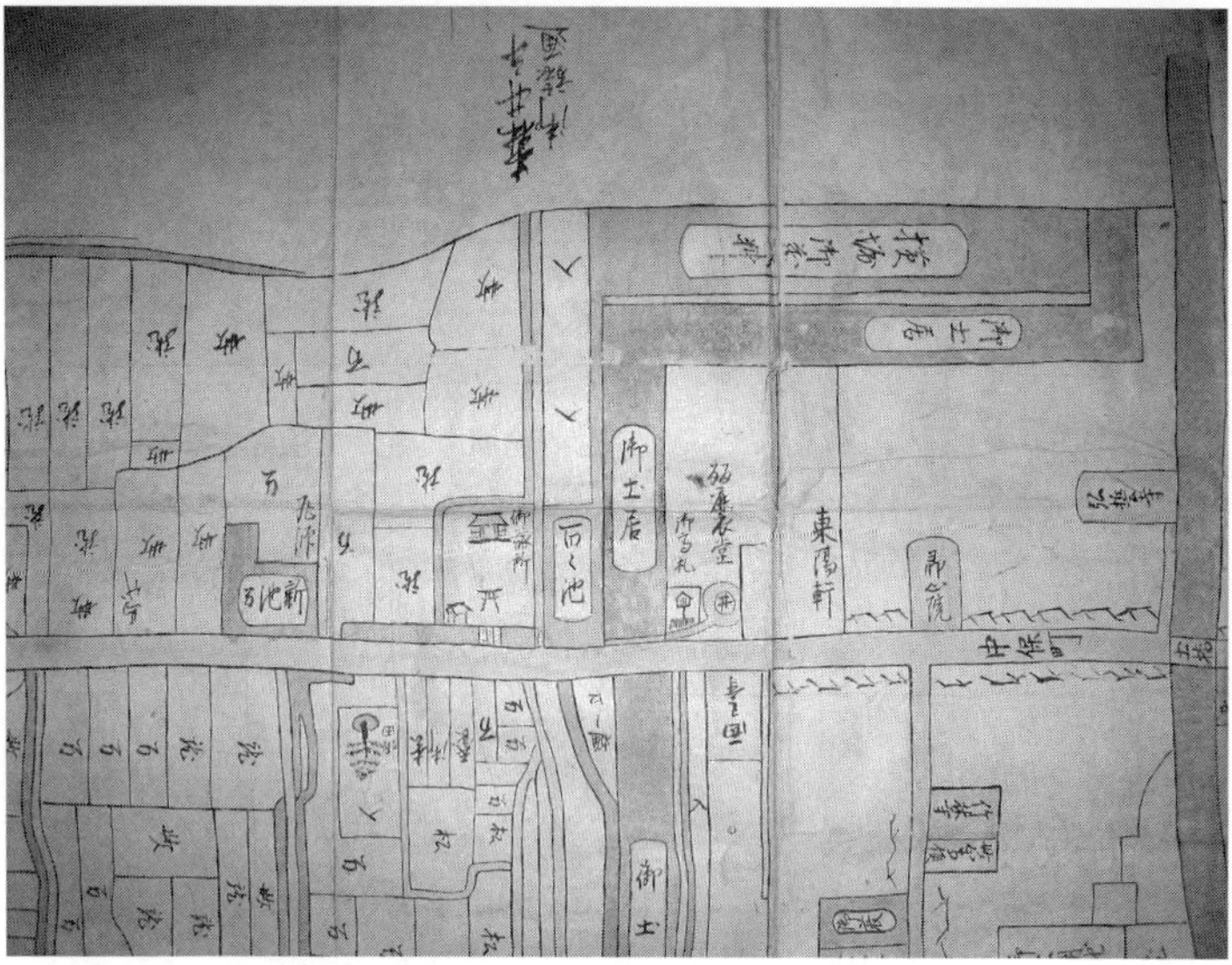

図3　「西京村田畑大絵図」（故石羽義雄氏蔵）

1によって、この東光寺保の場所を確認してみるならば、上下立売通と紙屋川が交差するあたりに「二之保御供所」の「東光寺」を確認することができる（図1に示した紙屋川の流路は、「洛中絵図」と同じものである）。

ここで土居堀築造以前の天正一二（一五八四）年に記された［史料1］に、東光寺保「河ニ成リ」とある点、また東光寺保の位置した「堀川町」の名の由来が、紙屋川を西堀川と称したことにあったという点（平凡社日本歴史地名大系27『京都市の地名』）などをふまえるならば、やはり「洛中絵図」の描く紙屋川の流路は、土居堀築造時と変わらぬ流路であったとみるべきではなかろうか。すなわち紙屋川は、土居堀築造当初より土居堀内部を走っており、「御土居の袖」は、当初から紙屋川の流路に沿わない形で築造されていたものと考えられるのである。

2　絵図史料の検討

次にこれまであまり知られることのなかった絵図史料から、「御土居の袖」築造の理由について検討してみることにしたい。図3は、近世西京村庄屋であった石羽家に伝わる、元治二(一八六五)年の「西京村田畑大絵図」(故石羽義雄氏蔵)の一部である。[7]「洛中絵図」や「京都図屛風」など、これまで「御土居の袖」を検討する際に用いられてきた近世の絵図史料のほとんどは、「御土居の袖」の内部を描写し、その外部をほとんど描いていない。対してこの絵図は、「御土居の袖」外部をも詳細に描いている点に、大きな特徴がある。

そこでこの図3によって、「御土居の袖」内部と外部をみてみると、注目すべきことに、下立売通ぞいの風景が、内部と外部とで大きく異なっている様子がうかがえる。すなわち内部の通りぞいの「中保町」には、家並を示す屋根状の連なりが描かれているのに対し、外部の「御旅所」より西の通りぞいには、田畑が描かれているのである。[8]したがってここに、既存の民家群・寺院を取り込むため「袖」が形成されたとみる大塚説の有効性が、にわかに浮かび上がってくる。

ただし「西京村田畑大絵図」が江戸末期の絵図であることから、土居堀を境に家並と田畑の分離する状況が、土居堀築造以前のものであるのか、以後のものであるのか、慎重に考えねばならないという見方もありえよう。

しかしそもそも土居堀の築造が、検地や洛中地子免許など、豊臣秀吉による京都改造政策の一環として進められたものであることを想起するならば、検地・地子免許との関係から「御土居の袖」築造による家並の取り込み、という問題を改めて重視する必要があるように思われる。そこで最後に、こうした側面から「御土居の袖」について考察してみることにしたい。

三　西京の近世化と土居堀

1　検地・地子免許と土居堀

天正一九(一五九一)年、秀吉は土居堀の築造とあわせ、洛中検地を行い、公儀の賦課する人夫役を負担し地子を免除される「町人」身分の確定を行った〔吉田 一九八〇〕。当時「洛外」にあった北野社領においても、天正一三(一五八五)年から検地が進められ、天正一五年・一七年・一九年と、段階的に実施されている〔三枝 二〇〇八〕。

そして天正一九年、秀吉は北野社の知行地を以下のように確定した。

[史料2]『古文書』一四一号、天正十九年九月廿三日付豊臣秀吉朱印知行目録

知行方目録

一、百石　大藪

一、百四石四斗六升　西京

一、九拾六石　雲林院上野

一、百八拾九石弐斗　上賀茂

一、七拾三石九斗弐舛　西院村内

所々土居堀成幷屋敷成替

一、卅七石六斗三舛　同村内

境内屋敷成之替

合六百弐石

右全て社納すべく候也、

天正十九年九月廿三日　(朱印)(豊臣秀吉)

松梅院(禅永)

すなわち北野社は、「西京」に「百四石四斗六舛」の知行高を割り当てられたものの、これまで領主権を行使して

きた「境内」についての領主権については喪失することとなり、かわって大藪・雲林院上野・上賀茂の地を新たに付与されたのである。すでに天正一七年に、秀吉により「北野境内」の「町人」に対する地子免許が行われており（『北野社家日記』十二月五日条）、これらの地はその替地として宛がわれたものであった〔三枝 二〇〇八〕。こうした地子免許とそれにかわる替地の付与は、一方で、北野社領内に町屋敷の建築ラッシュをもたらしている。すなわち「西京之口」では「新町」が形成され、その地子を社家松梅院子息が取得し、その後地子免許の替地を獲得している（『北野社家日記』六月八日条）。また「西京馬場通・大将車のあたり」に松梅院により家屋が建てられているのも、替地の獲得をめざしてのことであった（『北野社家日記』九月五日条）。そしてこうした建築ラッシュが西京において展開していることから、天正一九年には、西京においても、地子免許がなされていたとみることができる。〔史料2〕にみえる西院村の所領は、このような新たに形成された屋敷地に北野社が賦課するはずであった地子と、土居堀形成によって失われた領地のかわりであった。

以上のことから、豊臣政権は、北野社境内および西京において、段階的に検地を進めるとともに、地子免許を行い、北野社領主権を否定したことがわかる。そしてこうした動きとあいまって土居堀が築造され、境内および西京の「洛中」化が進められたといえよう。西京における、町屋敷の建築ラッシュの期間が、土居堀築造後から北野社の知行地が確定される九月までのことである点、およびその建築現場である「西京馬場通・大将車のあたり」が土居堀内の地である点に留意するならば、検地と町屋敷の建設・地子免許・土居堀築造とは、いずれも相互に関係し合いながら、西京の「洛中」化において重要な役割を果たすものであったといえるであろう。

このような事実と、先にふれた絵図類の存在とをふまえるならば、「御土居の袖」とは、秀吉が地子免許の対象とすべき家並とその住人とを最大限に「洛中」に取り込み、西京の「神人」をいわば「町人」と同様に支配すること——すなわち都市民支配の一元化——を目論んで土居堀を築造したゆえに出現したもの、と考えられるのではなかろうか。大塚が指摘する、交通路としての下立売通の性格をも加味するならば、下立売通ぞいに発展しつつある町地を、一定の区画のもとで、最大限に取り込んでできたものが、「御土居の袖」であった、とみるのが現段階ではもっとも適当であるように思われる。(9) 以上のことから、本章においては、「御土居の袖」の築造理由を、大塚説及び洛中地子免許を重視する観点から、家並の取り込みによる「町人」の一元的支配達成のため、と結論づけたいと思う。

2　土居堀築造後の西京

これまでみてきたように、土居堀築造により、中世以来の北野社領「西京七保」は空間的に分断され、その一部は洛中化することとなった。江戸時代の正徳年間（一七一一―一六）に編纂された『京都御役所向大概覚書』上「洛中町数幷京境西陣西京之事」は、「一、西京」として、「東ハ七本松通を限、西ハ妙心寺海道御土居限、南ハ下立賣より壹町下限、北ハ仁和寺通限」と記述しており、近世の「西京」が、土居堀を西境とする空間となっていることがわかる。それではこのような土居堀による「西京」の分断は、即、西京神人組織の消滅、あるいは戦国期にみられたような「保」の「沙汰人」を中心とする地縁的共同体の瓦解を意味したのであろうか。

次に示す史料は、土居堀築造の翌年、京都所司代前田玄以から西京神人に対し下されたものである。

［史料3］北野天満宮史料『古文書』一四五号、前田玄以判物（折紙）

西京侍分之事、御代々の御下知を帯びる北野宮神人為るによって、夫役を除きおわんぬ、次いで上下住宅の儀、京都町並の如く相構へるの条、地子銭御免除成さるるの上は、いよいよ神役を専らにすべきの状、件の如し、

文禄元年
十二月十三日　　　　玄以《前田》（花押）
西京七保神人中

これは豊臣政権が西京七保神人に対し、「北野宮神人」であることを理由に公儀による人夫役賦課免除を行うこと、かわりに、西京の「町」地に住む「神人」については地子免許を行っているので北野社の「神役」に従うべきこと、を命じたものである。この判物が土居堀築造後に発給されたものであり、地子免許への言及がみられる点をふまえるならば、この判物にみえる西京の地とは、「七保」を宛所としつつも、具体的には「洛中」化した土居堀内部の西京の地をさすと考えられる。しかしながらここで豊臣政権が、本来は「洛中」化した地に住む「町人」となるはずの「西京神人」に対し、「町人」役である人夫役を免除し、北野社の「神役」に従うよう指示している点は、「都市民支配の一元化」と矛盾するものととらえられる。(10)

右の［史料3］とほぼ同じ時期に、豊臣政権はまた、次のような判物も発給している。

［史料4］『古文書』一四六号、前田玄以判物（折紙）

北野社領御朱印之内西京に於いて、先規御供料の替として、西院村弐拾九石四斗四升に於いては、神人中へ水帳分遣わすの条、永代異儀有るべからざるの状件の如し、

文禄元年
十二月十七日　玄以《前田》（花押）
西京神人沙汰人中

これは「西京神人沙汰人」に対し、検地と土居堀築造により失われた神供役賦課地（すなわち「保」）の替地が支給されたことを示す史料である。すでに［史料2］において確認したように、北野社は「所々土居堀成幷屋敷成替」として「西院村内」に「七拾三石九斗弐舛」の替地を支給されている。したがって［史料4］は、豊臣政権が、こうした北野社に対する措置とは別に、西京神人に独自の替地を支給したことを示している。そしてこの替地をもって、神人は［史料3］で指示されている北野社の「神役」（＝神供納入）を果たすこととなった。宛所にみえる「西京神人沙

汰人中」とは、おそらく神供役徴収の責任者として「西京七保神人」を統率する位置にあった、かつての「沙汰人」をさしているものと考えられる。

以上二通の判物により、土居堀築造によってただちに「七保神人」の共同体が解体したわけではないこと、彼らは独自に豊臣政権から夫役免除と替地とを獲得する力をもっていたこと、が判明する。こうした神人の結束力は、［史料4］より「沙汰人」を中心に発揮されたものとみられることから、戦国期に由来するものであったと考えられる。そして［史料3］において町人足役の免除を獲得していることをみたとき、彼等の結束力は、豊臣政権による都市民支配の一元化を阻む側面を持つものであったと評価することができよう。

慶長年間以降近世にかけて、西京神人はたびたび神人交名を作成している（三枝 二〇〇七）。その交名をみると、糟屋・壇・岡村・橋本・西村・神幣（神辺）・山西・吉積・緒方・那賀（中）・本郷・杉生といった、戦国期より続く神人の家の苗字を確認することができる（京都府立総合資料館寄託史料「本郷家文書」慶長七年二月九日付「社人連氏」等）。このうち、吉積・緒方は、戦国期の「七保」の「沙汰人」の苗字であり、神幣（神辺）は「七保」の一つ「木辻保」の「沙汰人」の苗字である。したがってやはり、「沙汰人」など戦国期より続く有力神人を中心に神人組織の存続がはかられたとみてよいだろう。

こうした交名は、西京神人による北野社に対する「社参」・「補任」要請運動にともない作成され、「社参」・「補任」要請運動はまた、麴業にかかわる特権奪回とも密接であった（京都市歴史資料館写真帳「川井清行家文書」元禄十年西京社家神人惣代口上書写、同・元禄十一年西京社家神人惣代口上書写）。したがって、北野社により西京のすべての住人＝西京神人として組織・把握されていた中世とは異なり、近世においては、麴業者として中世より神人であった家の系譜をひく者のみが、「神人」として公儀および北野社に認定されるようになったものと推察される。

ただし慶長七（一六〇二）年の交名をみると、「一保」・「宇町保」・「堀川保」・「中保」・「大将軍保」の五保の神人の名のみが載せられ、土居堀外の「木辻保」を含む、二つの「保」の神人については記載がない。ここに土居堀築造の影響を認めうるとしてよいならば、西京神人の存続とは、より厳密にいえば、土居堀内部に組み入れられた、いわば「洛中」の神人を中心になされた、と考えられよう。

「洛中」の西京神人が、地子免許を獲得しながら、近世を通じて、完全に「町人」化せず「神人」身分にこだわり続けたその理由については、今後さらに検討していく必要がある。ここではひとつの可能性として、「町」という地縁組織における優位性の確保、という点を挙げておきたい。近世になると「西京七保」のうち、土居堀内に取り込まれた部分は、「大将軍村」・「西京村」に編成され、さらに、旧来の「保」が「中保町」・「堀川町」といった「町」へと編成されることが知られる。そしてこれら「中保町」・「堀川町」のうち、「神役」の家（＝「神人家」）については「御土居掛」などの「町人」役を免除されることとなっていた（『史料京都の歴史七　上京区』「西上之町文書」元文五年町別役掛覚）。ここに近世の地縁組織である「町」共同体の中に生き続ける、中世以来の信仰を媒介とする職縁的な結合論理の根強さを読み取ることができるように思われる。

近世京都におけるこれら西京の各「町」の構成や運営についての具体的分析は、今後の課題とせざるをえない。土居堀内部の「保」が「町」へと変遷している事実により、西京の「洛中」化が、近世においていっそう進展している様子がうかがわれるように思われる。しかし西京の「町」が土居堀内にありながらもなお、「村」の中の「町」である洛外町続き町として、行政面においては上京・下京を中心とする惣町組織とは異なる位置におかれた点や、「町」の住人である「神人」が「神役」を奉仕し、「町人」役を免除されていた点をふまえるならば、豊臣政権のめざした「洛中」化と都市民支配の一元化は、結局のところ近世においてもなお完全には果たされなかったといえるだろう。

おわりに

最後に再び、豊臣政権による土居堀築造の意義について考えてみたいと思う。西京における土居堀築造のありようを象徴する「御土居の袖」からみえてくるのは、豊臣政権が土居堀築造を通じ、中世以来の「洛中洛外」のどこをどのように区切って新たな「洛中」――「城下町」京都――を現出させたのか、という問題であろう。例えば土居堀と京都七口のうちの長坂口・東寺口との関係に注目した福島克彦は、土居堀が都市境界としての役割を果たすばかりでなく、商工業・流通保護の遮蔽施設としての性格を持ったことを指摘している〔福島 二〇〇二〕。また中村武生は、土居堀の構築により四条口が封鎖された点に注目し、土居堀が祇園祭の催行を困難にしたことを指摘した上で、土居堀が祇園社と町共同体の分離をねらって構築された可能性を指摘している〔中村 二〇〇一〕。したがって土居堀の各所に、秀吉が展開した都市政策の諸要素がうかがわれるのであり、土居堀はいわば秀吉の都市政策の象徴ともいいうる性格を持っていたといえるだろう。

ひるがえって西京の土居堀をみたとき、西京御旅所がぎりぎり土居堀の外部へとはずされている点に、北野祭の御旅所を核とする「七保」共同体の解体を目論む秀吉の意図が垣間見られるようにも思われる。しかし北野祭はすでに応仁・文明の乱後より退転し、近世後期に至るまで復興された形跡はみられないことから、四条口封鎖と同様の意図をここに読み込むことは難しい。むしろ重要であるのは、西京神人の共同体が、あくまで家並の分布を基準に、権力によって分離させられた点にあろう。

一方、土居堀外部に押しやられることになった七保のうちの木辻保は、「木辻保北つら《（頬）》藤二郎と中物しやうふ《（菖蒲）》まき料足百五十文出候」、「一、西木辻保北つら《（頬）》ニ又二郎と中物出候料足百五十文、しやうふまき」（『目代日記』明応九（一五〇〇）年五月四日条・永禄二（一五五九）年五月五日条）とあるように、戦国期には通りをはさんだ南北の「頬」をもととする住所表示を有する空間であった。したがって実は、土居堀に取り込まれなかった木辻保もまた、家並の並ぶ「町」へと発展していく可能性があったといえる。そのような中で、西京御旅所が下立売通を西へと展開しつつあった家並をいったん途切れさせ、さらに土居堀が築造されるに及び、「町」と「村」との分離は決定的となったのである。

西京の土居堀は、明治期においてもその存在を確認することができ（明治二二（一八八九）年参謀本部陸軍測量局『京阪地方仮製二万分一地形図』京都近傍、日本地図資料協会複製）、その外縁部に家並が展開していったのはそう遠い昔の話ではない。秀吉の目指した土居堀築造に象徴される都市民支配の一元化は、近世そして近代に至るまで、京都・西京のありようを規定しつづけたといえよう。

（1）　このほか、杉森哲也は、大名屋敷街の形成や聚楽町の形成、賤民居住地の洛中市街地からの排除、傾城町の移転、方広寺大仏殿の造営もまた、秀吉による京都改造の一環であると指摘している〔杉森　二〇〇一〕。

（2）　「洛中洛外」という空間概念の成立と展開については、瀬田勝哉「荘園解体期の京の流通」（『洛中洛外の群像――失われた中世京都へ』平凡社、一九九四年）を参照。

（3）　このうち検地については別に検討している〔三枝　二〇〇八〕。

（4）　京都の酒屋が比叡山西塔と結び、麴販売権の獲得に乗り出したのを受け、西京神人が抗議して北野社に閉籠し、北野社を炎上させた事件（『康富記』文安元年四月十三日条〔小野　一九三二〕）。

（5）　土居堀は通称「御土居」とよばれるが、豊臣政権期に「御土居」と称された記録が全くなく、当時の一部の史料には「土居堀」という表現がみられるとする中村の指摘〔中村　一九九七〕に学び、本章でも「土居堀」と表記した。

（6）　なお、現在この地に東光寺は存在しないが、一九三四年の段階で、東光寺の「薬師、神将」を川井家が保存し、「一保地蔵尊」とともに弘誓寺に遷したという〔川井　一九三四〕。

（7）　この絵図の存在は、西京神人の末裔川井清人氏（川井銀之助氏の御孫）の御教示により知り、川井氏および石羽家の御厚意により閲覧の機会を得ることができた。ここに記して感謝申し上げる。絵図を入れた木箱に「元治二年丑正月吉日／城州葛野郡／西京村／石羽藤左衛門／所持」と記され、絵図本体にも「元治二年丑正月吉日／西京村田畑大絵図」として元治二年の年号が付されている。この絵図については、瀬川弥太郎氏の著書『瑞饋神輿』（非売品、一九八二年）にすでに紹介・掲載されているが、これまで広くその存在が知られることはなかった（西之京瑞饋神輿保存会会員戸田康生氏の御教示によりこの著書の存在を知った。戸田氏の御厚意に感謝申し上げる）。

（8）この絵図には、西京村の領主ごとの知行高の書上が付されており、絵図に示されている、「万」・「龍」・「妙」といった文字は、それぞれ「万〔曼〕殊院」・「龍安寺」・「妙心寺」等の領主を示すものと考えられる。享保一四（一七二九）年山城国高八郡村名帳には、西京村の領主として、曼殊院・妙心寺・竜安寺・等持院・松梅院・五条殿・仁和寺宮・南禅寺・北野観音寺・養命坊・建仁寺・伏見宮・相国寺・大聖寺宮・広橋殿がみえている（『史料　京都の歴史9中京区』所載「山口家文書」）。

（9）中村によれば、「御土居の袖」は平安京の条坊制の六町分に相当する広さを持つという（中村　二〇〇一）。

（10）なお慶長九（一六〇四）年にも、西京神人への人夫役免除と「社役」の奨励、および地子免許を認める京都所司代板倉勝重下知状が発給されており、さらに寛文八（一六六八）年の牧野親成判物においてもほぼ同様の権利が認められている（『北野天満宮史料　古文書』一七一・一七二号、二四二・二四三号）。

〔参考文献〕

足利健亮「聚楽第の城郭とお土居」『月刊しにか』第四号、一九九〇年
網野善彦「西の京と北野社」『都市と共同体』上、名著出版、一九九一年（のち『網野善彦著作集』第一三巻・中世都市論、岩波書店、二〇〇七年所収）
今井林太郎「「御土居の袖」について」『京商論集』創刊号、一九六五年
大塚隆「西ノ京の下立売通」『上京乃史蹟』上京文化振興会、一九七九年
小野晃嗣「北野麹座に就きて」『国史学』一一、一九三二年（のち『日本中世商業史の研究』法政大学出版局、一九八七年所収）
――――「京都の近世都市化」『社会経済学』一〇―七、一九四〇年（のち『近世城下町の研究　増補版』法政大学出版局、一九九三年所収）
貝英幸「応仁文明乱後における膝下領の支配とその変質――北野社領西京を例にして」『鷹陵史学』二九、二〇〇三年

川井銀之助「北野天満宮と七保御供所攷」(上)・(下)『史迹と美術』第四一・四二號、一九三四年
杉森哲也「近世京都の成立――京都改造を中心に」佐藤信・吉田伸之編『新体系日本史6　都市社会史』山川出版社、二〇〇一年（のち『近世京都の都市と社会』東京大学出版会、二〇〇八年所収）
中村武生「豊臣期京都惣構の復元的考察――「土居堀」・虎口・都市民」『日本史研究』四二〇号、一九九七年
――「豊臣政権の京都都市改造」日本史研究会編『豊臣秀吉と京都――聚楽第・御土居と伏見城』文理閣、二〇〇一年
――『御土居堀ものがたり』京都新聞出版センター、二〇〇五年
福島克彦「「惣構」の展開と御土居」仁木宏編『都市――前近代都市論の射程』青木書店、二〇〇二年
三枝暁子「神人」吉田伸之編『身分的周縁と近世社会6　寺社をささえる人びと』吉川弘文館、二〇〇七年
――「秀吉の京都改造と北野社」『立命館文学』六〇五、二〇〇八年
森谷尅久・横井清「御土居史話――京の町・京の町人小史」第四回「御土居の袖」『日本美術工芸』三四三号、一九六七年
横田冬彦「城郭と権威」『岩波講座日本通史』一一、岩波書店、一九九三年
吉田伸之「公儀と町人身分」歴史学研究別冊『世界史における地域と民衆（続）』青木書店、一九八〇年（のち『近世都市社会の身分構造』東京大学出版会、一九九八年所収）
脇田晴子「都市の成立と住民構成」『日本中世都市論』東京大学出版会、一九八一年

2　萩城下の都市民衆世界

森下　徹

はじめに

「都市のイデア」＝「都市の所有・領有・支配主体における造形思想」は、権力による都市編成を類型的に考える手がかりになると、ひとまずはいえる。ただしそれだけを独立変数として扱うべきではなく、社会的分業の進展度にもとづく発展段階的類型と抱き合わせで見なければならない。また分節化された諸要素から成り立っていた城下町を取り上げるのならば、個々の要素、内部の結合関係をふまえる必要もある。この問題についての吉田伸之の考察は、こうしたことに注意を喚起している〔吉田　二〇〇一〕。

小論は、城下町の民衆世界における「都市のイデア」をテーマとするものである。近世初めに領主主導で全国一斉に建設された城下町であれば、建設主体の造形思想それ自体はいずれも似通っていることにむしろ特徴が存しよう。そうである以上、地域性や個性を問題にするうえでは、領主の都市プランにもとづく類型化よりも、吉田のいうように包含する分節構造それぞれのレベルでのものこそが、領主支配のもとでどれだけ顕在化するのかという度合いも含めて注目されるところとなる。一路巨大城下町へ向けた発展途上のものとしてのみ地方城下町をみるのではなく、固

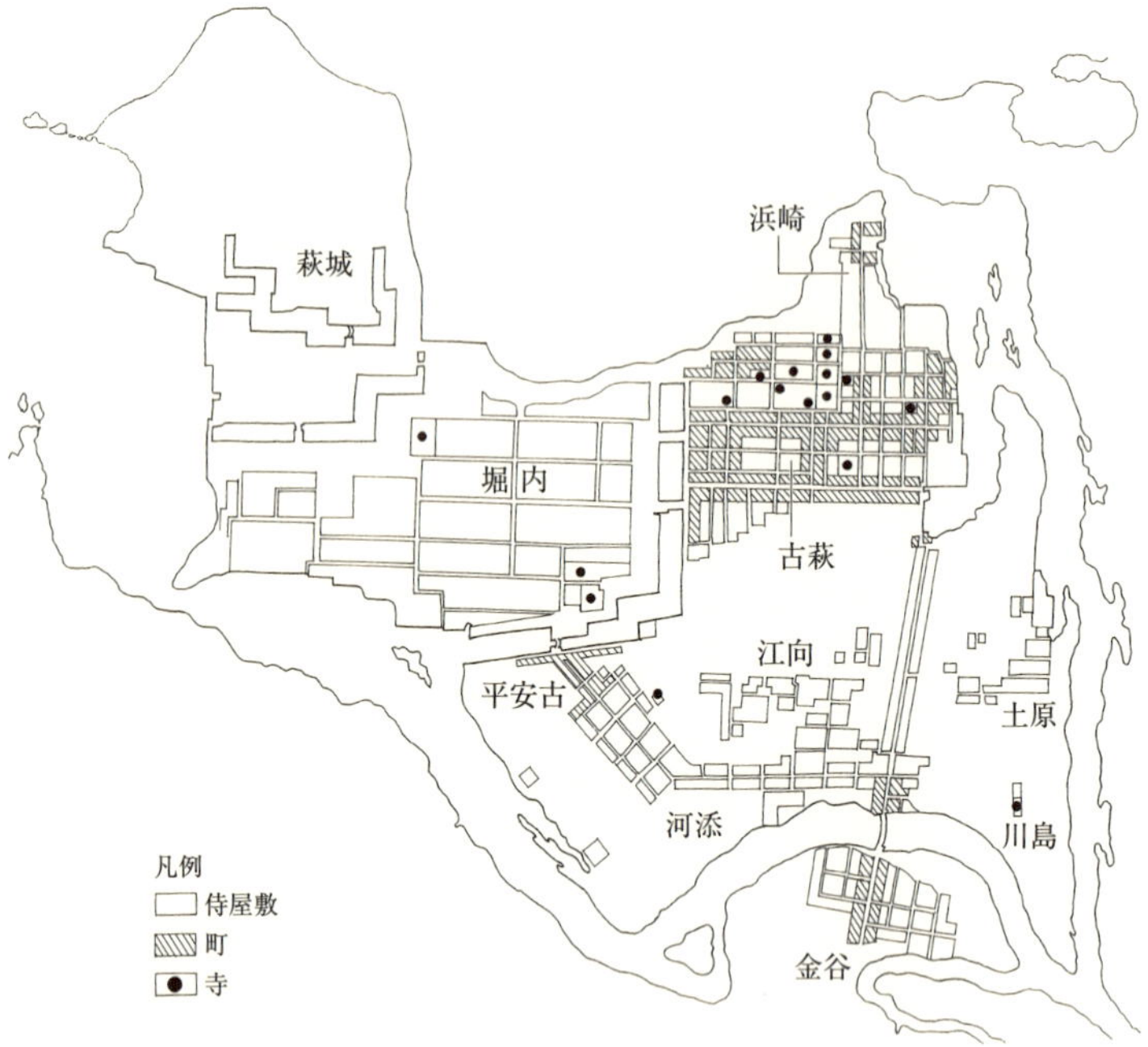

図1　萩城下の概観

注）毛利家文庫「絵図」409より作成（なお地名の書き込みは原図にはない）.

有な地域性のもとに把握する、こうした課題に迫る方法として与えられたテーマをとらえたいと思う。

図1は対象とする萩城下で、一七世紀半ばに幕府に提出した城絵図（「慶安絵図」）をもとにしている。関ヶ原合戦後、防長両国を支配することになった毛利氏によって慶長九（一六〇四）年から造成されたものであり、萩城の周囲（堀内）に有力家臣の屋敷が並び、川内とよばれるデルタ地帯に中・下級の家臣屋敷が配されている。また古萩《ふるはぎ》には町人地と寺院がおかれた。総じて城を核に整然としたゾーニングが印象的である。町人地がいわゆるタテ町型であること、とくにこの絵図では城と堀内がデフォルメされ大きく描かれていることもあいまって、萩城へ向かう求心構造が表現されているだろう。ただし原図では中心部に「深田」や「田」の書き込みがあるように、低湿地を含む場所に立地したという条件を抱えるものでもあった。

うち町人地は御客屋（町奉行所）管下の二八町よりなっていた（各町の位置は後掲図3を参照）。その北部には別に浜崎代官管下の浜崎町があり港がおかれている。また川内の河添《こうぞえ》、川島（当島代官管下）にものちには町場が作られていったし、さらに川外（デルタ地帯の外）にも市街地は拡大してゆく。民衆世界を考えるのであれば、こうした地区全体をとうぜん対象にすべきだが、ここでは本来の町人地、御客屋管下二八町＝萩市中に視点を据え、そこに住む住人にとっての「都市のイデア」を考察することに課題を限定したい。

なお史料の典拠を示すさい、山口県文書館毛利家文庫からの引用には、（文庫「絵図」四一一）のように目録番号を、また『山口県史　史料編近世2』『同4』（山口県、二〇〇六年、二〇〇八年）からの引用には、（『県史　近世4』三一〇）のように史料番号を記すこととする。

一　町の由緒

藩庁史料のなかに、「萩諸町之旧記草案」なる冊子がある（山口県文書館蔵県庁旧藩記録八〇二）。表題のとおり萩市中を構成する諸町の歴史を記したもので、二八町それぞれと隣接する寺院の由緒が記されている。冒頭は呉服町一丁目から始まるが、その記載は、寛延二（一七四九）年九月にこの町が提出した由緒とほとんど一致する（『県史　近世4』四八）。年次が明記される記事に寛延二年以後のものはないこと、同じ事柄をとりあげながら町によって異なる説明がそのまま記載されていることからも、このとき各町に提出させた由緒をまとめたものと理解できる。いわば町の自己認識をうかがえる史料といえよう。なお各寺院の記述は、別にこの時期に書き上げさせた由緒（『防長寺社由来』）を要約した内容である。

そこで各町の記載を見てゆくと、特徴的なことの第一は、いずれも横町の記述をともなっていることである。たとえば冒頭の呉服町一丁目では田畑横町以下四つをあげ、それぞれの場所と歴史を説明している。ほかの町でも横町の方が由来の説明が豊富な場合が多い。もともとあった本町にあとから横町が随伴する、そういった形成過程をうかがうことができる。

第二に、門閥町人の事跡と抱き合わせで歴史を語る町が目立つ。藩との関係において諸町の筆頭に位置すると格式を誇るのが呉服町一丁目だが、町名の由来については、隣町八町かけもちで年寄を務めていた長谷川恵休宅に宗瑞公（毛利輝元）の来訪があった。そのさい恵休が呉服物を商っていたので呉服町にせよといわれた、と説明している。かれは萩築城にともない山口から呼ばれた門閥町人であった。また今魚店町は深野・近藤両氏による開発の由緒を記すが、その内容はのちに近藤家が藩に提出した「譜録」の要約であり（『県史 近世4』五三）、両家は大年寄格として近世後期までつづく家である。このほか阿部吉左衛門一族五軒がいた（五間町）、熊谷常昧が住んでいた（熊谷町）、春若宗清が支配していた（春若町）、というように有力町人の名前に因むと記す町がいくつかある。しかもこうした町では、本町部分については門閥町人の事跡を記すだけのことが多い。

第三に、市に言及した町もある。呉服町一丁目では、慶長一二（一六〇七）年、長谷川恵休が宗瑞から新市の許可を得、豊後浜之市から市恵美須を勧請した。ところがその像が盗まれてしまい石州温泉津《ゆのつ》からあらたに勧請した。当初は恵休門前で開かれていたが、のちに呉服町全体として市を催すようになった。こういった由来が記されている。ただし浜之市で市が立つのは寛永一三（一六三六）年からとされているから（神田 一九九九）、この伝承には無理がある。また呉服町二丁目の由緒では石州益田から勧請したとあって、同じ石州でも温泉津とは距離があり、少なくともどちらか一方は不正確である。このように記述を額面どおりに受け取るわけにはゆかないが、市を開くには先行するところから市神を勧請すべきであり、そのつながりは藩領も越えるものとの認識がうきぼりになる。

このほか下五間町でも、吉田丁から移ってきた市があり、市恵美須は大津郡から勧請したことが記されている。また恵美須町は、承応三(一六五四)年の火事で恵美須社や棟札・縁起まで焼けてしまい市も中絶したといっている。ただしここは一六六〇年代に武家屋敷を移転したあとにできた町だから、名称から創出した由緒なのだろう。さらに今魚店町でも、町並ができたとき市の繁栄のために能を興行したとある。

こうして市の叙述をする町では、藩の支配からも自立した町人同士の共同性を仮託させているように見える。ではそのことと、門閥町人の事跡とはどのように関係するのだろうか。由緒全体のなかでの位置づけを考える必要があろう。

最後に第四として、全体として記述の簡単な町が多いこと、そうしたなかで中心部の呉服町一・二丁目と、市中東端にあたる吉田丁・古萩町の記述の多さが目立つことである。吉田丁・古萩町は、毛利氏萩入城以前から町並があったとの歴史を誇り、かつ城下建設のとき率先して伝馬や川船を提供したので、いまでも市中の伝馬役の統轄や川船支配を行っているとする。同様に西端にある平安古《ひやこ》町も、かつては堀内平安寺の門前町だったのが、いまの地へ移転したものだと、やはり古い由緒を述べている。とくに周縁部に位置する町がこのときの由緒調査に敏感に反応しているように見える。

以上、一八世紀半ばの町の由緒から、特徴と思えることを書き上げてみた。しかしその語る内容については、町の構造や成立過程そのものをふまえねば理解しがたいことが、あらためてわかるところでもある。こうした由緒の現実的な基盤についてみてゆく必要があろう。

二　町の構造

1　空間構造

「旧記草案」と同じころ作成された「萩大絵図」には町ごとの現況調査が別冊で添付されていて、由緒提出時点での各町の概況（間口の合計、竈数、蔵数）を知ることができる（文庫「絵図」四一一）。

まず間口の合計を見ると、一五一間の油屋町から六八九間の今魚店町までに分布している。ピークは二〇〇間台、三〇〇間台だが、数値が全体的に大きく、しかも町ごとの差もかなりあることが特徴だろう。絵図を見てみると、個々の町は必ずしも矩形ではなく、いびつな形をしており、ために間口総数がこうした分布になっていることがわかる。萩城下では万治元(一六五八)年になってあらたに川内の年貢地で三九町余りの検地を行い、屋敷地を創出した（『県史　近世2』大記録一九―二五)。それによって以降の拝領地の範囲がほぼ確定したが、そうして家臣へ配分する屋敷地が増加したことで、古萩地区では町人地に紛れ込んでいた武家屋敷や寺屋敷を川内にあらたに増えた拝領地に移転させ、町並整備が順次進められていった。「慶安絵図」が描くような整然としたゾーニングがじつはなされていなかったのを、この時期から整備してゆくのである。そしてその過程であらたに町人地となったところの多くは、すでにある町に横町として附属させた。ために町ごとの大きさに差が生じ、しかもいびつな形状をした独特な空間構造ができあがることとなった。一八世紀半ばにおいては、歴史の浅い横町の方が成立事情が詳しく記憶されていたということだろう。

ここで個別町に即してその様子を見ておくことにしよう。図2に幕末ではあるが呉服町一丁目の「分間絵図」を掲げた。なお図中1～46番からなる「家屋敷」は売券上の単位であって、現実に用役されている町屋敷とは必ずしも一致しない（煩瑣ではあるが以下では両者を区別して表記する)。ここは中心部の町であり、比較的矩形に近い形状に見える

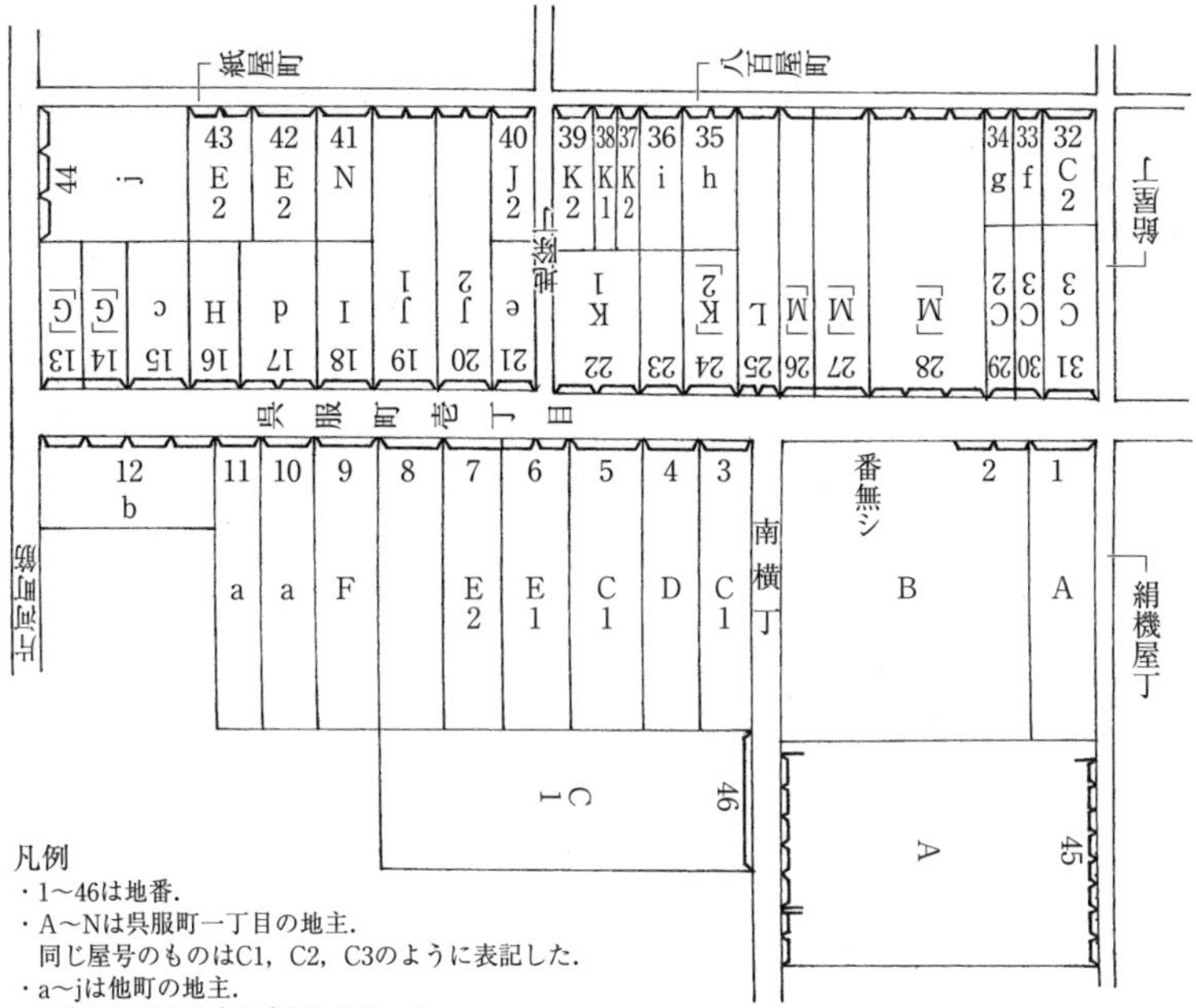

凡例
・1〜46は地番.
・A〜Nは呉服町一丁目の地主.
　同じ屋号のものはC1，C2，C3のように表記した.
・a〜jは他町の地主.
・町名が不明な地主は表記しなかった.
・懸紙での修正は「　」で表記した.

図 2　呉服町一丁目「分間絵図」

出典）萩博物館蔵「分間絵図」『山口県史　史料編近世 4』付図より作成.

ところだが、それでも南への張り出し部分を含むいびつな形をしていた。その箇所を城下絵図で見比べると、地番46番は一七世紀末まで、45番は一八世紀半ばまで武家屋敷だった。また「旧記草案」では地除丁について、「延宝年中堀吉左衛門と謂る者」が町筋に差し出してできた横町だというが、ちょうど地番39・40番あたりをさすのだろう。もともと武家屋敷を混在させた両側町だったのが、のちに順次横町を随伴するようになったのである。

またそれぞれの「家屋敷」には間口に亀甲括弧の書き込みがあり、数えると八〇となる。「大絵図別冊」でのこの町の竈数は七七だから、亀甲括弧は竈（世帯）を示すと判断できる。だとすれば表通りの呉服町筋には地主の居屋敷か表貸屋が並ぶだけで、裏店はあまりなかったことになろう。零細な店借は横町や裏町（紙屋町・八百屋町）に居住したといえる。かつ横町・裏町の「家屋敷」には、呉服町筋の地主の所有地が多いこともわかる。つまり本町筋の地主は横町において町屋敷経営をしていたわけである。このことは、すでに述べた町の形成過程をふまえても本来的なあり方だったと想定できるであろう。

このように萩の諸町はフラットではなくて、本町を核にした重層的、求心的な内部構造からなっていた。

2　門閥町人と町

さらにこの図で目につくことは、ほかより飛び抜けて間口の広い「家屋敷」があることだろう。なかでもBは、近世初頭からの門閥町人菊屋家の間口計一九間強からなる町屋敷であり、うち九間六寸分（番無シ）はこの時点でも拝領地だった。一〇間以上ある間口の「家屋敷」がとりわけ角地に位置することは、絵図の残ったほかの多くの町でやはりみいだせる。述べたように「分間絵図」は売券単位だったが、個々の売券は町屋敷の成立以来連綿と継立てられており、連続する複数が単一の町屋敷となっても、売券は別々に作成され伝来した。したがって一つの売券からなる間口の広い「家屋敷」は、近世の早い時期から一貫したものと判断できる。

これらはもともとは門閥町人の町屋敷であり、しかも多くが拝領屋敷だった。菊屋家のように幕末まで維持されたものはさすがに少ないが、たとえば一七二〇年代編集の『閥閲録』には萩町人が四〇名見える（『萩藩閥閲録』第四巻、山口県文書館、一九七一年）。いずれも中世末から近世初頭にかけて、毛利氏からの判物類を掲げ、主従関係にあったことや特権を与えられていたことを誇る文書を掲載している。近世半ばであれば門閥町人は各町にあまねく存在していた。

そしてなかには町年寄を務めるものも多く確認できる。たとえば東田町の近藤家は、安芸国で毛利氏に仕えた武士だったが、「萩御打入」に随行して東田町に屋敷を拝領し、東田町の町年寄を代々務めてきた。あわせて酒造頭取役、御客屋定通い役、市中での出入の仲裁を御客屋の指示で務め、藩への当用銀（貸し付け）もたびたび行ってきた。こうした勤功を一八世紀末に藩に提出している（『県史　近世4』五一）。同様にかつて武士として仕えていたという堀越家も、一七世紀後半から一八世紀初めにかけて「町年寄役・酒造頭取役・御当用銀頭取役、又は市中出入御座候節取扱等被仰付」、その後は大年寄を務めてきたと述べている（同前、五二）。

このように町年寄とは担当の町を管轄するだけではなく、御客屋のもとで仲間頭取を務めたり市中の出入を扱ったり、ときには藩財政にかかわることもあった。いわば藩の行政官としての性格を有していたといえよう。こうした町年寄を門閥町人が務める町は少なくとも近世中期まで多くあり、ほかより格段に大きな町屋敷を構えていたのである。

3　町屋敷の保証体制

もっともそうであれば、「旧記草案」で市に言及し共同性を仮託していたこととの関係はどのように考えればよいのだろうか。ここでは市中での町屋敷の保証体制から見ておくことにしよう。法令のなかでは万治三（一六六〇）年の町方制法で、「家屋敷売買之事、町奉行聞届相究之上、双方之書物ニ奥判調遣、後々出入無之様ニ可仕事」と、証文には町奉行が奥判を据えることを命じたものがある（『県史　近世2』三―二八一）。はたしていまに伝わる売券継立を見ると、売主の署名のほかに町年寄の奥判と町奉行の裏書が据えられていることが確認でき、しかもその形式は幕末まで一貫している（『県史　近世4』一一一、山口県文書館県史編纂所史料一四七五）。請人などは売券には登場しないのである。

また浜崎代官管下の浜崎町の事例だが、御船倉（代官所）には「売券帳」があって、売買されたり質物になったさい記録する台帳として使われていた。台帳は町の側にもあったが、帳面全体を更新するさいには御船倉の台帳を売券と照合してまず改訂し、町の台帳はあとからそれを写しとっている（萩博物館写真帳山縣家文書「浜崎町売券帳」）。町屋敷の移動は第一義的には御船倉において把握されていたらしい。おそらくは御客屋にも二八町分の台帳があったはずである。

このように町屋敷の保証は藩の手で直接なされていた。このことからも、萩の町人は支配の枠組としての性格が濃厚な町に所属し、序列化された秩序のなかに自らを位置づけていたことが特徴だといえよう。「旧記草案」に市の記述があったとはいえ、その共同性の内実はいちじるしく理念的なものだったのではないだろうか。

三　金融関係の浸透

1　町屋敷の所有状況

ところで一八世紀半ばは、市中で町屋敷の売買が盛んになり、店借が増加する時期にもあたっていた。

ふたたび「萩大絵図別冊」に戻ろう。そこでの竈総数三八七六竈は、本軒六六四竈、店借三〇四〇竈、内貸屋二一六竈の三つに区分されており、別に蔵が四〇四カ所と書き上げられていた。店借が非常に多く、本軒（家持）は竈数全体の一七％を占めるだけである。ただし内貸屋とは、「内江口を明、内かしや之様相見」のように〔文庫「法令」一六〇（一七）〕、通りに面さず町屋敷のなかに置かれた、いわゆる裏店をさすが、それは全体の六％でしかない。零細な店借は横町の通りに面した借家に住居するのが一般的だった。

また先の幕末に至るまでの売券継立を通覧すると、一八世紀半ばから売主、買主（宛所）の名前に町名が肩書されるようになる。町内のものであっても必ずそうだった。つまりこの時期から町を越えた売買が増加し、売券にも名前に町名を付すよう指導されたのではないか。武家屋敷の物権化がこのころから急速に進んでいたことを勘案しても〔森下 二〇〇七〕、一八世紀半ばには町屋敷の物権化がかなり進展していたとみなせよう。

その様子を市中全体のデータからうかがってみたい。図3によると呉服町筋（御成道筋）に沿った中心部の町では

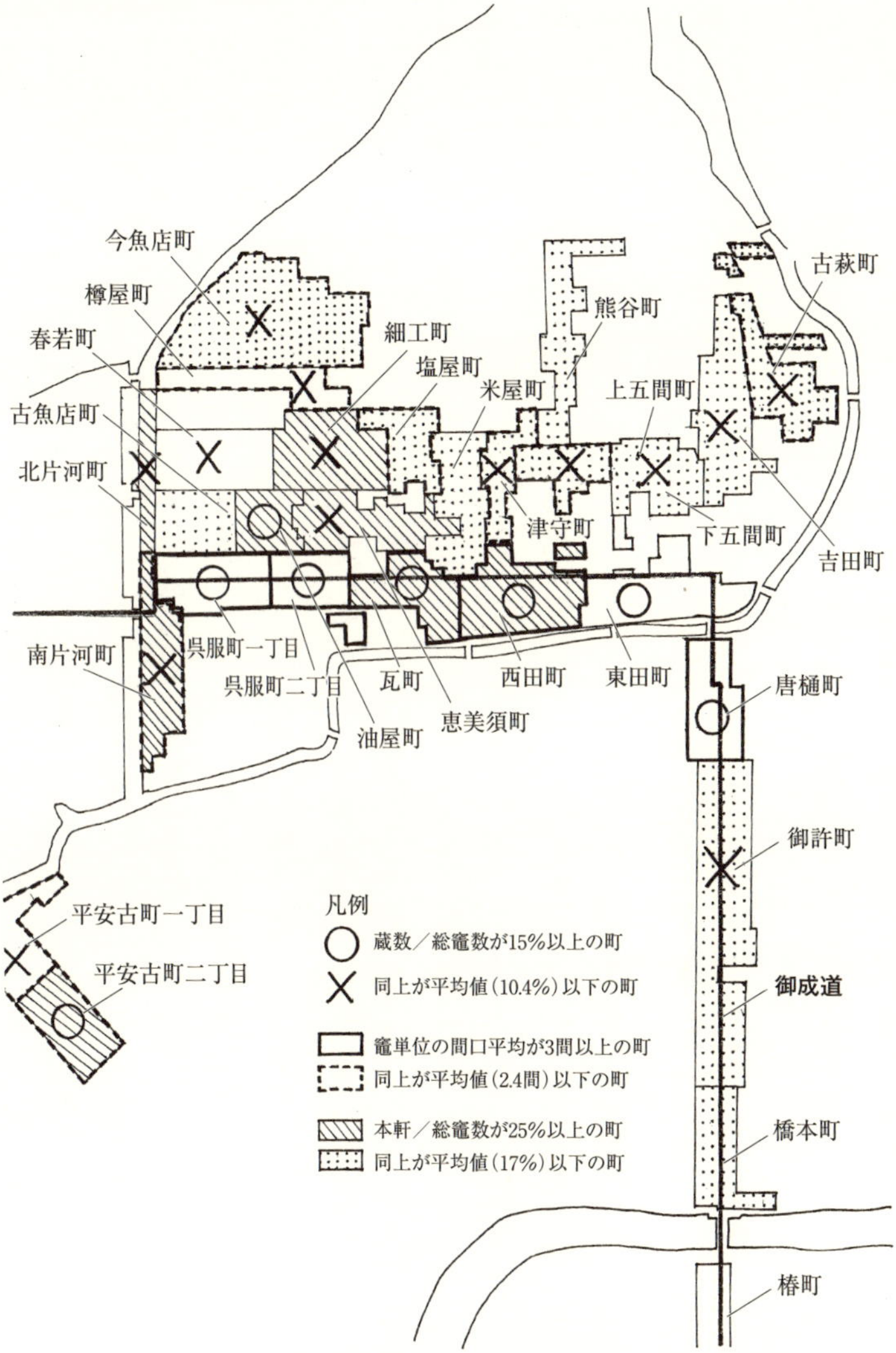

図3　「萩大絵図別冊」における諸町の状況

表1　「安政分間絵図」における「家屋敷」所有状況

町名	呉服町一丁目	春若町	細工町	恵美須町	塩屋町	米屋町	熊谷町
地番数	46	63	126	114	52	65	88
家屋敷数	47	63	126	114	52	65	115
居付地主所有地	35	34	60	51	25	25	92
不在地主所有地	11	27	66	63	22	34	23

注1）『山口県史　史料編近世4』付図より作成.
2）所有地は，家屋敷数.
3）地主の居町不明分がある.
4）安政の改め以降の移動が懸紙で表記されたものがある．それについては移動後の記載に従った.

蔵の割合が多いし、平均間口も広いことがわかる。市中全体でもここにとりわけ有力な町人が軒を並べていた様子がうかがえる。逆に周縁部では、家持の割合、間口平均、蔵の割合が平均以下の町が多い。明らかに地域的なコントラストが見てとれる。なお内貸屋は、ほとんどの町ではあっても数竈でしかないが、集中しているのが、今魚店町（六五竈）、平安古町一丁目（三二竈）、南片河町（二三竈）、古萩町（一九竈）などであった。周縁部にはこうした裏店の多い町もあった。ちなみに「旧記草案」で古萩町が市中の川船支配の由緒を述べている例を紹介したが、そのなかで平安古町と橋本町は独立して川船を担当しているとあった。また平安古町には川岸の記述もみえる。古萩町・平安古町・橋本町周辺は、川船運送の上荷乗や仲仕が集住する地区でもあった。

こんどは図2をふりかえって呉服町一丁目内での所有状況を見てみよう。この図では居付地主（A〜）と不在地主（a〜）とを区別してある。ここで呉服町筋の地番1から31を見ると、不在地主に所有されているのは六しかない。幕末にあってもこの町では居付地主が多くを占めていたことがわかる。

つぎに同じ安政二—三（一八五五—五六）年の「分間絵図」が残された七町すべての所有状況をまとめたのが表1となる。これによれば呉服町一丁目では「家屋敷」のおよそ四分の三が町内の居付地主のものであるのに、その周辺に位置する町ではいずれも半数程度である。御成道筋に沿った中心部よりも、周辺部の町で物権化が進展していたわけである。ただしやや離れた熊谷町では、地番数より「家屋敷」数が断然多い。これは安政の改め以降分割されたからで、しかも居付地主の所有地が八割を占めている。ここでは零細な地主による分割が幕末に進展していたようである。

さらにより周縁にあたる町の「分間絵図」としては、安永二(一七七三)年の橋本町のものがある(『県史　近世4』付図)。南北の表通り(御成道筋)に面した部分の地主名を見てみると、屋敷単位と思われる区切りが三九ある(これが売券上の単位なのか、町屋敷なのか、この絵図については判断できない)。うち「某居宅」という書き込みは六しかなく、残りはすべて「某抱」であって、それが四五におよぶ。こちらはほとんどが表貸屋からなっていた。同時に、このときの町年寄久芳清兵衛は『閥越録』にも登場する門閥町人であり、かれも含めて「久芳誰居宅」「久芳誰抱」が八ある。表通りに抱屋敷(貸屋)が増加するなかにあって、門閥町人はこの時点でもまだ有力な地位を保持していたのだった。

このように町屋敷の物権化はとりわけ周縁部において進展していた。門閥町人が多く存続したまま、町屋敷の物権化が進み表貸屋化する。萩市中では、町の展開についての一般的なモデル(吉田　一九八五)とは異なる歴史をたどったように思える。

2　町人の金融活動

ともあれこうしたことは、門閥町人のもとにあった町人たちが金融関係をとり結び、あらたにその網の目に絡め取られていったことを意味しよう。その内実について、この時期の判例からうかがってみたい。すると目を引くのは、家臣と町人が一体となって金融上のトラブルを引き起こした事件が多くあることである。二、三を紹介しよう。

まず文化二(一八〇五)年の判例に、「素相取」という家臣間で起こった詐欺事件が見える(文庫「少々控」一九(七))。借銀の口入をすると称する家臣が、火急に現銀が必要な相手の足下を見て証文を先に渡させ、結局約束の額は渡さないという単純な詐欺行為のことである。それが、「一躰諸士之素相取ニは手代所ニも殊之外込り候」と目付がいうように家臣の間で広く横行していた。そしてこのとき摘発されたのは、いずれも大組所属の中・下級の家臣であり、同組の者などから証文を巻き上げていた。しかも口入として証文を直接にだましとる家臣と、債権者として現銀を貸し付ける町人とが、じつは「素相取仲間」として結託していたのである。かれらには椿町、魚店町、熊谷町、平安古町など、概して市中周縁部のものが多かった。

また財政を所管する機関に務めるものの事件も目につく。文化一〇(一八一三)年、南片河町の重村次郎右衛門が処罰を受けている(文庫「少々控」一九(四〇))。かれは所帯方の御用達を務めていたが、「故障之証文・売券」を質物として差し出して公銀を借りだし、その額が銀一八三七貫余りにも及んでいるという。それは、大組の家臣から借銀を頼まれながら現銀を渡さず、「預り手形」を仮発行したままになっているもの、取引が済み本主へ返して消証文となるべきもの、頼母子連中として預かった家屋敷売券など、さまざまな問題がある証文だった。所帯方に務める町人が、その地位を利用として藩財政を私物化した例である。あるいは享和元(一八〇一)年には、所帯方山田喜兵衛(六人扶持・高七九・五石)が処罰されている(文庫「少々控」一八(二))。町人熊谷五郎兵衛から上納銀に差し支えていると頼まれ銀を貸してやったと弁明するが、じつは単なる借銀ではなく、相場商いのための資金を提供したのだった。そのほかの町人とも一緒になって藩の公金を投資に使っていたらしい。

ちなみに家臣の米切手はこのころ広く物権化し流通していた。たとえばつぎの判例がある。天保一〇(一八三九)年八月、大和七左衛門(大組、六九石)の堪忍料分の米切手を、出入の町人前田次郎吉が貸してほしいと願いでた。しかし返済が滞り紛失の届けを出すことになったとき、調べてみるとその切手はすでに八月六日の時点で前田次郎吉から借銀の抵当として古魚店町人に渡っており、そこから恵美須町町人以下六カ所を転々とし、さらに二通別々になって転売されていた。頼母子や借銀の抵当、酒屋の御貸米返納のためとさまざまな理由でだった(文庫「罪科」一〇一)。こうした米切手は萩の相場所で取引されたが、一八世紀末からはそこでの空石取引を繰り返し法で禁止するようになる(文庫「法令」一六〇)。そこは町人たちが投機活動を行う場所だった。

このほかにも判例からは、投機や詐欺行為まで含めて、町人たちが藩財政や家臣の家計に寄生し利殖を図っている様子を多くうかがうことができるのである。

3　城下町経済と町人

そもそも萩城下が領内に占める流通上の地位は、近世後期になるにつれ低下していったと考えられる。たとえば北前船との取引を独占的に認められたのは、市中ではなく浜崎の北国問屋仲間であり、主として北国材木を買い取っていた。ところが流通拠点下関の成長によって、浜崎の水揚額自体一八世紀前半には減少していたという。また周辺部での港湾の発達がその地位を一層押し下げてもいた（『萩市史』第一巻）。あるいは領内の特産品として木綿があるが、その拠点として発展したのは山口であった。そのほか塩のような特産品も含めて瀬戸内側で流通が発達し、顕著な経済発展がみられた。萩はそうした商品流通からはたしかにとり残されたように見える。しかし三—四万人程度の家臣と家族が暮らし、年貢米も廻送されてくるという領主支配の拠点としての性格からして、家臣と結びついた金融関係がかえって進展し、それに大きく依拠することになったのだろう。たまたま伝わるいくつかの判例も、そうした事情を背景に持つものだったといえよう。

また先に紹介した「素相取」の事件のなかに、口入した家臣が、別の家臣から証文として「町売券」を巻き上げている例がある。町屋敷が家臣のもとに抵当として流入していたことになる。たとえば天明三（一七八三）年、萩町奉行が当職所に対し伺い出たのは、町屋敷売券紛失の届けがあった場合、従来は萩市中と浜崎とに捜査を命じたうえで「打渡証文」を下付してきた。しかし借銀や頼母子の質物として「支配違」に流通している可能性がある。そこで遠近方へも惣触を出して確認してほしい、という内容だった（『県史　近世4』七九）。遠近方とは家臣団の統制にかかわる役職だから、「支配違」とは家臣を想定していることになる。この時期、町屋敷の売券は物権として家臣の間に広く流通していた。家臣・町人一体で金融関係が結ばれていたことがうきぼりとなろう。

領内における流通拠点としての地位が限定的であった以上、藩財政や家臣の家計へ寄生した金融関係こそが広く市中に浸透していた。そうである以上、藩の支配に包摂された社会意識から脱することは難しかったであろう。たとえば近世後期に領内に流布した萩の歴史書に「萩古実」なるものがある（藩庁に伝来したものとしては、山口県文書館県庁旧藩記録八〇〇）。萩では浜崎の有力町人、須子家にその写本が確認できるが（萩博物館写真帳須子家文書）、市中にも広汎に流布していたはずである。その内容は毛利氏による城下町建設を中心に、毛利氏の家の歴史や家臣団の構成などに記述のほとんどを裂くものであり、「旧記草案」以上に藩へ向かう求心的な意識を書き上げたものとなっている。とくに物権化が進展していた周縁部の町で、藩の由緒調べに真剣に対応し、古い歴史を報告していたことをふまえても、藩への求心的な意識構造それ自体は根強く存続し、町人を拘束していたとみなすべきだろう。その枠組を離れた「都市のイデア」は、町人の側からはなかなか成立しがたかったものと思われる。

四　民衆世界と定市

1　民衆世界の自立化

もっとも町屋敷の物権化がとりわけ周縁部で進み貸屋が増えるなかでは、それまで本町の地主に支配され、町の求心的な構造のもとにあった横町・裏町の自立化が見られるのではないか。ここでは最も中心部にあって、そうした変化が少ないはずの呉服町一丁目の状況からうかがってみたい。

寛政九（一七九七）年、八百屋町筋（図2の紙屋町筋をも含む）にあった辻番所をめぐる出入が起こっている（萩博物館写真帳菊屋家文書「八百屋町公事一件控」）。ここに詰める定番人の地位をとりあげようと、呉服町一丁目年寄が町内月行司に指示したところ、すでに当人は死去してしまっていて、跡役がだれなのか把握されてもいない実態が判明した。じつはその倅が継承しており地位が株化していたのである。その基盤には町内からの経費徴収権という利権があった。しかも呉服町一丁目が直接把握していたのは本町筋からの分だけで、八百屋町筋からの徴収がどれだけなのか、わからないありさまだった。八百屋町筋の定番人は、町のあずかり知らないところで経費を徴収、利権化していたわけである。株化の前提には町の財政から独立した裏町での共通経費の存在があった。

その後この町では同様な問題が再燃している（文庫「罪科」二〇八（七））。天保五（一八三四）年、定番人金子新蔵が南片河町此右衛門を養子にして定番を務めさせていた。ところがその態度に問題があるので離縁し、甥、今魚店町の文蔵をあらためて養子にしたい、しかし町の了解が得られないとして、目付所に越訴してきたのだった。そもそも金子新蔵と此右衛門との折り合いが悪くなったのは、定番の貫き物を新蔵が先回りして取ってしまったからであり、やはり町内からの経費徴収権をめぐる対立だった。

しかも金子新蔵は、有していた御許町月行司の地位を吉田七左衛門が取り上げたことの不当性も訴えていた。詮議してみると、その地位は御許町の町人から銀一貫一〇〇目で買い取ったもので、そのための借銀を吉田七左衛門を介してしていた。しかし返済しないので取り上げられたという事情がわかった。ちなみにこの吉田七左衛門とは、萩市中の目代（伝馬役を管轄）を代々務めるものにほかならない。そうした公的な地位を務めるものが、頼まれて借銀の仲介を行い、その抵当、この場合には月行司の株を取り上げていた。市中での金融関係に、藩の支配機構に連なるものが深く関与していたことがわかる。

さらに月行司の職務自体は富田屋六右衛門というものが代行していた。かれは借家の世話を月行司金子新蔵のもとに頼みに行ったとき同居を勧められ、そのまま月行司を務めることになったという。月行司には、町の住人からの経費徴収に加えて借家の世話といった礼金収入もあった。こうした収入を利権に地位と実際の勤務者とが分離し、前者が株として市中に転売されてさえいたわけである。ただしこうした実態への藩の理解は、「定番・月行司之儀ハ年寄ヨリ申付候役儀ニ付、株ニ而無之」と、町から任命される役職であって株ではないというものだった。この判断からも、株化が本来的なものではなく、この時期から進展した事態だったとみなせよう。

町年寄配下の「町役」である月行司・定番が、町の進退を離れ株化してしまっていた。その基盤は店借も含めた住人からの経費徴収権だったのだから、町と異なる位相での地縁的結合の自立化がさらにその背景にあったことになる。中心部の町でさえそうである以上、物権化の進展した周縁部ではより広汎にこうした事態がみられたことであろう。本町と横町の複合として成り立っていた町から、後者が分化し自立化していた様子がうかがえる。当然そこでは、零細な店借を中心とした民衆世界が、独自な社会関係を発展させていたはずである。

2　対抗文化と芸能興行

そうして形成されつつあった社会関係を基盤として、とりわけ周縁部の町で民衆世界の対抗的な文化も形成されてゆく。

天明四(一七八四)年七月一六日、おりからの米価高騰のなかで唐樋町竹内市左衛門が打ち壊しを受けた(文庫「罪科」一八五)。発頭として処罰されたのは平安古町一丁目の古金屋長左衛門であり、その口書によれば、南片河町市郎左衛門と相談のうえ、露見を恐れて唐樋町で盆踊があるとのふれこみで「若キ者」を集め、その勢いに乗って打ち壊したという。また橋本町の古金屋にも人数を集めてくれと依頼し、それをうけて同人は唐樋町の別の者にも人集めを頼んだが、かれらは当日は動かず処罰を免れている。さらに今魚店町の若者数人も嫌疑を受けたが、石を投げて戸を叩いた「あんぱく」程度だったと判定された。結局処罰された「若キ者」たちは平安古町・南片河町の二十数名と今魚店町の者だったが、先に見たように内貸屋が多く、かつ上荷乗・仲仕が集住する地区でもあった。その意味では、市中でもとりわけ民衆世界の発達が見られたところだった。

もっとも発頭人の口書に従えば、かれらはあくまで盆踊に誘われたのであり、打ち壊し自体も、「踊が始まったのに蔀を下ろしたままなのはなぜだ」といって乱入したにすぎないものだった。なお一八世紀前半に、市中本町筋での七月中の盆踊は解禁するが、派手な衣装や「異形之躰」をなしたり、見世並や垣壁を破損すること、あるいは横町や武家屋敷の門前などでは禁止する、との触が出されている（文庫「諸省」五一（二））。盆踊が統制を容易に逸脱しかねないことに藩は早くから警戒していたが、そのおそれを周縁部の店借、若者組が現実のものにしていた。対自化された意識・行動というよりは、踊それ自体が即自的に対抗性を帯びていたということだろう。

それにはまた、つぎの事件とも通底するものがあろう。弘化二（一八四五）年の判例に、やはり平安古町の何人かがある長屋作事の地築日用に雇われた。そのとき紅白に染めた木綿手拭いをかぶり、矢倉に登ったものは白粉を塗って簪をさすという「異形之躰」をなし、往来に見物人も出るありさまになった、というものがある（文庫「罪科」二四（二））。盆踊に託けて往来を踊ってまわることと、「異形之躰」をなして人の耳目を集めることには、民衆世界の共通する心性を見いだせるであろう。すなわち所有から疎外され、熟練や技能からも無縁なかれらにとって、自己を実現できるのはこうした逸脱的な行為だったということである。

そのように考えるとき、とくに市中周縁部でこの時期盛んに芝居・浄瑠璃を行うものがあったことにも、同様な背景を見てとれるのではないか。文化二（一八〇五）年、東田町の柳屋三郎右衛門が処罰されている（文庫「少々控」一九（八））。かれは諸所で踊を催したためかつて「町退」に処されたものだった。それがいまでも萩の「内証踊之師匠」を務め、城下南はずれの大屋疫神社人宅を「踊打合之定宿」とし、そこを拠点に橋本町、椿町、大屋に三組の連中を組織、踊を指南しつつ近辺の寺社などで上演しているという。なお椿町の組には小間物売がいるし、橋本の世話人は髪結だというから、主力は零細な店借層だったのだろう。そして告発した目付は、芝居や浄瑠璃が城下で禁止されているからこそ、こういう「素人踊」が簇生するのだと述べており、踊といっても芝居や歌舞伎の上演だったのだろう。ただし「銭取ニ而は無之」ともいうように、かれらにとっては上演そのものが目的なのだった。民衆世界が自らを表現する手段としてこうした踊があったのである。

このほか天保五(一八三四)年の判例には、古萩町白井源左衛門倅熊次郎の処罰記事が見える(文庫「罪科」二〇八(四))。源左衛門の自宅において、「店向江床を掛」け五間町の町人数人を呼んで浄瑠璃を催していたところ、騒々しいことをとがめられて喧嘩になったというものだった。また弘化四(一八四七)年には、川外の倉江において「引語踊」のできる金蔵を師匠に、家中奉公人の倅を含む数人が集まり、「忠臣蔵六段目踊」を催し、翌日には毛利蔵主下屋敷でも催したとして処罰されている(文庫「罪科」二〇九)。判例に繰り返し登場するように、とくに周縁部に芝居や浄瑠璃を上演するものが不断に再生産されていた。

もちろんその背景には芸能を求める幅広い声があった。幕末の事例だが、「世上気方相弛ミ、三味線・舞方抔仕候者間々有之哉」と実態を目付に内偵させたことがある(文庫「継立原書」一四一)。その報告によれば、家臣の縁者まで含んで芸能に従事するものが幅広くおり、堀内の家臣宅や呉服町などをはじめ各所に招かれ上演したり、舞や三味線の稽古をつけたりしているという。しかも「手広之儀ニ付委敷聞へ兼候」とまでいう始末なのだった。「間々有之哉」という藩の予想を大きく越えて、芸能を求める声が城下町全体に階層も越えて沸騰している、そうした実態がはしなくも露呈したことになる。そしてそれに応えることで「遊芸上手」「踊上手」ともてはやされる。民衆世界のなかに、芸能行為それ自体で自己実現を図るものが育っていたわけである。

一八世紀後半までは萩でも芝居は興行されていたのに(山口県文書館阿部家文書一三八)、一九世紀に入ると藩は神経質なほどに取り締まるようになる。そうして興行が禁止され、舞や三味線などの稽古が規制されても、芸能の需要は城下全体に分厚くあった。しかも他所から役者集団などの招致ができなくなるなかで、「素人踊」といった自前の上演が民衆世界を拠点にかえって発達することになった。したがってそこには城下町の枠組を桎梏とし、あたらしい都市のあり方を指向する意識が伏在したのではないか。そのことを、つぎに定市の開催を通して読みとってみたい。

3　定市の出願

やがて幕末から明治初年になると、市中では市や芸能興行が出願されるようになる。いま明治二―四(一八六九―七一)年に限って判明する例を表示してみた(表2)。特徴は以下の点である。

第一に、これらは文久三(一八六三)年の藩庁山口移転を契機とするものだった。No.2で市中惣市を出願する大年寄は、「往古ヨリ上々様方・御諸士中様之御余沢」で成り立ってきたのに、山口移転にともないその条件が失われた。そうなると他所人の通行もない辺鄙なところで、海岸があっても運送には不便な場所であり、数千軒の商家は成り立たなくなっていると萩の現状を述べている。藩庁が移転し家臣団も多くが離れてしまうと、残ったのは辺鄙な町場でしかないというのである。実際、相場所は山口にあらたに立てられ、また家臣がいなくなった萩の相場所では売切手がなくなっているとして、現米取引にシフトしようとしていた(文庫「諸省」二八八)。「上々様方・御諸士中様之御余沢」=藩財政・家臣に癒着した金融にかわるあらたな振興策が必要とされる、そうした背景があった。

第二に、そのため他所との交易を活発にし、市中経済の活性化を図ることが標榜されていた。No.1は御客屋直営での芝居興行を大年寄が求めたものだが、「大都会之振合を以諸方ヨリ商人集合し、諸国之物産を持出、繁華之振を以永続を計」るためだと、遠方からも商人や客を招致し、都市としての繁栄を図る一環だと述べている。流通拠点として市中を活性化させることが大年寄の述べる対策だった。それはまた藩にとっても受け入れやすいものだったのだろう。

第三に、そうした交易活性化の手段として、「人寄せ」の名目で出願する芸能興行だが、実はこれそのものの開催

表2 明治初年，萩町からの定市等出願例

No.	出願年月日	出願人	出願内容	結果
1	明治2年正月	大年寄中	御客屋御手悩みにして春秋両度芝居興行の事.	許可されず.
2	明治2年2月	大年寄	当年より春秋30日の間，市中惣市の事. かつ世上人寄せのため市間見せ物・相撲・軍談・浄瑠璃・軽業・茶番・狂言・勧進能興行の事.	惣市は，市中を3地区に分け，3月10日より10日宛許可. また角力・軍談に限り許可.
3	明治2年2月	御許町年寄田村千太郎	昨年より春秋両度御国祭并立市御許容のところ，当春分（3月1日より晦日迄），人集めのため象獣見せ物差し出しの事.	15日間許可. 象飼が他国人ならば請人を立てる事.
4	明治3年2月	平安古町一丁目町人村田十右衛門・梅田虎槌・中村吉右衛門	堀内本町において春秋25日宛牛馬市興行の事.	許可.
5	明治3年4月	椿町町人小野屋留蔵	町内において晴天7日間相撲興行の事.	許可.
6	明治3年8月	今魚店町年寄・樽屋町年寄・北片河町年寄	往き3カ年の間，春秋両度晴天15日間市取り立ての事. 人集めのため市間浄瑠璃・竹沢コマ廻し興行の事.	許可.
7	明治4年2月	古萩町女工方・添年寄	3カ年の間，春秋両度農具安売り・諸品持ち出し立市の事. 人集めのため浄瑠璃1カ所興行の事.	No.8とともに西町合併として日数15日間許可.
8	明治4年2月	商会社頭取2名	市中において1カ所浄瑠璃興行の事.	No.7とともに西町合併として日数16日間許可.
9	明治4年2月	油屋町年寄・樽屋町年寄・恵美須町年寄・細工町年寄・塩屋町年寄	垰天満宮において晴天30日の間，浄瑠璃興行の事.	No.10とともに東町合併として許可.
10	明治4年2月	平安古町一丁目町人岸田常吉・吉田虎蔵・吉屋与造・店村市蔵	晴天30日の間，浄瑠璃興行の事.	No.9とともに東町合併として許可.
11	明治4年2月29日	御許町町人岡村市兵衛・片山留吉・松屋源吉・吉本治次郎・中村□兵衛	ハクダツと申す珍獣，大井村，宮市辺でも興行につき，明治元年より許可されている立市の間，私ども引き受け見せ物に仕る事.	許可されず.
12	明治4年3月	平安古町年寄・恵美須町年寄・樽屋町年寄・塩屋町年寄・油屋町年寄・細工町年寄	西町合併にして浄瑠璃御免のところ，金谷天神・古萩町でも今月朔日より浄瑠璃興行始まり，垰天満宮にても4月上旬より興行につき，浄瑠璃へ腹紗人形を添え興行仕る事.	許可されず.

注） 毛利家文庫「諸省」288「萩町宰判本控」より作成.

を求める声が市中には広汎にあった。№1は、「芝居其外繁華之儀」によって成り立ちを図るなどもってのほかである、と却下されたが、大年寄は翌月に市中惣市を提案し、それとセットで「世上人寄せ之ため」見せ物、相撲、軍談、浄瑠璃、軽業などの開催を出願した。そのさい「見せ物其外之儀は、難渋町江見割を以順々配当仕候ハヽ、諸町時々之歎願も相防」ぐことができる、といっている。見せ物以下の興行そのものを個別町が求めていた、場合によってはそれに突き上げられての出願だったといえよう。はたして平安古町は文久三年の藩庁移転直後、春秋両度の芝居興行を出願していて（文庫「部寄」一一〔二三〕）、移転が出願の恰好の口実だった感さえある。そして藩が一貫して容認しなかった浄瑠璃などの興行は、№6で今魚店町などが春秋十五日の市の「人集之ため」として出願したとき、ようやく認められることとなった。すると№7―№10にかけて四ヵ所から浄瑠璃開催が殺到するのである。市中で芸能興行そのものへの要求が根強くあったことがうかがえよう。

第四に、そうした出願は、平安古町をはじめ、今魚店町や古萩町など、概していえば周縁部の町からなされていた。周縁部で「素人踊」が行われ、広汎な需要に応えていたことは先にみた通りである。しかも公的には禁止されていたからこそ、「素人」といっても事実上は興行集団化するものも育っていたと思われる。この時期市中で繰り返し芸能興行が申請されたことの基盤には、民衆世界でのそうした実態があったのではないか。

なお№6を取り次いだ大年寄は、萩でだけは「御城下御厳粛之御沙汰」によって許可されてこなかった芝居興行は、南郡（瀬戸内沿岸部）はもちろん領内各所では広く開催されていると述べている。これがすなわち定市とよばれるものだった〔森下　二〇〇八〕。藩や大年寄がいうように交易活性化の一環として市を開催したとしても、それ単独での効果は薄く、瀬戸内各地と同じように定市として、芸能をむしろ中核に据えた開催を実現する必要があったはずである。ふつうそれは広域を巡業する芸能集団を招致してなされるのだろうが、萩の場合、非公認の「素人踊」が広汎に活動を行っている実態があり、そこに依拠した開催が可能であった。つまり民衆世界に定着していた芸能行為が定市を名目にして公認されるにいたり、しかも萩再生の中核的な営みとしての地位を一挙に得たということである。

　こうした経緯を経て、瀬戸内一帯に普及していた定市を萩市中も取り込むことになった。城下町の地位を失ったあと、瀬戸内の諸都市と対等に位置づき、相互の競合のなかで存立を図る、そうしたあたらしい都市像が現出したことになる。領国をさえ越えた横断的ネットワークに存立の根拠を託そうとする、町の由緒のなかに見えた社会意識を現実化したのは、町屋敷所有者としての町人ではなく、市中の民衆世界だったと考えたいのである。

おわりに

　本章では萩城下を構成する町人地に即して、住人にとっての「都市のイデア」を観察してきた。述べたことをもう一度整理しておこう。

　萩の諸町は成立過程の特質にも規定されて、本町に横町を随伴し、それらの複合としてあった。加えて町年寄には御客屋の行政官としての役割が期待されており、町は支配の枠組としての性格を強くもつことになった。そうした町に属する町人にとっての「都市のイデア」もまた、藩の支配、もしくは門閥町人のヘゲモニーを受け入れた内容となりやすかった。一八世紀半ばに藩の指示によって提出した町の由緒にも、その側面が強く表れていた。

　やがてこうした本来の身分秩序、分節構造のあり方は、つぎの二つの方向で変容してゆく。一つは金融関係の浸透である。これによって町屋敷が物権化し、町人社会の基盤がゆるがされることとなった。ただし萩城下が領内の流通拠点としての地位を低下させてゆくなかでは、藩財政や家臣の家計に癒着する形の金融関係が中心とならざるをえないという事情が存在した。投資活動を通して新興商人も成長していたのであろうが、結局は城下町の特権的地位を前提に、藩や家臣の存在に寄り添うしかなかった。そうした条件に規定されていた以上、そこにあらたな「都市のイデア」の創造は望むべくもなかった。逆にいえば、城下町の枠を越えた流通拠点としての成長が見られたのであれば、それに見合ったあたらしいイデアも創出されたはずではあった。

いま一つはとくに周縁部に民衆世界が発達することである。城下町ゆえの抑圧があるなかで、かれらは独自に対抗文化を育んでいた。やがてそれが基盤となって、瀬戸内一帯に普及していた定市＝芸能興行を萩市中も導入する。とうてい対自化された都市の造形思想といえるものではなかったが、それがなければ藩庁移転後ただちに定市が開催されることもなかった、そうした意味では、城下町としての地位を離れても、ほかの都市と競合しつつ併存するあり方を準備するものではあった。瀬戸内の経済発展に都市萩を位置づける、民衆世界のなかで育まれた文化がその触媒になっていたということである。

このように藩の支配に組み込まれた町にかわって、零細な店衆たちが構成する民衆世界に潜在的・萌芽的ではあれ「都市のイデア」を見いだすことに努め、そこに個性的な萩のあり方を見ようとした。そうしてうきぼりとなったのは、近世後期から幕末にかけて成熟をとげた瀬戸内の地域特性にほかならない。地方城下町がより広域的な地域社会から影響を受けるものだったことがわかる。ここから、民衆世界をはじめとする萩内部の社会的結合をそことの関係性において分析してゆく、こうした課題が導き出せるところであろう。

〔参考文献〕

神田由築『近世の芸能興行と地域社会』東京大学出版会、一九九九年

森下徹「武士の周縁に生きる——萩城下と家臣団」森下徹編『身分的周縁と近世社会7　武士の周縁に生きる』吉川弘文館、二〇〇七年

——「解説・近世の山口町」『山口市史　近世史料編1』山口市、二〇〇八年

吉田伸之「町人と町」『講座日本歴史』第五巻、東京大学出版会、一九八五年（のち『近世都市社会の身分構造』東京大学出版

会、一九九八年所収)

——「城下町の構造と展開」佐藤信・吉田伸之編『新体系日本史6　都市社会史』山川出版社、二〇〇一年

3　幕末・明治初期の横浜

青木祐介

はじめに

二〇〇七年二月、横浜市中区にある横浜公園・日本大通り・山下公園の三件が国の登録記念物（名勝地）となった（文部科学省告示第一六号、二〇〇七年二月六日）。このうち山下公園は、関東大震災の瓦礫を埋め立てて造成された昭和初期の臨海公園であるが、横浜公園と日本大通りの二件は、明治初期の外国人居留地の整備過程で誕生した一連の都市施設である。往時の景観は失われているものの、その規模は変わらず現在まで引き継がれており、居留地時代の都市構造を伝える歴史遺産である。

横浜公園と日本大通りが誕生するきっかけとなったのは、幕末の慶応二（一八六六）年に横浜を襲った大火である。大火後に幕府と諸外国との間で結ばれた「横浜居留地改造及競馬場墓地等約書」（以下、「慶応の約書」と記す）にもとづき、明治初年にイギリス出身のお雇い外国人技師ブラントン（Richard Henry Brunton）によって設計された。関内地区のちょうど中央に位置する横浜公園と、そこから海へ向かって一直線に伸びる日本大通りは、ブラントンによる居留地改造の最大の成果であり、この整備によって現在の関内地区の骨格が完成したといえる。

「慶応の約書」を発端とするこの居留地改造については、「我国における近代都市計画の先駆」〔横浜市企画調整局編 一九八一〕という評価が一般的である。実際には、ブラントンは「慶応の約書」に記された内容の一部を実施したにすぎないのであるが、とくに横浜のように、開港にともなって多くの「もののはじめ」が生まれた都市では、都市形成の過程さえもが「もののはじめ」の対象となってしまい、外国人技術者が都市の建設に関与したという事実が、「外国人によって最初に近代都市計画が導入された」〔梅津 二〇〇五〕という歴史記述へと短絡的につながってしまう。

もちろん、ブラントンと横浜の都市形成との関わりは深く、この居留地改造計画の他にも、居留地の測量や陶管下水道の築造、舗装道路の整備、鉄橋（二代目吉田橋）の建設、水道計画や桟橋計画など、未実施のものも含めて多岐にわたる活躍を見せており〔横浜開港資料館編 一九九一〕、本来業務である灯台建設以上の足跡を横浜に残している。

しかし、公園という都市施設やマカダム舗装のような技術の導入が、結果として先駆的であったにせよ、それらを有機的に関連づけ、都市全体をオーガナイズする思想が存在したようにはとても見えない。これまで言われてきた「近代都市計画」とは、あくまで新しい都市基盤施設や土木技術の導入を総称していたのであって、そこに西欧的な計画都市としてのイデア〔理念〕の存在を認めることは難しい。

宮本雅明は、日本の近世都市を論じるなかで、城郭を持たない都市のひとつとして、横浜を「最後の在方町」と表現しているが〔宮本 二〇〇〇〕、開港場建設の出発点において、横浜はまぎれもなく伝統的な近世都市であった。ブラントンによる近代都市計画の導入という視点には、所与条件としての伝統都市の存在が等閑視されている。横浜公園と日本大通りの両者については、都市施設としての先駆性よりも、機能上の特異性に注目することで、近代都市の起点ではなく、近世都市の変容としてとらえることができるのではないか。

以上の前提をもとに、本章では、開港から明治初期にかけての横浜の都市形成過程をたどるとともに、とくに近代的な都市計画の成果として捉えられがちであった日本大通りの成立とその都市機能に焦点をあて、西欧的な計画理念とは異なる伝統都市の理念を読み解きたい。

一　原風景――開港以前の横浜

横浜が開港したのは安政六年六月二日（一八五九年七月一日）であるが、よく知られているように、アメリカ総領事ハリスが条約どおりの神奈川開港を主張したのに対して、横浜も神奈川の一部であると主張した幕府側は、ハリスの了解を得ることなく、既成事実として横浜村に突貫工事で開港場を建設した。

幕府の外国奉行らが、開港場建設のための実地見分として最初に横浜村とその周辺を訪れたのは、前年の安政五年一〇月下旬のことである。このときに神奈川宿から横浜村へと入る新しい道路（横浜道）のルートと、開港場の建設計画が検討されており、運上所を境として市街地を「異国人町」と「日本人町」の二つに分けることなどが協議された〔西川 一九九七〕。西川武臣はこの記録をもって「横浜最初の都市計画」としているが、波止場を中心として市街地を二分する方針は、以後、横浜の都市構造を大きく規定することになる。

その当時の横浜村とその近辺の状況を知ることのできる絵図のひとつが、「横浜村并近傍之図」(1)（図1）である。古図をもとに嘉永四（一八五一）年の現況図などで補った編纂物であり、開港以後の変化が、明治以降に朱書きで加えられている。

絵図からわかるとおり、江戸時代の横浜村は、左手に描かれた山手の丘から、釣鐘状の入り江に突き出した砂州の上に位置しており、その半分以上が畑地であった。集落の大半は半島の根元部分に集まっており、開港直後の最初の市街地は、畑地にあたる部分を潰して造成された。

陸地の先端は湾曲した半島状になっており、「象が鼻」と書き込まれている。のちに波止場に築かれた突堤が「象

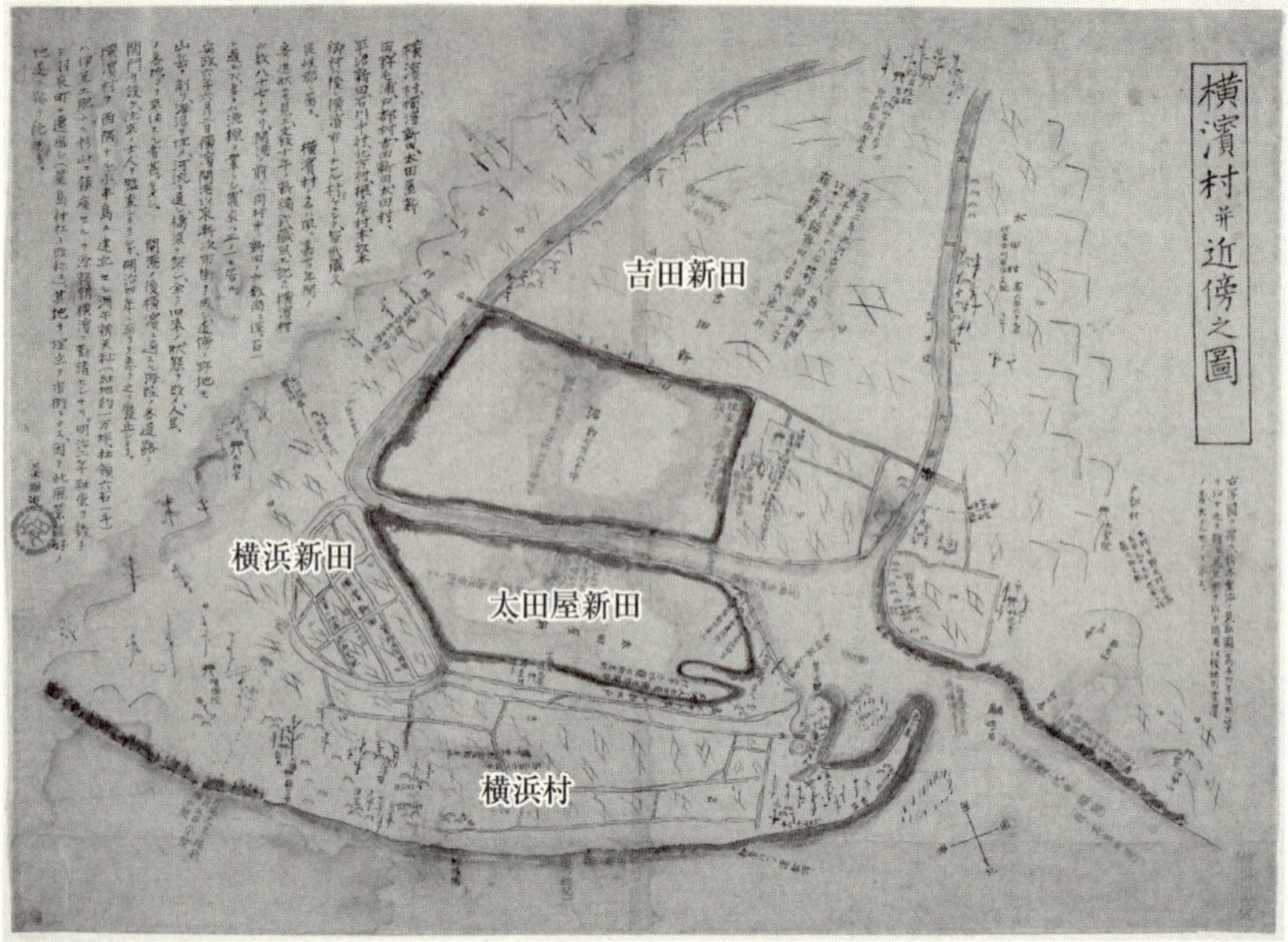

図１　「横浜村并近傍之図」（横浜市中央図書館所蔵）

の鼻」と呼ばれるようになるまで、「象が鼻」といえば、この江戸時代の半島のことを指していた。その「象が鼻」の根元には、横浜村の鎮守社であった弁天社の境内が描かれており、社殿に向かう参道とともに、鳥居や瓢箪型の池に架けられた橋の存在も確認できる。

そして開港以後の都市形成の素地をなしたのが、横浜村の背後に広がっている広大な新田である。横浜村に接する二つの新田（横浜新田と太田屋新田）、そして大岡川を隔てて釣鐘状の入り江の大半を占めているのが、一七世紀に吉田勘兵衛らによって開発された吉田新田である。開港以降、これらの新田（および沼地）が段階的に埋め立てられることで、横浜の市街地は拡大していった。

ところで、こうした埋め立てによる市街地形成の歴史から、一般に横浜は地盤が悪いというイメージをもたれている。しかし、旧横浜村が位置していた砂州の部分は、実は堅固な地盤の上にあり、実際に、現代のボーリング調査で強固な岩盤の存在が確認されている。近年の発掘調査では、旧横浜村所在地から、古墳時代の住居址や縄文時代の土器片が発見されており、江戸時代をはるかに

さかのぼる昔から、この場所が陸地化していたことを物語っている。(2)

開港場建設の第一段階は、この原地形のうえに、「図」としての市街地を建設していくことから始まった。外国商人のなかには、開港直後からすでに横浜で取引を開始していた者も多く、一八六〇年一月、彼ら居留民から提出された請願書を受けて、イギリス領事オールコックも横浜を開港場として認めざるをえなくなった〔斎藤 一九九五〕。それまで神奈川の寺院に所在していた各国領事館は、オランダ領事館の移転を皮切りに相次いで横浜へと移っていく。市街地建設の本格化にあわせて、横浜村の住民たちは立ち退きを強制され、山手の丘のふもとへと移住させられた。これが現在の元町にあたる。

同年、開港場の警備の問題から、山手の丘と横浜村とのあいだに堀川が開削され、横浜は長崎の出島と同じく、水路で囲まれるようになった。開港場への入口となる橋のたもとには関門が設けられ、関門の内側、すなわち「関内」地区の原形ができあがる。関内を外国人居留地だとする誤解はいまだに多いが、関内とはあくまで関門の内側の地域であって、決して外国人が居住と商売を認められた「居留地」ではない。

二　開港場の二重構造

1　移された江戸

冒頭に述べたとおり、開港場として建設された横浜の市街地は、決して近代的な都市計画理念にもとづいたものではなかった。たとえば、格子状の規則正しい街路網が形成された上海のイギリス租界では、その都市建設の背景に、スペインの植民都市に導入された都市モデルの存在が指摘されている〔村松 一九九八〕。グリッド状の街路の中央に、広場や教会などの公共施設を設けるというプランは、その後もアメリカの諸都市に適用された。

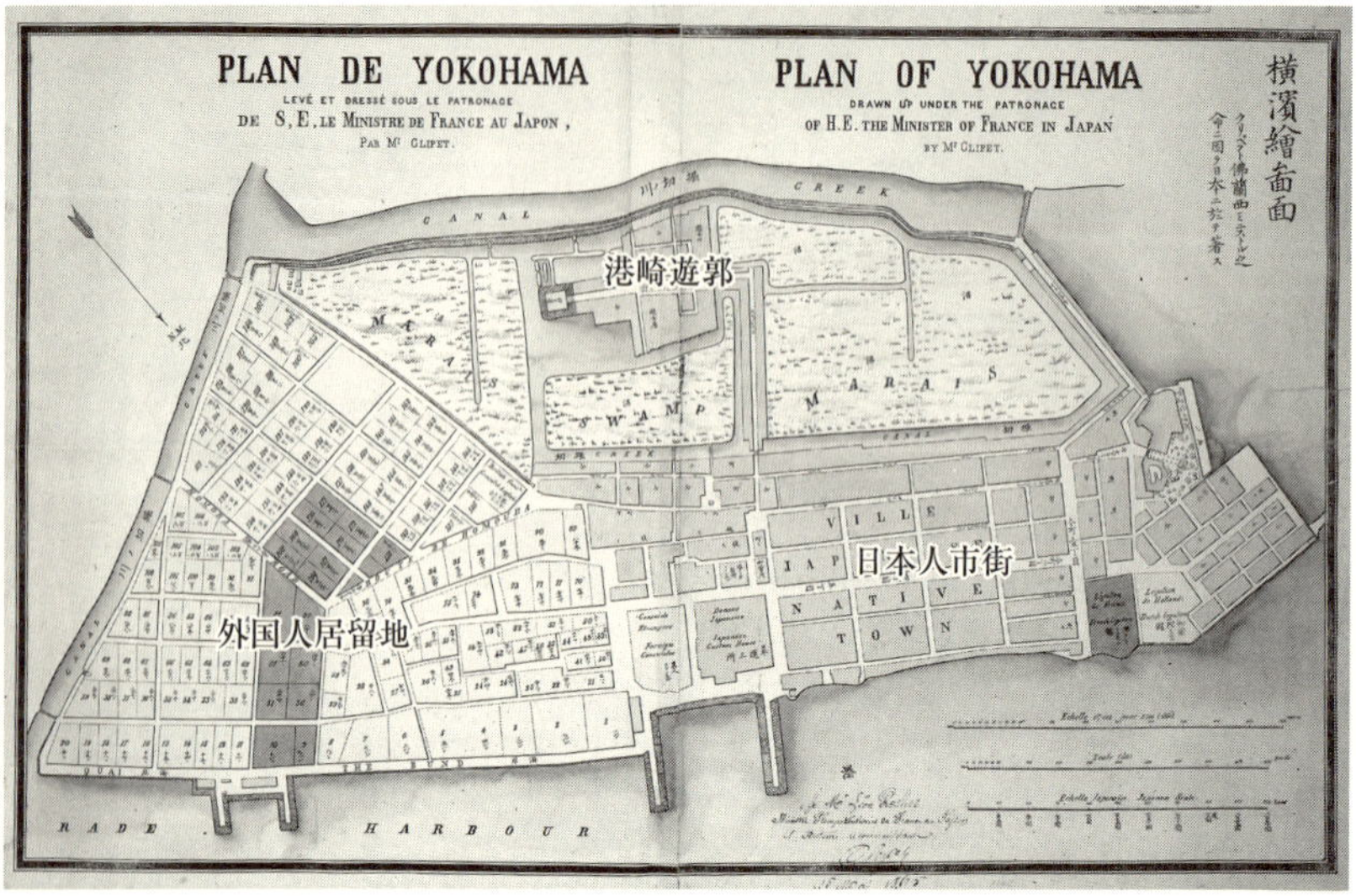

図 2　「横浜絵図面」（横浜開港資料館所蔵）

しかし、横浜の場合は、上海のようにイギリス租界・フランス租界・アメリカ租界と個別に都市が形成されてきたわけではない。事後承諾的に横浜が開港場となった経緯もあって、当初幕府と諸外国との間では、地所規則となるべき取り決めもなく、地代さえも決まっていなかった。したがって、統一した計画にもとづくこともなく、一貫して幕府が建設主体となって、断続的に都市建設が進められてきた。そこが、お雇い外国人技師ハート（John William Hart）によって、最初から総合的に計画・建設された神戸居留地とは大きく異なる点である。

とはいえ、ブラントンが登場する以前の横浜にも、はっきりとグリッドプランをみて取ることができる。

図2は、慶応二（一八六六）年の大火の前年に描かれた地図である。同時代に描かれた多くの絵図と異なるのは、本図が測量にもとづいて作製された実測図であり、当時の地形や街区が正確に記録されているという点で、その資料的価値はきわめて高い。

この地図は、当時のフランス公使ロッシュの命により技師クリペ（L. F. Clipet）が作製したもので、地図の下部には一八六五年五月一五日の日付とともに、クリペ本人の署名がある。タイトルをはじめ多くの書き込みは仏英日の三カ国語表記となっており、右下の縮尺も、上からメートル法・ヤード法・尺寸法の三種類で描かれている。

中央下部にある二つの突堤が、最初の港湾施設である西波止場（イギリス波止場）で、左側の突堤が現在の大桟橋の位置にあたる。波止場に面しては運上所が設けられ、この場所を境に、向かって左側（東側）が外国人居留地、右側（西側）が日本人市街であった。その前面の海岸線には、いまだ開港以前の砂州地の形状が残っており、弁天社の境内地もそのままである。

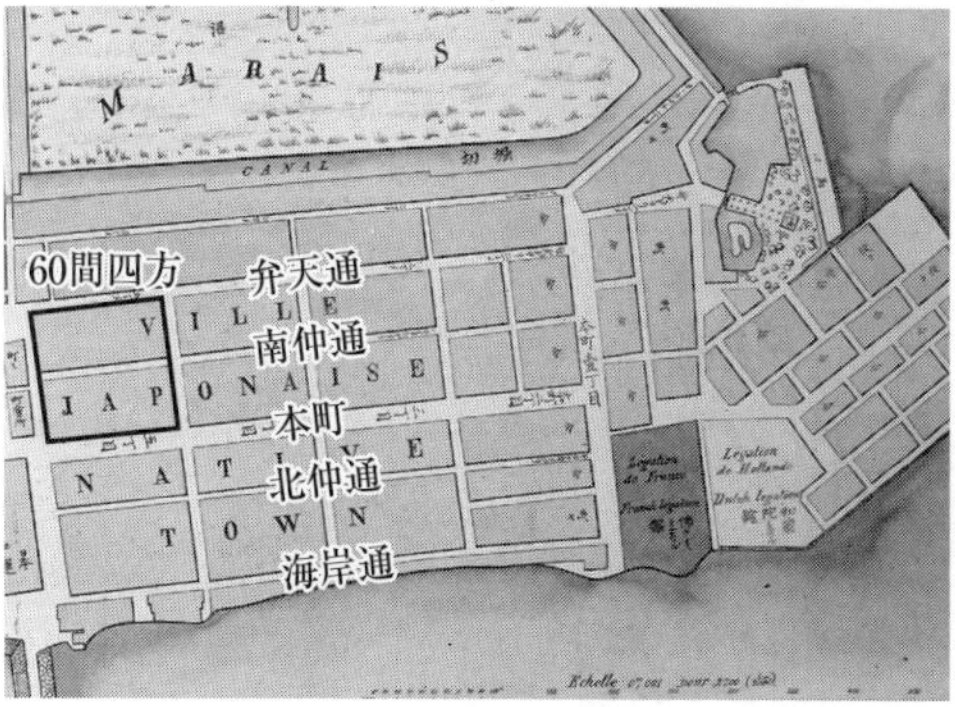

図3　日本人市街（図2の拡大）

グリッドプランが確認できるのは、日本人市街の方である。きれいな正方形街区が連続しており、縮尺に当てはめてみると一辺が六〇間となり、ちょうど江戸の街区と同じ規模である（田中 一九六二）。この六〇間四方の正方形街区が開港場のメインストリートを形成し、さらに街区の中に通された街路によって、あわせて五つの町が誕生した。中央の本町、その南北に北仲通、南仲通、さらにその南北に海岸通、弁天通の五町である。太田屋新田脇の堤に沿って開港場に入ってきたところを一丁目として、そこから運上所に向かって（地図で右から左へ）二丁目から五丁目が形成された。

江戸との相似を指摘できるのは、正方形街区だけではない。生糸と思われる荷を乗せた荷車が行き交い、活気をみせる横浜の本町通りを描いた錦絵「神奈川横浜新開港図」にみられるように、平入りの二階建て商家が街路に沿って建ち並ぶさまも、江戸の街並みを想起させるものである（図4・5）。図4左手前には、幕府からの強い要請を受けて横浜に出店した三井呉服店が描かれており、横浜のメインストリートの角地を占めた同店は、他の錦絵や案内記にもしばし

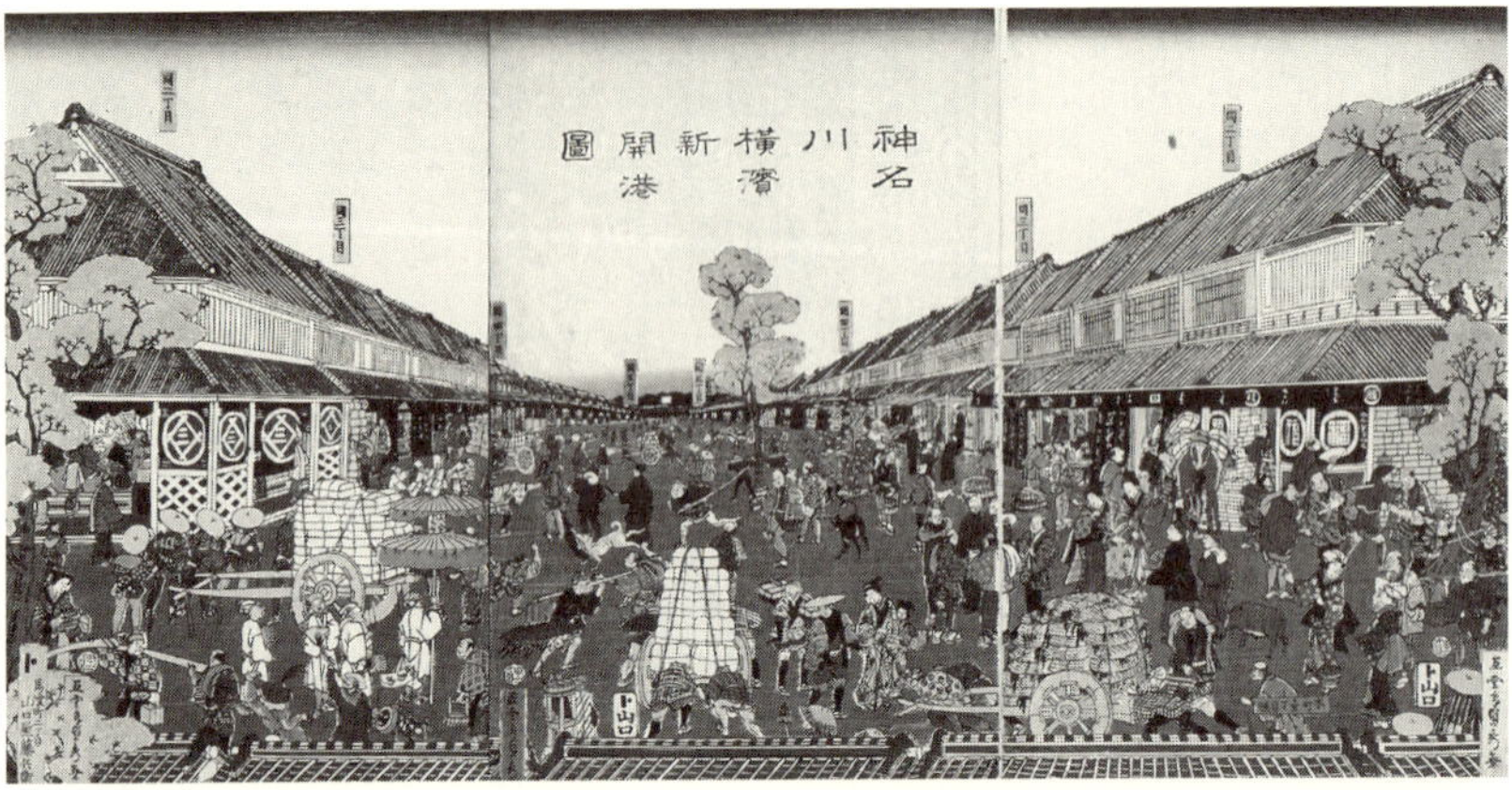

図4　「神奈川横浜新開港図」(横浜開港資料館所蔵)

図5　「東都大伝馬街繁栄之図」(神奈川県立歴史博物館所蔵)

ば登場する重要な景観要素であった。

　そして図4の書き込みからもわかるように、新たに形成された町は、通りとその左右の街区で本町二丁目、同三丁目が構成されており、江戸と同様の伝統的な両側町が形成されている。ひとつ江戸と異なるとすれば、江戸城下町の計画に際して、メインストリートのヴィスタを形成していた富士山や江戸城天守のような焦点が存在しないことであろう。この点は、横浜が城下町のような「都市の核」をもたず、波止場の位置を基点として、海岸線に沿って街区が築かれたことに拠るものといえる。

そして当時の開港場を特徴づけるもうひとつの要素は、太田屋新田のなかに設けられた遊郭の存在である。新田とは言うものの、ほとんど沼地だった同地を埋め立てて建設された遊郭街は、港崎《みよざき》町と名づけられ、多くの遊女屋が軒を連ね、その賑わいは数多くの錦絵に描かれた。港崎遊郭へ行くには、沼地との境に位置する木戸をくぐり、沼地のなかに設けられた吉原道を進んで、大門をくぐらなければならない。そして遊郭街の最奥に位置するのは「金ピラ社」と書かれた神社である（図6）。江戸の吉原遊郭にも稲荷社が祀られていたことが知られているが、街並みと同様に、こうした盛り場の構造そのものも移植されているのである。

沼地のなかに何重にも囲われた小世界は、「つくられた商空間」を成り立たせるための「つくられた遊興空間」であった。この場所が慶応の大火ののち、ブラントンの設計のもとで横浜公園として整備されることになる。

2　拡張を重ねる居留地

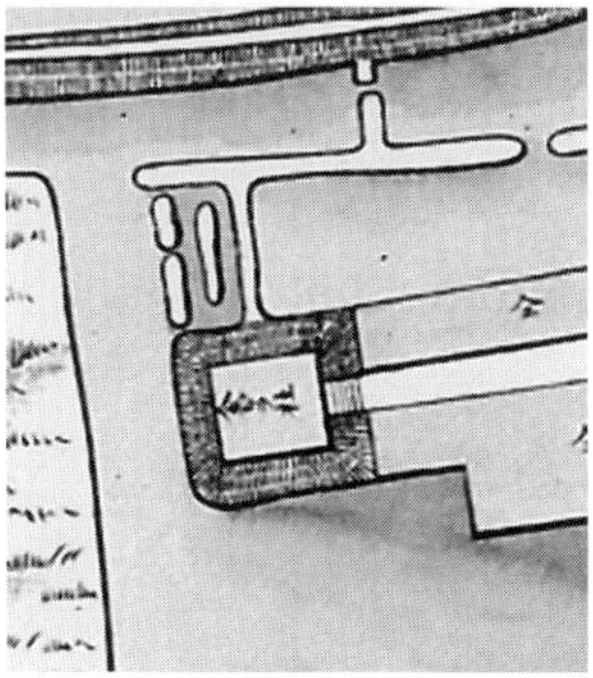

図6　港崎遊郭の金比羅社
（図2の拡大）

一方の外国人居留地は、不整形な街区の構成になっている。ここには市街地の段階的な形成過程が刻まれており、大きく以下の三段階で説明することができる。

① 開港当初の仮居留地
② 本町通りを中心軸として延長された市街地
③ 横浜新田を埋め立てて形成された市街地

領事たちが開港場として横浜を承認する前からすでに居住を始めた外国商人たちは、領事たちのあずかり知らぬところで、幕府から土地の貸与を受けており、オールコックが彼らの請願を認めて間もない一八六〇年二月には、すでに当初の予定地は分割されつくしていたという〔斎藤　一九九五〕(3)。

その後、新規に拡張された部分が、諸外国に分配されることになるが、はっきりと断定はできないものの、図2左側の外国人居留地のなかでも波止場近くの街路が細かく入り組んだ部分が、おそらく諸外国による土地分配が始まる以前の、外国商人たちによる仮居留地のエリアと思われる。細かい街路は自然の地形に規定されたものであろう。そして、海岸通りに沿って設けられた新規拡張部分は、本町通りをまっすぐに延長した東西の軸線をもとに、整形の区画割りがなされていることがわかる。

この拡張された居留地に対して、フランスは条約締結の五カ国に均等に分配することを幕府に了承させると、フランスの借地分をさっさと自国民に貸与してしまった。これは上海のフランス租界と同じように、一国が単独で管理する専管居留地を前提としたものであるが、元治元(一八六四)年の「横浜居留地覚書」以降は、他国との共同管理へと移行する。なお、図2の外国人居留地内で、色が濃くなっている部分(原図では青色)はフランスの借地を表しているが、これが専管居留地に相当するのであろう。のちに海岸通り沿いの九番にはフランス海軍病院が、二ブロック奥の八〇番にはカトリック教会が建設された。

この当時の外国人居留地の状況を描いたものが、図7である。実地の観察にもとづいた描写で知られる五雲亭貞秀の作で、天主堂(カトリック教会)が完成していることから、文久二(一八六二)年頃の居留地を描いたと思われる。

接道型の町家が建ち並ぶ日本人市街とは対照的に、当時の外国人居留地は、地番ごとに板塀で囲われた敷地内に建物を配置するというきわめて防御的な形式が採られている。これはよく言われるように、攘夷事件が頻発していた当時の状況が反映された結果ではあるものの、日本人市街が通りを中心とした両側町を構成していたのに対して、通りではなく、敷地ごとに商館が独立していた居留地のあり方は、のちに居留地が山下町としてひとつの町名になる原点

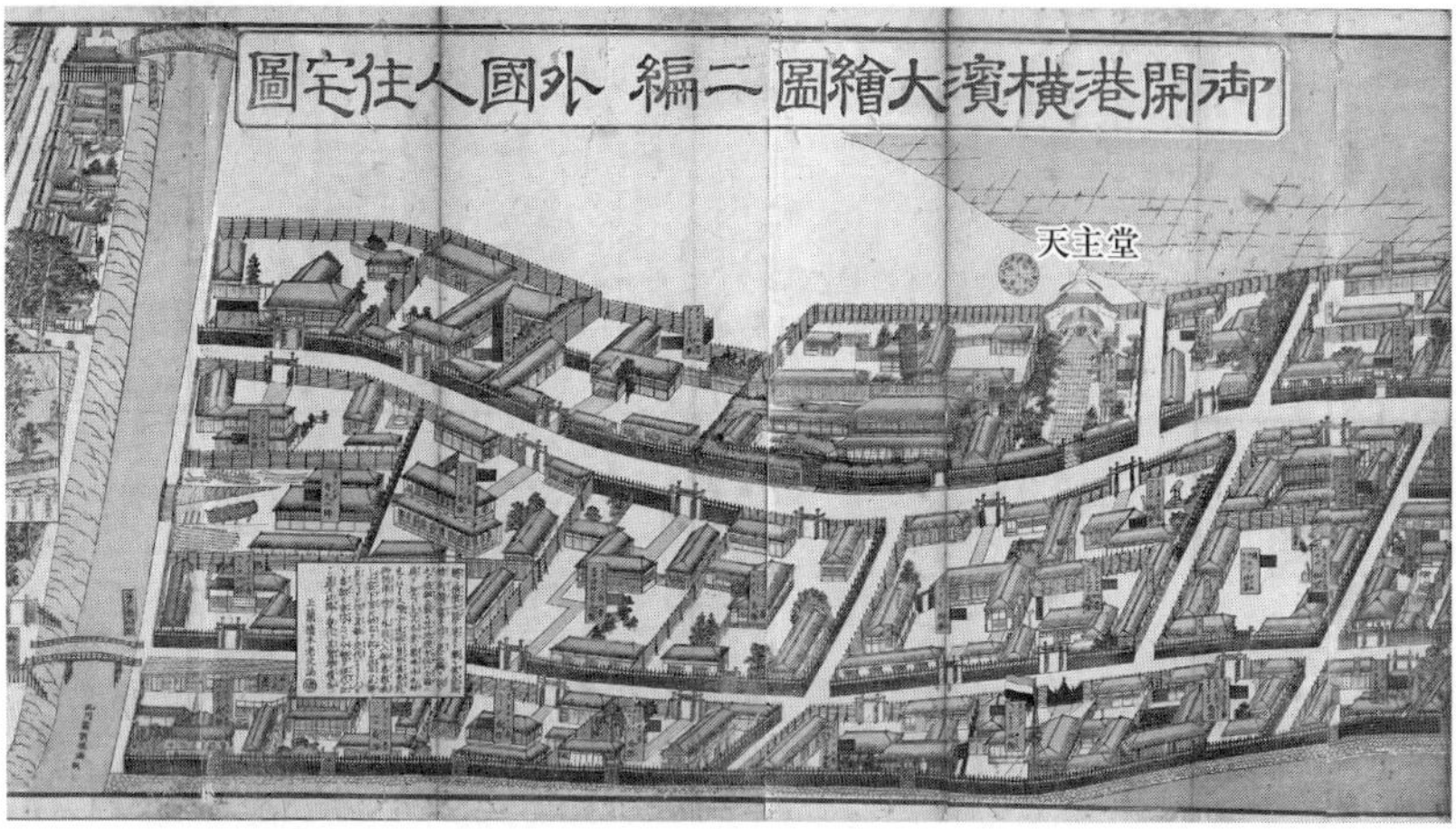

図 7　「御開港横浜大絵図二編　外国人住宅図」（横浜都市発展記念館所蔵）

注）　図は外国人居留地の東半分にあたる部分.

の状況を示しているといえる（第四節参照）。

以上にみた区域が、文久二（一八六二）年までに貸与された居留地である。一番から一〇九番までの地番が付けられたこのエリアに対して、地図上方の斜め四五度に傾いた区域が、新たに横浜新田を埋め立てて造成された部分で、現在の中華街一帯に相当する。

この街区だけなぜ四五度傾いているのかという点については、現在が中華街であることや、この区域の街路が東西南北に正確であることから、風水にもとづいた都市計画と誤解されることも多いが、これは図1と図2を比較すればすぐに了解されるとおり、旧横浜新田の地形がそのまま街区となっているためである。現在でも現地を歩いてみれば、旧横浜村と旧横浜新田との境で、地面のレベル差が格段にあることに気がつく。

街区の形態が踏襲されていることは一目瞭然であるが、敷地割りを見ると、決して当初の居留地の街路を延長するのではなく、傾いた街区に対して直交した街路が通されている。これは図1にある旧横浜新田の畦道を踏襲しているように思われる。

それではなぜ旧横浜新田の畦道が、そのまま居留地の街路として残されたのか。この点について伊藤泉美は、複数の農民が権利を有する田畑であった横浜新田の場合、立ち退いたのちの保証金の算定を確実なものとするために、新田の形をそのまま残したのではと推測している〔伊藤泉美 二〇〇八b〕。

伊藤泉美の指摘に従うならば、先にみた開港当初の仮居留地の街路が入り組んでいることも、同様の理由として理解できるであろう。また日本人市街における本町通りや弁天通りの原形も、図1に描かれていることを考えれば、当時の開港場全体が、横浜村時代の微地形を前提として造られてきたといえるのではないか。

図1の絵図をそこまで信頼するに足る資料としてよいかどうか、検討の余地はあるが、段階的に形成されてきた開港場は、日本人市街と外国人居留地という二つの都市景観が並立する地理的な二重構造をもつと同時に、開港以前の自然地形と人工的に移された江戸の商空間が重合する空間的な二重構造をも有していたと考えられる。

そして、クリペによる地図が描かれた翌年の慶応二(一八六六)年、港崎遊郭へと向かう吉原道にある豚肉料理屋から出火した火事によって、横浜は市街のおよそ三分の一を焼失してしまう。

三　慶応の大火と日本大通り

慶応の大火後、幕府と諸外国とのあいだで結ばれた「慶応の約書」により、居留地の大幅な改造計画がなされる。その詳細についてはすでに各所で紹介されているので、ここではのちに横浜公園と日本大通りとして結実する内容について詳しくみたい。

「慶応の約書」の骨子は、冒頭に「火災を防かん為 in order to guard against the danger of fire」[4] とあるように、大火の記憶を大きく引きずったものであった。

第三条では、「延焼を防かん為広さ百二十フートの街道を海岸より右に云ひ公けの遊園迄居留地の中央を通し to protect both against the spread of fire, it is agreed that a street or road of 120 feet in width shall be carried

図8　完成した日本大通り（横浜開港資料館所蔵）

注）画面奥が横浜港，手前が横浜公園にあたる．

through the centre of the settlement from the seafront to the public garden」とされ、一二〇フィート（約三六メートル）という長大な幅の街路を、街の中央に通すことが定められた。

この中央道については、さらに第五条で、「広さ二十フートの歩行街を中央街両側に築き其外側に樹木を植並ふへし A sidewalk of twenty feet in width shall be constructed on each side of the Center Road, and a row of trees shall be planted on the outer edge of each sidewalk」とされ、幅二〇フィート（約六メートル）の歩道を、中央道の両側に設けて、さらにその外側に樹木を植えることが記されている。

この約書に定められた改造計画は、日本側が実施することになっていたが、イギリス公使パークスの要請によって、技師ブラントンが設計を担当することになり、最終的には幅一二メートルの車道を中心として、その左右に幅三メートルの歩道と幅九メートルの植樹帯がならぶ、幅三六メートルの街路が誕生した。

完成した日本大通りの姿は、明治一〇年代前半に撮影された市街パノラマ写真によって知ることができる（図8）。まずはこの異様な街路の状況に注目すべきであろう。

日本大通りが「近代的街路」と評されるとき、その内容として、マカダム方式による砕石舗装が導入されたこと、下水道と一体化して整備されたこと、

図9　銀座煉瓦街（横浜開港資料館所蔵）

出典）『ファー・イースト』5巻6号（1874年）.

歩車道の分離が実現したこと、そして「街路樹の設置」が挙げられることがある。しかし、図8にみる植樹帯をはたして街路樹として評価することができるであろうか。

歩車道の分離および街路樹の設置の先駆的な例として挙げられる、東京の銀座煉瓦街と比較してみれば、その特異性はさらに明らかになろう（図9）。

銀座煉瓦街では車道と歩道を区別し、その境界に街路樹を植えているのに対して、日本大通りでは、歩道のさらに外側に幅九メートルもの植樹帯が設けられており、したがって東西方向の街路と交差するところでは植樹帯は切れてしまうため、まるで通りの両側に建つ建物の前庭のような格好となっている。

ここでもう一度、約書の記載に戻ってみると、街路の全体幅一二〇フィートと歩道の幅二〇フィートは記されているが、中央の車道幅についてはどこにも規定がない。田中祥夫はこれをふまえて、以下のように述べている。

つまり通常の街路樹を想定するのであれば（つまり幅〇メートルと考える）、一二〇フィートから二〇フィートの歩道二本分を引いて八〇フィート（二四メートル）という車道幅が導き出されるが、ブラントンは建設費用を削減するために、これを半分の幅（四〇フィート）にして、残ったところを幅一〇フィートの歩道と幅三〇フィートの植樹帯にしたというものである（田中 二〇〇〇、八五―八八頁）。

しかし、約書には最初から、歩道のさらに外側に樹木を植える（the outer edge of each sidewalk）ことが定められており、街路樹に想定されるような都市景観上の効果は意図されていなかったように思われるのである。幅九メートルという植樹帯は、街路樹としての美観よりも、延焼防止という機能に主眼が置かれているのであって、これを銀座煉瓦街の街路樹と同一に評価することはできないであろう。

第三条にはっきりと記されているとおり、日本大通りが三六メートルもの幅員をもつ理由は、火災時の延焼を防ぐためであった。すなわち防火道路としての機能である。これに幅九メートルという植樹帯が加わることで、防火帯としての機能はさらに強固なものとなる。

そして重要なことは、日本大通りが街路といいながらも、外国人居留地と日本人市街とを隔てる境界（ゾーン）として設けられたことである。防火道路としての日本大通りの計画は、都市全体の防火機能を高めるというものではなく、居留地への火災の延焼を食い止めるために、その境界線上に強固な防火帯を作って居留地を守ろうという発想にもとづいている。日本大通りの機能の第一は防火にあり、それは近世以来の火除地から大きく隔たるものではない。

銀座煉瓦街の意図するところが、街路を中心とした不燃建築の街並みの実現にあったとすれば、日本大通りの場合は、東西二つの領域を隔てる防火帯としての機能が期待されていたのであって、この一風変わった植樹帯の意味は、その火除地の機能をさらに強化するためであったといえる。

これを近代都市計画の嚆矢と評するのは若干の違和感を覚える。もちろん、マカダム舗装のような近代的な道路整備技術が導入された事例として、日本最初期のものであることは評価されるとしても。防火対策として広小路や火除地が設けられることは、それこそ伝統的な都市改造の手法であろう。

二〇〇一（平成一三）年、日本大通りはそれまでの片側二車線道路を改めて、片側一車線道路となり、歩道の広さは以前の倍に広がった。それは明治時代の道路幅を復元するための整備であったが、片側一車線となった現在、路上駐車の車両がほとんど気にならないほどの交通量である。開港以来、都市横浜のメインストリートは本町通りであって、それは現在も変わっていない。

現在の日本大通りは、当時のような植樹帯ではなく銀杏並木となっているが、これは関東大震災後の整備で植えられたものである。幅九メートルの植樹帯は、関東大震災まで日本大通りの両脇を固めていた。震災復興では、車道の左右に六八本の銀杏が植えられ〔横浜市　一九三二、七三一－七四二頁〕、歩道は車道側から敷地側へと移された。銀座煉瓦街のような車道・街路樹・歩道による街路景観は、昭和になってようやく実現したのである。

さて、再び「慶応の約書」に話を戻すと、第一条では、「旧来港崎町の地所を外国並日本彼我にて用ふへき公けの遊園となしplant as a public garden, to be used both by foreigners and Japanese」として、港崎遊郭の焼け跡に居留外国人と日本人の双方が使用できる公園の建設が謳われ、遊郭は「大岡側の南方」つまり関外（関門から外側のエリア）へと移転することが定められる。

沼地のなかに建設された港崎遊郭は、関外の一つ目沼を埋め立てた地へと移され、以前と同じように大門を構えた遊郭として建設された〔高村　二〇〇七〕。明治三（一八七〇）年の「新鐫横浜全図」をみると、遊郭の最奥に位置していた金比羅社も同じ位置関係でもって再建されていることがわかる。開港場にあった近世的な遊興の空間は、火災後の都市改造のなかで、新たな盛り場として関内から関外へと移動していったのである。

そして、遊郭の跡地に横浜公園が造成された。この公園設計もブラントンが手がけるのであるが、その内容や設計経緯はすでによく知られているのでここでは繰り返さない。

ここで取り上げたいのは、公園が担っていたゾーニング上の意味である。「彼我にて用ふへき」公園と設定されていながら、使用していたのはほとんど居留外国人であったことはよく言われる。それは公園という都市施設への日本人の馴染みのなさにも拠るのであろうし、実際の設計内容からも外国人向けの公園であったことは間違いない。

しかし、明治一四(一八八一)年に公園内に物産陳列所が建設されているように、決して日本人が排除されていたわけではなかった。「彼我公園」という位置づけは、東の外国人居留地、西の日本人市街とを隔てる「緩衝帯」として、都市の理念上、必要なことであったといえる。

横浜公園と日本大通りが一体のゾーンとして誕生することで、開港以来の外国人居留地と日本人市街との二重構造は、視覚的にも機能的にも完成を迎えるのである。

四　日本大通りという町名

ここで、都市基盤としての機能から少し議論は外れるが、町名としての日本大通りについても触れておきたい。都市空間の認識に関わる興味深い問題を含んでいると考えられるからである。

現在、日本大通りという名は、街路としての名称の他に、横浜市中区内の町名のひとつとしても用いられている。大通りを中心としてその左右の街区が、町としての日本大通りである。

この町名が初めて記録に現れるのは、明治七(一八七四)年のことである。同年一二月、当時の神奈川県令中島信行から内務卿大久保利通にあてて、外国人居留地に町名を付けることについて伺が出され、翌年一月に認可を受けている(神奈川県立図書館編 一九七一、二〇頁)。その後、明治一二(一八七九)年一月の県の布達をもって、正式に日本大通りはじめ三〇の町名が外国人居留地に付けられた。日本大通りという街路名は、町名が生まれたことによって逆に定着したと思われる(図10)。

この明治一二年一月という日付は、しばしば街路としての日本大通りが完成した日付だと誤解されてきた。実際の工事はもう少し早く完成していたと思われるが、正確な竣工年代はわかっていない。ブラントンが神奈川県に提出し

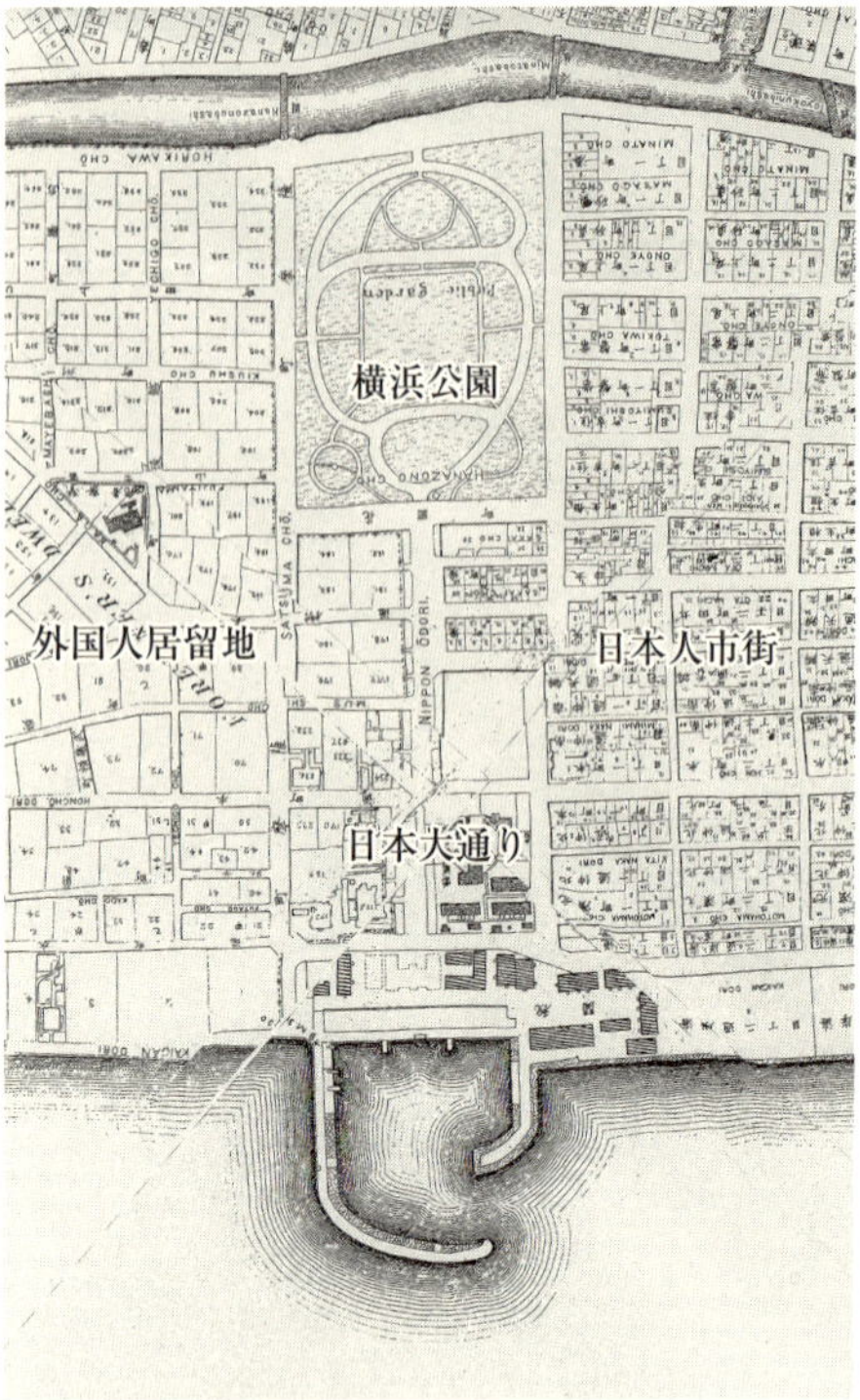

図10　「横浜実測図」（部分，横浜都市発展記念館所蔵）

た日本大通りの計画図「横浜外国人居留地日本市街界道路之図」（国立公文書館所蔵内閣文庫）には、一八七一年五月の日付が入っており、工事の着工はその後であることは間違いない。堀勇良は、同じくブラントンが手がけた新埋立居留地の検査が明治一〇（一八七七）年に行われていることから、日本大通りもその頃までに完成していたであろうと推測している〔横浜開港資料館編　一九九一、六九頁〕。

さて、そのとき決定された三〇の町名は次のとおりである。

日本大通　花園町　薩摩町　越後町　前橋町　小田原町　豊後町　堀川町　上田町　九州町　富士山町　加賀町　本村通り　大坂町　蝦夷町　尾張町　函館町　武蔵町　本町通り　長崎町　神戸町　阿波町　京町　琵琶町　駿河町　武蔵横町　角町　二子町　水町通り　海岸通り〔神奈川県立図書館編　一九七二〕

一見してわかるとおり、町名として日本全国の地名などが用いられており、「日本大通」はその筆頭に置かれている。そして本町通りや海岸通りなどの街路名も、他の地名と一緒になって挙げられている点が注目される。これらの町名はみな、居留地内を縦横に走る街路に付けられたものなのである。

図11　The Japan Directory 付図（1898年，横浜開港資料館所蔵）

居留地に付けられた町名が視覚的によくわかるのが、図11である。街路の上にローマ字で書き込まれているのが、右の三〇の町名である。そして町名とあわせて従来の地番も共存していることがわかる。

このように全国の地名などを街路に付ける前例としては、二つ挙げられる。ひとつは神戸居留地で、もうひとつは上海である。

神戸居留地は、イギリス人技師ハートによって当初から全体計画がなされた居留地であるが、ハートの計画のなかで、伊藤博文の名から採られた「伊藤町」や「江戸町」「京町」「東町」「西町」「海岸通」などの名前が街路に付けられた。

そのハートがドックの建設で関与していたのが、上海の租界である。上海のイギリス租界では、横浜で開港場が形成されつつある一八六〇年代に、街路の拡幅整備にあわせて呼称が定められている〔村松 一九九八〕。南北の街路には中国の省名が（四川路、河南路など）、東西の街路には都市名（南京路、北京路、福州路など）が付けられ、その後も中国諸都市に波及したとされている。上海での道路整備の実施主体は、イギリス租界の自治組織であったが、街路に名称を付けることは、人力車の車夫たちに市街のなかの場所を理解させる意図があったという。

横浜居留地の場合でも、国内の諸都市の地名に加えて、「日本」「富士山」といった名前を散りばめるところに、いかにも外国人が好みそうなジャポニスムが感じられる。中島県令の伺では、各国領事とは協議済みだとあるが、むしろ領事側からの提案であった可能性もあるだろう。

ただし、横浜では街路名ではなく、町名として認識されていた点に注目したい。街路に町名を付すことによって、本町をはじめとする日本人市街の各町名と同じように、街路とその両側の家並みでひとつの都市空間を形成するという、伝統的な両側町の意識が外国人居留地に拡大していったとも解釈できるからである。居留地内の場所を認識させるためであれば、すべて通りの名前で統一すればよいはずであろう。明治一二（一八七九）年の三〇カ町の名称決定は、それまで外国人居留地という大きなひとつの存在であった都市空間に、伝統都市の〈町〉のあり方が、細かく網をかぶせるように重ね合わされていく過程だとも読めるのである。

なお山手居留地でも、明治一七（一八八四）年には、同じように谷戸坂通、山手本町通、富士見町、地蔵坂など二六の町名が街路に付けられている。山手の場合は、その起伏ある地形が反映されてのことか、坂道の名前が町名になっている場合が多い。

ところが、これらの町名はほとんど使われることはなかった。伊藤久子によると、明治三二（一八九九）年、条約改正にともなって居留地が撤廃される際に、町名についての議論が横浜市会で行われており、これらの町名が実際には使われていなかったため、居留地の地番をそのままに山下町と山手町にする案が可決された〔伊藤久子　二〇〇七〕。

このときの浅田徳則県知事は、従来の町名に相当こだわっていたようで、山下町と山手町は町名の「変更」ではなく「新設」として処理し、以前の町名はそのまま残すように指示するのであるが、その根拠が興味深い。従来の町名は「道路に付した」ものだからというのである。

のちに震災復興の区画整理事業では、町割りの方法として「路線式」と「街廓式」の二種類が基本とされるが〔横浜市 一九三二〕、この浅田知事の発言は、街路に町名を付す「路線式」と、街区全体に町名を付す「街廓式」との区別が、明治半ばの時点ではいまだ曖昧で、両者が共存しえたことを示している。実際に、町名として使われていないと言いながらも、居留地時代の町名の一部は、現在もバス停の名前などに名残りをとどめており〔伊藤泉美 二〇〇八a〕、人々の感覚には自然と溶け込んでいたことがうかがわれる。

そして、関東大震災後の昭和三（一九二八）年、町界町名地番整理が行われ、日本大通りは正式な町名として復活を遂げることとなった。先の方式でいう「路線式」にもとづいて町名が付けられたことで、旧外国人居留地のエリアだけではなく、通りの両側の街区を含めたひとつの町として、現在の日本大通りが誕生した。

おわりに——焦点のない軸

以上にみてきたように、近代都市計画の嚆矢とされるブラントンの設計で誕生した日本大通りは、その先駆性よりも特異性に着目することで、開港以来の都市建設のひとつの終着点として位置づけられるように思う。

関内の基軸—日本大通りはよくこのように表現されてきたが、その軸線とは、都市の二重構造を保障するための境界であり、海岸沿いの景観を作り出す軸線（海岸通り）でも、都市の活動の中心を作り出す軸線（本町通り）でもなかった。いうなれば、焦点のない軸線であった。

その焦点のない都市軸としての性格をよく示している二枚の写真を最後に紹介して、本章の締め括りとしたい。

図 12　明治期の日本大通り（横浜開港資料館所蔵）

図12は明治期の日本大通りを写したものである。通りの正面にあるのが、明治一八（一八八五）年に竣工した横浜税関の庁舎で、左右に翼部を突き出し、正面中央に六角形の塔屋を建てた典型的な明治期の官庁建築のスタイルである。この写真にあるとおり、日本大通りの行き着く先にはアイストップとしてこの税関の建物が建っていたが、関東大震災で倒壊してしまう。その後、税関は現在地へと移転し、昭和九（一九三四）年、クイーンの塔として知られるイスラム風の塔を頂く新庁舎が完成した。

一方、図13は震災復興期の日本大通りを写したものである。通りの右手には、手前から震災を生きぬいた三井物産横浜支店（明治四四年竣工、昭和二年増築）、その奥に横浜市商工奨励館（昭和四年竣工、現横浜市情報文化センター）、左手には手前から横浜地方裁判所（昭和五年竣工）、神奈川県庁舎（昭和三年竣工）と、現在も残っている建物の姿が写っており、日本大通りの景観の原点がこの震災復興期にあったことを伝えてくれる。

この写真では大通りの正面にはほとんど何も写っていない。都市計画の発想からすれば、見通しの効いた広い街路の先には、視線を受け止めるアイストップとしての存在を置きたくなるところであろう。しかし、大通りの左右に建っている建物は、通りの側に正面を向けているものの、そのパースペクティブの先には何もないのである。

実際には、小さな建物がひとつみえているが、日本大通りの突き当たりのT字路の部分には、昭和初期にスクラッ

図 13　震災復興期の日本大通り（横浜都市発展記念館所蔵）
出典）『第 20 回関東東北医師大会記念写真帖』（1930 年）

チタイルを貼った二階建ての小規模なオフィスビルが建ち並ぶことになる。しかし、震災前の税関庁舎のような、通りに立つ人々の視線を受け止めるに足る規模の建物は、今日まで建てられることはなかった。

　この景観上の違和感も、本章での議論をふまえれば当然のことといえよう。日本大通りがその大胆な街路幅に比して景観上の特色に乏しい理由は、元をたどれば防火帯として建設されたからにほかならない。当初から都市景観上のポテンシャルは存在していなかったのである。

　二〇〇八年、大通りの突き当たりに位置していた平屋の東西上屋倉庫（倉庫二棟と事務所棟一棟）が解体された。翌年の横浜開港一五〇周年を前に、横浜港の原点である「象の鼻地区」を再整備するにあたって、日本大通りから港への景観を確保するために採られた処置であった。同地区に残る最後の倉庫群として惜しむ声も多数あったが、現在の横浜では、海が見える公共空間が求められているのである。

　火災の延焼を防ぐための広小路から、横浜発展の礎となった港を見渡すための広小路へ。当初の機能から解放された日本大通りは、都市のなかでようやく新たな意味を担おうとしている。

（1）　復刻版が『横浜市史稿　附図』（横浜市役所、一九三二年）に収録されている。

（2）『かながわ考古学財団調査報告258　山下居留地遺跡』財団法人かながわ考古学財団、二〇一〇年
（3）以下、市街地拡張に関する記述は、斎藤の論考に多くを負っている。
（4）以下、「慶応の約書」の引用は和文・英文とも『神奈川県史　資料編15　近代・現代5』（神奈川県、一九七三年）による。

〔参考文献〕

伊藤泉美「二つの謎をさぐる――開港場建設と居留地整備にまつわるエピソード」『開港のひろば』第九九号、二〇〇八年a
――「中華街斜め考」『開港のひろば』第一〇〇号、二〇〇八年b
伊藤久子「日本大通り　明治初期からの関内の基軸」横浜開港資料館編『なか区　歴史の散歩道』神奈川新聞社、二〇〇七年
梅津章子『港都横浜の都市形成』至文堂、二〇〇五年
神奈川県立図書館編『神奈川県史料　第七巻　外務部二』神奈川県立図書館、一九七一年
斎藤多喜夫「横浜居留地の成立」『横浜と上海』横浜開港資料館、一九九五年
高村直助「一つ目沼埋立てと伊勢佐木町の誕生」『横浜市歴史博物館紀要』第一一号、二〇〇七年
田中祥夫「都市横浜の成立とその発展」『神奈川県建築史図説』社団法人神奈川県建築士会、一九六二年
――『ヨコハマ公園物語』中公新書、二〇〇〇年
西川武臣「横浜最初の都市計画」『開港のひろば』五八号、横浜開港資料館、一九九七年
宮本雅明「城なき城下町の展開――近代から考える」『国宝と歴史の旅5　城と城下町』朝日新聞社、二〇〇〇年、のちに「近代社会を拓いた在方町」として論文「象徴性と公共性の都市史――日本近世都市の歴史・空間・景観」に収録されている（『シリーズ都市・建築・歴史5　近世都市の成立』東京大学出版会、二〇〇五年）
村松伸『図説上海　モダン都市の一五〇年』河出書房新社、一九九八年
横浜開港資料館編『R・H・ブラントン――日本の灯台と横浜のまちづくりの父』横浜開港資料館、一九九一年
横浜市『横浜復興誌　第二編』横浜市役所、一九三二年
横浜市企画調整局編『港町・横浜の都市形成史』横浜市企画調整局、一九八一年

〔Ⅱ　考える〕

4　近代移行期の東京

松山　恵

はじめに

本章では、都市空間を複数のイデアによって編成されるシステムととらえ、明治中後期の東京の実態をいくつかのイデアの共在、相克の現れとして読み解く。近代への移行が都市江戸―東京に引き起こした問題群を掘り起こすとともに、それらの意味を現時点で可能なかぎり把握したい。

1　本章のねらい

高度成長にともなう都市化の進展が一九七〇年代以降、さまざまな研究分野を都市の歴史研究へと向かわせ、なかでも近代都市は現代が拠って立つ基盤として多くの関心を集めた。紙幅の都合から詳しく立ち入る余裕はないが、そこには二つの異なる問題意識―研究潮流がみてとれる。一つは都市を制度においてとらえる研究であり、もう一つは都市を民衆を中心にすえてとらえる研究である。

建築学からの取り組みでいえば、前者には藤森照信〔藤森　一九八二〕や石田頼房〔石田　二〇〇四〕に代表される都市計画史研究、後者には山口廣らの郊外住宅地〔山口編 一九八七〕、また初田亨の繁華街・盛り場研究〔初田 二〇〇四〕などが位置づけられる。とくに都市計画史研究は、公権力の主導する都市改造の制度が、西欧諸国からどのように輸入され受容されたかを明治期から現在まで跡づける重要な基礎を築いた。ただし、そこで検討されたのは計画や事業の立案までであって、計画が実践に移されるなかでいかに実体化されたかについては問われなかった。近代合理主義の計画理念（イデア）にもとづく都市空間の再編に注目するあまり、日本近代都市の実態や固有性の問題は抜け落ちてしまい、技術論をこえた都市計画の性格規定はこれまでほとんど行われていない。一方の郊外住宅地や繁華街研究は逆に、人びとの生活・生業の場をゆたかに描き出したものの、時を同じくして進んだ都市改造や社会組織の再編などとの関係は見いだされなかった。

多くの研究がこのような二つのベクトルのもと個別に進められてゆくなか、陣内秀信の空間類型論〔陣内 一九八五〕と鈴木博之の土地論〔鈴木 一九九九〕はそれら双方をつなぐ視点を有している。なかでも土地論は、土地やその所有形態を軸に、そこにかかわる人間や事象を重ね合わせて近代都市の歴史過程を描き出す。都市の開発行為そのものに重層的で多様なものを見いだす貴重な方法論的成果をあげた。ただし一方で、土地を枠組みとするがゆえに、複数の土地のあいだで形成される共同性や地域の問題などはとらえづらい。これは移行期に固有の課題かもしれないが、物質的な空間と社会集団的な領域が比較的一致していた近世都市の構造〔吉田 二〇〇一〕がどのように変化し、またそれが土地や建築の不動産化にどのような影響を与えたかについても考慮する必要があろう。

以上を念頭に、本章ではこれまで独立して語られてきた都市改造と生活の諸相との関係性をさぐるため、明治中後期に計画され具体化した「市区改正」にあらためて焦点をあてたい。まず改造の中心をなした道路整備の実状を確認したうえで、整備の理念と実践とのあいだに垣間みえるさまざまな都市イデアとヘゲモニー主体について検討する。改造が町並みに引き起こした現象を都市イデアの相克の現れとして読み解きながら、近代移行期における居住の基調

図1　大正初年，日本橋上空から北側の眺め

注）日本橋通り西側（写真左手）には三越百貨店をはじめ高層で大規模な建築が出現する一方，東側には近世来の技術にもとづく町家が依然として櫛比していた．筆者所蔵．

とその推移について論じたい。

一　理論と実践——市区改正計画の事業化について

写真（図1）は、大正初年と推定される、日本橋上空から北側一円をとらえたものである。中央を走る日本橋通りはこの数年前（明治四〇年―）、明暦の大火以来じつに約二五〇年ぶりとなる拡幅が行われ、一〇間から一五間へと拡がった。それにあわせて日本の道路網の起点である日本橋が木造から石造二連アーチ式へと架け替えられたことはよく知られていよう。

1　道路拡幅の実状

ところで、当時の日本橋通りについては次のような新聞記事（句読点筆者、以下同じ）を見いだせる。これはもともとは大火後に再建される建築の質の問題を取り上げるものであったが、近年の市区改正にともなう建築の更新にも大きな関心を寄せていた。

……数年前市区改正を行いたる日本橋通を見るも、改築せし西側に於て見る可き建築物は数多からず、間々ペンキ塗

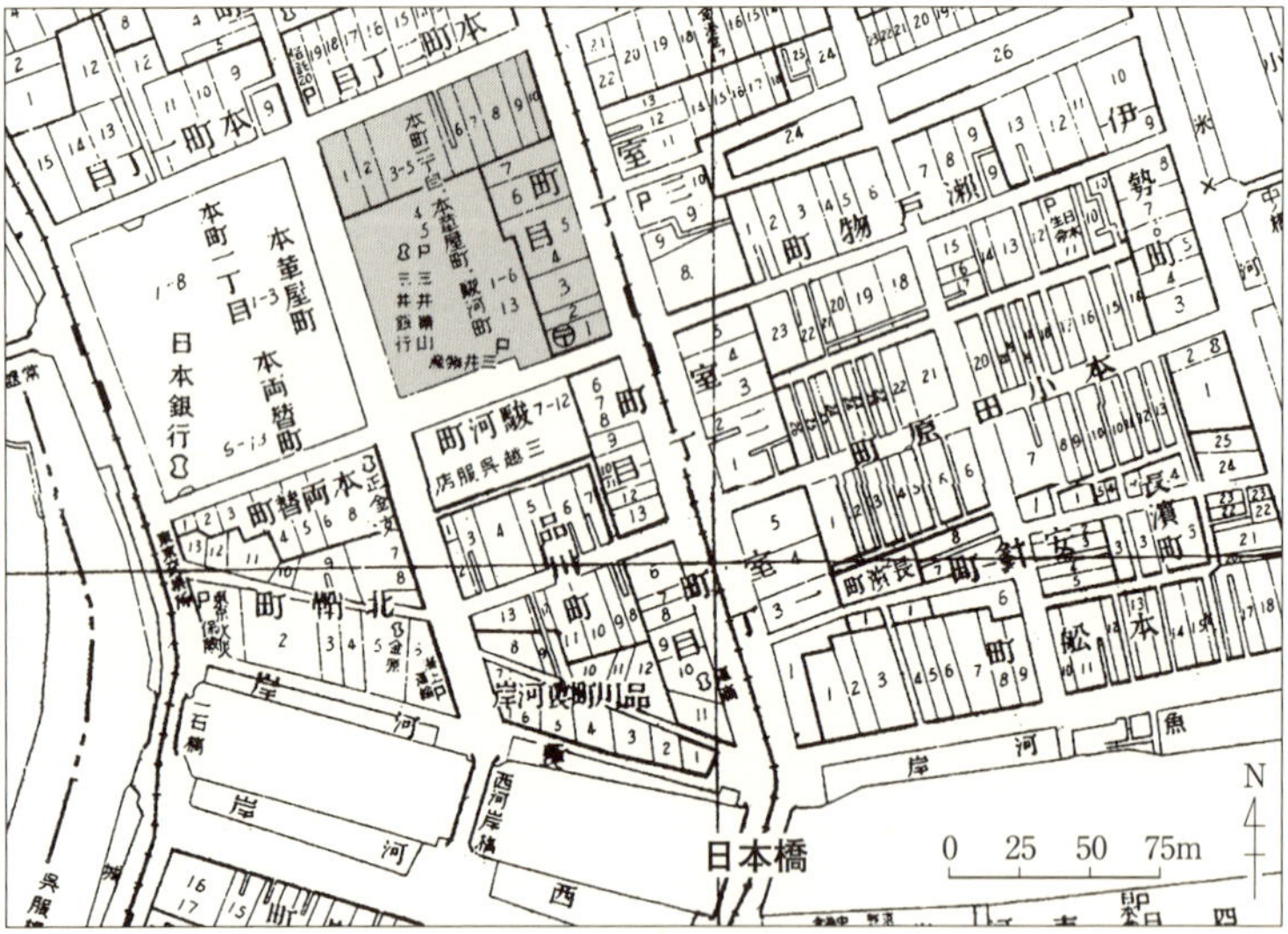

図2　日本橋北側の街区および敷地割りの様子

注）市区改正事業の道路拡幅にともない日本橋通り西側の街区が60間四方から縦長に変形したのがわかる．着色（筆者による）の部分は後掲図3の範囲に相当．明治44年「番町界入東京全図」『5千分の1江戸ー東京市街地図集成Ⅱ』柏書房，1990年．

り木造家屋の介在せるありて、東側に並べる旧来の塗家に比し寧ろ劣れるものすらあり。市区改正の如き何等災厄に依らざる改築に於てすら既に斯くの如き次第なるを以て、延焼の虞なき建築物の一般に現わるるの日は尚お遠し（『東京時事新報』大正二年三月二七日）

ここからまず確認したいのは、日本橋通りの拡幅（「改築」）が、その西側ばかりを対象に行われるものだった点である。単純な事実ながらこれまでほとんど注意されていない（図2）。また記事によれば拡幅の結果、通り両側の町並みや建築の質に大きな違いが生じていた。図1からもその様子はみてとれよう。西側には西欧の建築様式を取り入れた高層で大規模な建築が目立つ一方、東側にはほとんどが二層の蔵造りの町家がひしめき合っている。

日本橋通り沿いには江戸期をつうじて多くの両側町が存在し、もともと西側にも町家が建ち並んでいたことは近年見いだされた幕末の絵巻物「熙代勝覧」に詳しい。一般に通町筋と呼ばれる江戸で最も主要な街路性がある。

のひとつだったこの通り沿いの諸相が、市区改正にともなう道路拡幅をきっかけにその東西で大きく二分された可能性がある。

詳しくは後述するものの、市区改正の「計画」段階では、この日本橋通りに限らず、道路をどのように拡げるかは確定していなかった。しかし、設計の中身や毎年度の事業を決める権限を持つ市区改正委員会において拡幅の公共性が争点となり、さまざまな解釈のもと、場当たり的な対応がとられてゆく。

そして、ここ日本橋通りでは西側のみが拡げられることになる。それはどのような経緯や背景によって決められたのだろうか。まずはこの点を手がかりとしよう。

2　細部の読み替え

市区改正の計画理念については、冒頭でふれた藤森照信や石田頼房、また政治史からアプローチした御厨貴の研究〔御厨　一九八四〕に詳しい。

計画理念の移り変わりについて、たとえば藤森の整理によると、計画の背後には「中央市区論」「商都論」「帝都論」「機能的都市論」の四つの都市論が観察されるという〔藤森　一九九〇〕[(1)]。明治一〇年代はじめ、貧富分離の思想にもとづき都市の主要エリアを囲い込む東京府の計画（中央市区論）と、国際港を築くことでおもに湾岸沿いを商都として発展させたい経済界の構想（商都論）が芽を吹く。一〇年代後半にいたり、政府が府の意見書を取り上げて市区改正が正式にその緒についてからは、国家事業か自治事業かという対立が生じ、内務官僚らのイメージする首都としての権威性が重視されだす（帝都論）。あらためて市域全体が対象となり、さらには国土も視野に入れた道路配置や西欧都市に範をとる記念碑的な都市施設の建設が立案された。しかし、軍備増強を唱える元老院および官庁集中を独自に目論む大蔵省との覇権争いのなかで計画は翻弄され、その過程において建築がらみの内容はほとんどが消え、交通体系の整備へと収斂する（機能的都市論）。このような流れを経て明治二一（一八八八）年には東京市区改正条例が公布されて事業は緒につくが、財政難からなかなか進捗せず、一部内容を変更しながら大正七（一九一八）年にその終了をみた。

さて、先行研究では都市の「計画」に主たる関心があったから、具体的な検討は市区改正条例が発布されるまでの時期に集中し、その後三〇年近くにわたる実際の事業については計画と比べて何が実現し、あるいはしなかったかが問われる程度であった。たしかに目に見える成果といえば道路の新設と拡幅、市街鉄道や上水道の敷設ぐらいであって、最後に残った「機能的都市論」にもとづく整備にほとんどのエネルギーが費やされてしまったのは間違いない。

しかし、結論を一部先取りすることになるが、三〇年におよんだ事業のなかでは、そういった機能性を追求する構想をも換骨奪胎するような動きが生じていた。それまでの計画はいくつかの異なる理念を背景にバラエティーに富むものではあったが、いずれも鳥瞰的なグランドデザインの域を出ていなかった。いざそれが現実の都市へと着地させられるとき、一つ一つの改変の持つ意味が、事業を進める側はもちろん、それ以外からも多様に発見されるようになる。

机上の計画がどのようなプロセスを経て具体化されたかを、以下、詳しく見ていくことにしよう。市区改正条例にもとづき、内務省には市区改正の設計や毎年度の事業を定める市区改正委員会（以下、委員会と記す）が設けられた。中央官省および警視庁・東京府のほか、東京商工会や東京府区部会からも代表が出され、これに実質的な設計を担った内務省の技師が加わる。議事録（「東京市区改正委員会議事録」全二八五号。以下号数のみ記す）によると、道路の設計については既存の幹線を活かしながらも、それぞれの形状は「東京全市ノ人ガ便利ヲ得ル」ために「曲リタル道」は「真直」への改変が企図されていた（五六号、二八一号）。都市域全体の利便性を高めることが、計画段階にひきつづき最も重視された。その一方で、委員会の設置当初から、また正式に告示された最初の計画である「旧設計」を議定したのちも、道路に関する論争は続く。道路を改正するにしても、どのように拡げるかの問題である。委員会では、内務省の技師らの作成した原案をあらかじめ数名の常務委員が審査したうえで全体に提出、議定するという手順をとる（二七九号）。たたき台づくりを行う常務委員レベルでどのような議論が行われていたかは、もはや史料的な限界から定かでない。ただし、それを受けた委員会でのやり取りをみると、とくに初期に提出されたものは確固とした考えもなく道路の両側をひとしく拡げるよう図示されていたようである。巨視的な計画を実地に移す限界がここにひとつ現れているが、委員会では「図面ハ左右ニ拡ムルコトニナリ居レトモ、実施ニ臨メハ西ニ向テ拡ムル方得策」（三号）といった発言が頻発することになる。

さらに、ほかの都市政策との整合性についても早くから論議を呼ぶ。明治初年に新政府の恩恵と示威の象徴として造られた銀座煉瓦街も、計画（旧設計）のままでは最低でも目抜き通り沿いのどちらか一面を取り壊さねばならず、委員からも「武断政治」との批判が出た（二一号）。さらに深刻だったのは明治一四（一八八一）年に東京府が公布したいわゆる東京防火令によって民間に建て替えさせたばかりの建築の問題である（七八号）。この法令にもとづき旧江戸城外堀の内側にあるほぼすべての建築の屋根が不燃物へと葺き替えられ、主要街路や運河沿いについては建築全体が蔵造りなどに建て替えられていた。いくら既存の幹線を活かした道路体系になっているとはいえ、拡幅にあたってこれらの排除は一定度、避けられない。人びとの反発は必至であり、対応を誤れば事業の進捗はもちろん、内政への影響も出かねない。

このような単純な事実関係や予測される問題についても計画段階では十分には認識されていなかったのだろう。道路をどのように拡げるかが委員会の席上、にわかに喫緊の論点として浮かび上がる。諸官庁の役人や技術者だけでなく、商工会や東京府区部会のメンバーも含まれる委員会が、道路の拡幅という細部への関わりをつうじ、計画を都市の実態に見合うものへと変換する機能を持つようになるのである。

委員会は拡幅の問題を俎上にのせたが、しかしながら、それを判断するための明確な基準があったわけではない。事業の公共性をめぐり、大きく二つの意見が対立した。

一つ目は、おもに財政の観点から片側のみの拡幅を主張する意見である。両側を拡げると地価の高い部分（表地）を比較的多く補償の対象とせねばならず、片方（表地と裏地）のみが得策と考えられた（二六三号）。事業に当てられる一般の負担（特別税）を低く抑えられ、また真偽のほどは定かでないが、両側を拡幅するよりも片側のみの方が比較的少数の人びとの迷惑だけですみ、理に適っているとされた（二六三号）。

もう一方の両側拡張派は、片側のみを取り拡げるのは通りの左右で「幸」・「不幸」を分けてしまい、公共事業として「実ニ偏頗ノ処置」ではないかというものである（一二号）。両側町を形成しているところでは片側の商家がいったんすべて失われることで、周辺一帯も零落してしまう危険性も唱えられた。

市区改正事業の公共性を、前者は事業費用や補償対象者の数から定量的に評価しようとしており、一方後者は受益・非受益のバランス、また地域社会の安定といった観点から問題としている。このような意見は事業期間をつうじて散見され、議論は平行線をたどった。拡幅のあり方は場当たり的に決められてゆく。

ただし実施例から判断すると、ほとんどが「随分費用を要する」（一二号）などの経済的理由で片側のみが選ばれており、両側が取り拡げられたケースは小川町から神保町にかけての路線の一部（四号）や新々大橋より西森下方面（二二九号）などの数例に限られる。それも、たとえば新々大橋のケースでは「専ら道路の体裁を保つが為」であったように、対象地域への配慮などからではなかった。

都市域全体の利便性を高める当初の理念を、限られた予算で具体化するという制約のなかで細部は処理されることになり、事実上、片側のみの拡幅が既定路線となってゆく。

では、事例ごとに判断されるにしろ、どのような手順を経て拡幅する方向は決められたのだろうか。片側拡幅の背景について議事録を注意深くみてゆくと、じつは、事業費の一部負担を梃子に、地域の側が委員会の判断をあらかじめ拘束するような動きに出ていた様子が浮かび上がってくる。

たとえば日本銀行は明治二八（一八九五）年、本店建設を進める本革屋町筋の所有地の一部、三〇〇坪あまりを「寄附道路」に出願し、さらにそこに位置する建物の移転料も負担するとの申し出を行った（一一八号）。これを受けて委員会では、寄附のあった部分のみならず、それにつらなる本革屋町や金吹屋町筋もすべてその向き（西側）へ拡幅することに決している。このような行為は公権力と関係の深い主体ばかりでなく、たとえば淡路町通り沿いでは「土地居住者」が寄付金を差し出すことで拡幅を誘導している（一八七号）。さらに上二番町では三井が、みずからの地所に対し、あらかじめ「市区改正を予期し建物を引込め」た造作を行っていたのを尊重するようなかたちで、早期に拡幅が決まった（一〇四号）。市区改正事業における道路の拡幅には地域の側の論理、なかでも土地所有者の意図が深くからむ余地があったのである。

このような地主らのかかわりは、じつのところ拡幅にとどまらず、旧設計や新設計などの道路計画そのものにも影響を及ぼしていた。本章の趣旨からは外れるため詳細は別の機会にゆずるが、ちょうど専用住宅地として開発の進む矢来町あたりの道路については委員会が「寄附アルヲ斟酌」した結果、あらたに設計に追加・施行されている（二六六号）。また必要性の低い路線（等外道路など）が、ひとえに「地主等カ、地所ヲ寄附スルノ便利アル」をもって「開設」を許したケースも多々あったらしい（七八号）。

考えてみれば、さきの日本銀行や三井の土地が面する道路も等級としては四・五等であり、計画の根底にあった都市の効率化を図るための主要な幹線とはいいがたい。しかしながら、財政難がつづくなか、寄附などの見込める路線は着手しやすく、特定の地主の意向にもとづく拡幅が優先的に施行されてゆく。それは別の見方からすれば、限られた予算と時間がある程度そちらに割かれてしまい本来の道路計画は体系的には実現されないという、なかば本末転倒の事態であった。

市区改正事業には、都市の機能化を図る当初の計画理念のみならず、事業の公共性を定量的に把握しようとする発想と、とくに道路整備をなにかしら自己に都合のよいように利用する地主らの思惑が見え隠れしているのである。

二　資本がつくる空間——町から街区へ

日本橋通りが西側へと拡げられたことはさきに述べたが、それはどのような経緯で決まったのだろうか。議事録からうかがえた、拡幅のあり方を左右する地主らの働きかけについて、その背後にある理想にせまってみたい。

1　拡幅はいつ決まったか

北は交通の要所である万世橋広場、南は銀座煉瓦街や新橋駅へとつづく日本橋通りは江戸以来の主要街路であるがゆえ、当初から拡幅の必要性がさけばれつつも、ここだけで財源の大半を用地買収などに費やしてしまう恐れからなかなか実施されなかった。

拡幅が正式に決まったのは明治三六(一九〇三)年。比較的等級の低い路線をのぞけばほとんど具体的な成果があがらないなか、事業開始から十数年を経たこの年、最低限やらなければならない項目だけが選ばれ、いわゆる「新設計」が企図された。この第一等道路第二類の筆頭に日本橋通りはとうとう入れられた。委員会ではこの際、原案作りにかかわらなかった委員から、新設計策定のなかで日本橋通りは西側へ拡げる方針に決まったことが、わざわざ確認されている(一九三号)。しかしながら、このような公式の決定をはるか以前より予期していたかのような興味深い史料を見いだせるのである。

明治二九(一八九六)年に三井が作成した駿河町界隈の図面からは、八年後の新設計で拡幅ラインとなる西側五間のところに、すでに線が引かれていたことがわかる(図3)。

この五間という幅については少々説明が必要だろう。従来一〇間の幅員だった日本橋通りは当初、二〇間に拡げる案(芳川案)もあったが、それでは非常に多くの町家を撤去させねばならず賠償額も高くつくため、事業が開始されてまもなく一五間とする方針に変わっていた。つまり新設計の時点ではもちろん、図3が作成された明治二〇年代後半には、すでに拡幅が五間で足りることは明らかであった。そして、さきに指摘したようにその拡げ方については、両側とするか片側とするか、また片側にするにしても東西のどちらにするかは、少なくとも常務委員(この場合、新設計に向けた特別委員)レベルの議論を経て決まるはずだった。

しかし三井はその一〇年近くも前に、両側ではなく片側の拡幅を、しかも東ではなく西が取り拡げられるのを見越していたことになるのである。

2　再編の磁場――拡幅を規定する資本の動き

三井がなぜこのような判断を行えたかを考えるとき、おのずと注目されるのは益田孝の存在だろう。三井の大番頭である彼は、じつは新設計を策定した一五名の特別委員に選出されており(一九三号)、元をたどれば明治一〇年代の頃から渋沢栄一とともに経済界を代表する委員として、市区改正計画の立案および事業化のどちらにも深くたずさわった。さきの図3が調製されたのは、まさにこの間のことである。

日本橋通りに関する議論のゆくえを終始見きわめられたばかりでなく、新設計をとりまとめる立場にさえ益田は就いていた。先行した三井の判断と、その後まったく同じ内容に決まる公式の見解とのあいだに、なんらかの因果関係を想定するのはそう無理なことではないだろう。さきに紹介した上二番町における三井の振る舞いを思えば、なおさ

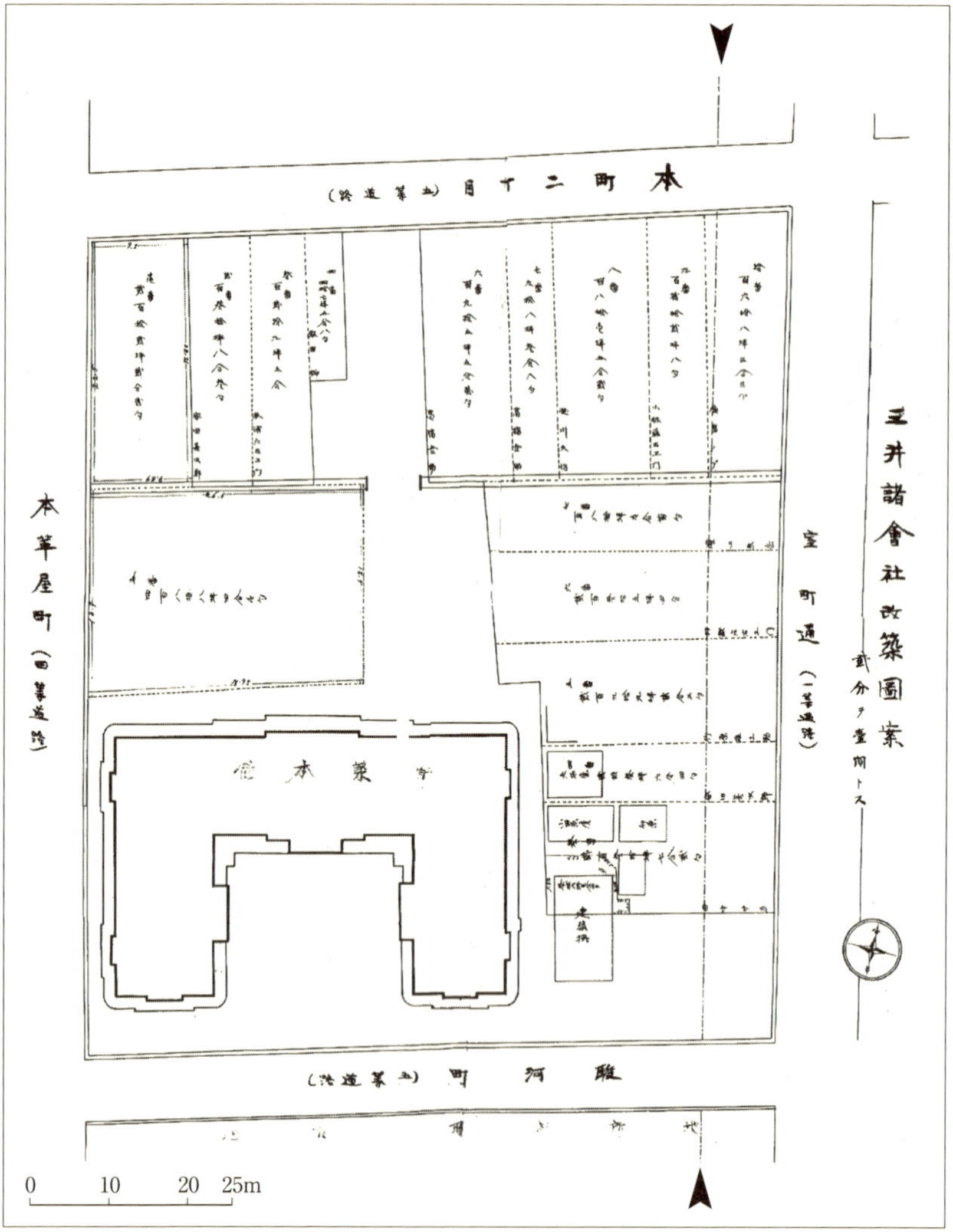

図3　明治29（1896）年「三井諸会社改築図案」（矢印と縮尺は筆者による）

注）　矢印にはさまれるあたりに，日本橋通り西側を5間けずるように引かれた線がみてとれる．当該地域の位置については図2を参照．三井文庫所蔵，追1389.

らその感は強い。

私見の限りでは、三井側の史料のなかで日本橋通りの拡幅をもっとも早くに表す図3は、正確には「三井諸会社改築図案」という。これは、図中左下にみえる横河民輔が設計した日本初の本格的鉄骨造建築である初代三井本館（以下、旧本館）の建設に向け、一帯の測量なども行われたのち、明治二九（一八九六）年五月に三井家同族会で報告された図案と判断できる。(2)

旧本館の建設が本格化したのは明治二七年四月に三井高保が同族会において提起してからだが、そもそもの発端はさらにその前年に益田が行った次の提言（一部）であった。

……今ヤ比隣ニ、日本銀行工正ニ央ニシテ、丸ノ内ニハ三菱社建築等工事日ニ進ミ、今明一両年ニシテ壮麗ナル建築等益々数ヲ増シ来ラバ、曽テ東都ノ一名観タリシ駿河町家屋ハ注視スルモノナキニ至ラン。然レ共、単ニ前述ノ如ク序シ来シバ徒ニ軽薄的ニ外観ヲ装フテ卋ニ衒ハントスルノ誹アル可シ余、豈ニ此ノ如キヲ望マンヤ、偏ニ改築ノ実益アルヲ信テナリ(3)

駿河町のすぐ西側（本両替町・本革屋町・本町一丁目）においては日本銀行による、また三井もその所有をめざしながら競り負けた丸ノ内の地においては三菱による開発が進み、一両年中には壮大な建築が相次いで誕生することに、益田は危機感を募らせている。なかでも丸ノ内の開発は、三井物産も位置する兜町からビジネスセンターの地位を奪うものであり、しかもそれは元はといえば渋沢とともにかつて主張した計画（いわゆる審査会案）が挫折したことにちなむ。明治初年に造られた和洋折衷形式の「駿河町家屋」（為換バンク三井組）でもそれらの偉容には太刀打ちできない。

そういった焦りや対抗意識を抱きつつ、ここで益田は駿河町家屋の「改築」を提案するが、しかしそれはふたたび衆目を集めるためではない。江戸東京における事実上の創業の地・駿河町を拠点に、三井のおもだった事業「三井銀行、三井物産会社、三井鉱山会社ト三井組ノ冠称三井家事業」を集積させるという、経営基盤の再構築に主眼を置いていたのである。

明治二〇年代半ばというのは、幕末維新の動乱や緊縮財政にともなう経営悪化を経て、三井が三菱とともに本格的な資本蓄積に入った時期である〔石井 一九九七〕。松方財政のもと明治二二(一八八九)年には三池炭坑を手に入れるなど三井の事業は多角化をたどるも、その体制には近世以来の必ずしも効率的とはいえない仕組みが存続する、そういった時代であった。たとえば益田の提言と同じ明治二六(一八九三)年には、東京に所有する地所の管理や賃料徴収をめぐり、幕府の町方支配とも関連してそれまで地域に根ざす差配人（家守）を介在させていたのを、直営の差配所を新設して集中的に行うシステムへの転換が図られている〔粕谷 二〇〇二〕。この頃から、私有財産としての土地から多くの利益を得ることが本格的に追求されだす。

三井は日本の資本主義化を牽引する一方で、しかしそれを推進するための拠点づくりは比較的遅れをとった。前掲の家業は駿河町や兜町、北島町などに散在し、またそれぞれの必要とする空間も日を追うごとに膨らんでさまざまな不便が生じていた(4)。兜町のさらなるビジネスセンター化が頓挫した今、これらを集積させられる巨大空間をつくりだすことは急務であり、それこそが益田の狙いだった。

以上のような理想を体現する旧本館は、日本橋通りに接しないまでも、通り沿いにはそれに付随する車庫などが立地したほか高層貸事務所ビルの計画もあり（ただし実現せず）、駿河町一帯の開発と通りの拡幅とは不可分の関係にある。さきの図3は、この両者の整合性が、三井側のイニシアチブによって図られていったことを端的に示す。

ここで注目しておきたいのは、通り沿いには三井の所有地が以前より二筆存在していた点である（後掲図4）。のちの拡幅の際にこれらの該当部分が寄附されたか買収されたかは、議事録や三井側の史料からも定かでない。しかし、きわめて重要な駿河町一帯の地所を多少ならずとも手放す前提で開発が企図されていることを考えると、それを失ってまでも図3にあるような事業を実現させたい、三井の強い意志を認めることが可能だろう。旧本館は、日本橋通りの事業が決定される以前の明治三五(一九〇二)年には、すでに完成していたのである。

考えてみれば、市区改正が計画され施行されだすのは、政商が財閥へと転換する時期でもあった。官業払い下げなどを受けてそれらは多角化すると同時に、緊縮財政下で政府の保護は縮少しており、ある程度自力で成長できる経営基盤を構築していかねばならなかった。

従来の研究では、商業都市化の流れ(審査会案)が内務省系の案(旧設計・新設計)に否定されたことの断絶性を重視するあまり、市区改正への資本家のかかわりは、新設計時の市街鉄道整備をのぞけば、ほぼ等閑視されてきたといえる。しかし事業の財政難を前に、地主らは所有地の寄附行為などをつうじて、また三井の場合は益田が審議委員に列する機会をも有したことで、改正の中心である道路計画をみずからの都合にあわせて修正する余地があったと考えられる。

現時点では多くの材料を得ず、彼らが地所の一部を積極的に手放すことの狙いが何なのかは精査する必要がある。進捗しない都市改造に対する資本家としての貢献なのか、それとも道路用地買い上げの賠償金を当て込んだのか、現時点では定かでない。ただし日本橋通りについていえば、三井が、先行した三菱の丸ノ内開発などを意識しつつ、資本主義化にともない肥大化・膨大化する業務空間の拡大に対処するために乗り出した駿河町一帯の開発が、西側への拡幅をあらかじめ決めてしまった要因だったように考えられるのである。

三井が推し進めた駿河町一帯の開発は、旧本館の周囲ばかりでなく、駿河町ほか三町で構成される街区全体のあり方、さらには周辺地域の空間や社会にも多大な影響を与えた。三井のなかでも駿河町あたりを所有した三井合名会社の地所史料が未公開のため詳しくは追えないが、開発によってどのような変化が起きたかをいくつか確認しておこう。

三井は旧本館の建設と同じ時期、同族会において「駿河町全部ヲ三井家所有ニ可致」との評議を行い、町内で唯一他人の所有になっていた九番地（図4の①の位置）の買収に乗り出す(5)。ただし同時に、近世来の道路を軸に線形に展開する両側町の枠を越えて、あらたに求心的な街区をつくるような動きにも出ていた。

町域を越えた街区の北端に位置する本町二丁目五番地（同②）は、益田の提言が行われた明治二六（一八九三）年以降に取得されたものであった。ここには下宿屋や私立小学校（尋常小学代用校）を営む八名の借地人と二名の借家人がいたが、後述のように移転料などをめぐる紛擾によって予定より半年近くずれ込んだものの、すべて排除された。三井は買収した地借の家屋を、それまで木材価格の高騰によって貸家を建てられずにいた表神保町に移築し、ここにはもっぱら旧本館への動線と建設に必要な施設を配置した(6)。この結果、本町二丁目の町並みには隙間が生じ、またそれまで街区の裏側にはりめぐらされていたであろう住民たちの生活動線〔北園 一九七八〕はすべて失われたと考えられる。

また三井は旧本館の建設には直接にはかかわらない街区内部の土地の買収にも早くから乗り出している。旧本館建設のかたわら、着工と同時期に本町二丁目一番地（同③）が「将来建築上ノ御都合モ宜敷(7)」として、また遅くとも着工の翌年には「（旧本館とは別の）三井各商店新築敷地ニ充ツルノ目的ヲ以テ(8)」旧本館すぐ北側の日本橋区常磐小学校（同④）が地上げされた。後者の買収については校舎の狭さに苦慮する相手方からの発意という見方もあるが〔石田 一九九五〕、周辺の建築を買い上げるなどして拡張につとめていた学校側にそれ以上の努力を諦めさせたのは三井の開発である。それを取り囲む地所のほとんどを旧本館建設の前後から、三井は精力的に買い占めていた（図4）。史料の制約から詳細は不明だが、並行して室町や本町二丁目の地所も複数手に入れられているのがわかる。

三井内部では、これらの地所を一括・統合して「公ケノ届出書類ノ外ハ便宜上、都テ駿河町一番地ヲ称スル事ニ定メタ」という(9)（図4の太枠内）。通りの両側で町を形成する近世町人地の成り立ちをこえて、旧本館を核とする街区が生み出されてゆく。震災までには旧本館にくわえ第二・三号館、三井鉱山の仮事務所なども建設された。また本章では扱えなかったが、駿河町南側の街区でも同様に、三井の呉服部門であった三越が既存の町家をのみ込むかたちで百貨店を出現させた（前掲図1）。

『日本橋区史』によると、これらの開発の前後で、当該街区をのぞく地域ではほとんど戸数に変動がないか増加しているところが多い一方で、駿河町のそれは一〇分の一、本革屋町および本町二丁目はどちらも約四分の一へと激減した。開発が直接に住空間を破壊してしまったことにくわえてそれまで駿河町内の貸家や建築の二階などに住んでいた三井の奉公人までもが郊外へと集団移住した結果であった（図5）。

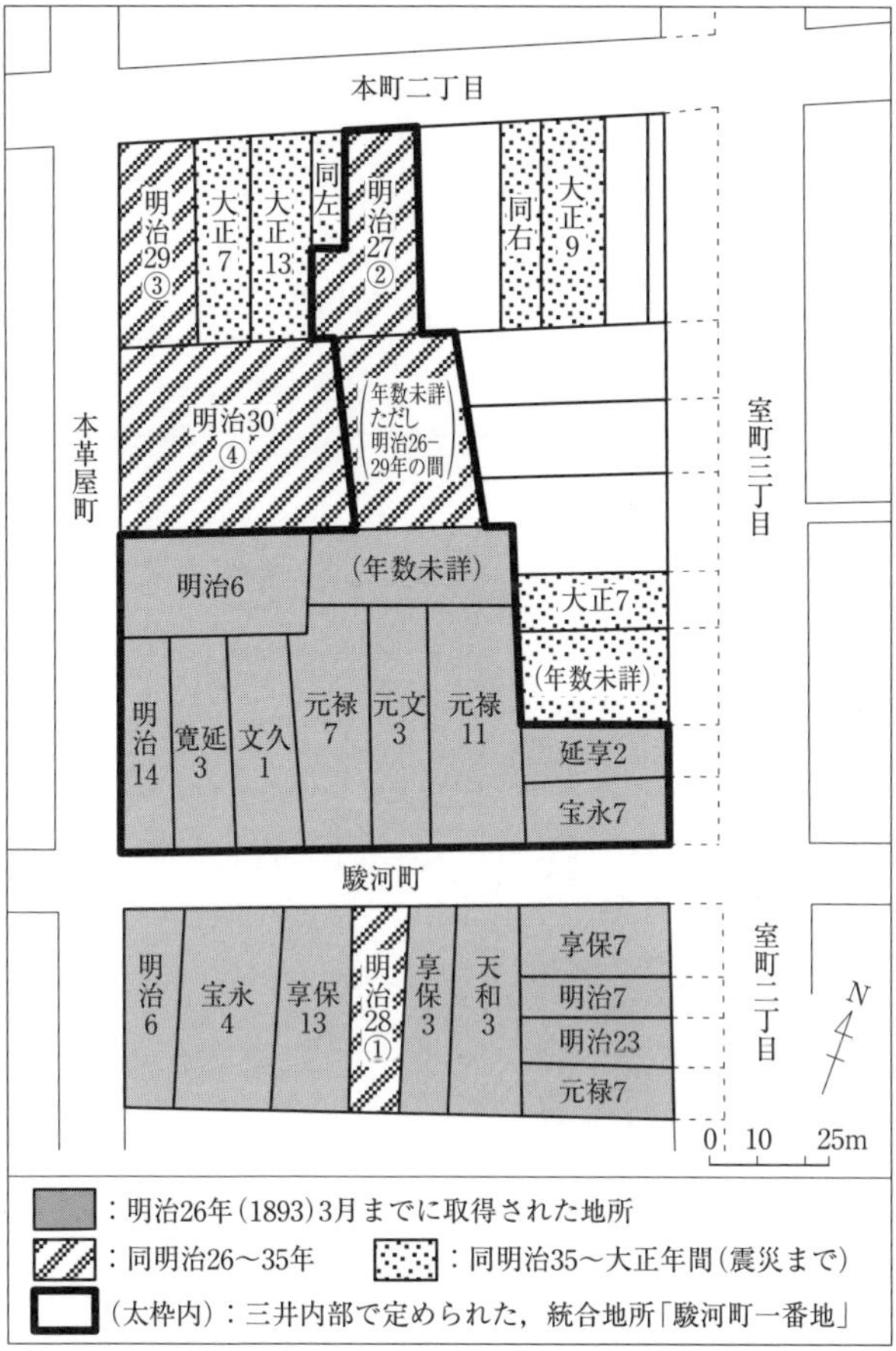

図4　駿河町一帯における三井の土地集積過程（年数は取得年）

注）　三井本館（旧本館）建設への提言が行われた明治26年を境に，建設には直接かかわらない本革屋町や本町2丁目，室町3丁目の地所までもが多数取得されたのがわかる．駿河町と上記3カ町で構成される街区で震災までに三井が取得していない地所は6筆のみとなった．なお本図の基図は，市区改正事業で収用されたところを示す点線の表現を含め「三井本館新築記録」（後掲注9）による．このほか取得時期の確定には「日本橋区北所有地所位置略図」（三井文庫所蔵，別2561-12），「従明治廿六年一月重役寄会議案」（同，追1672），および後掲注5・7・8を用いた．

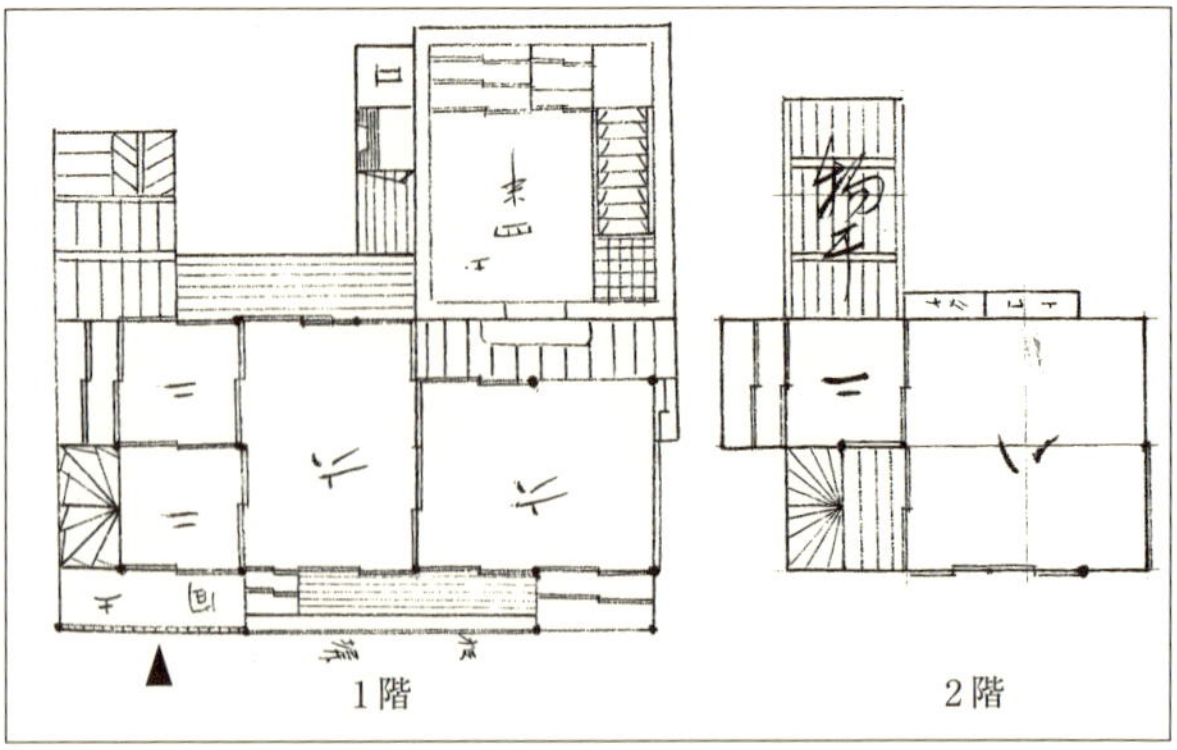

図5　買収された家屋（地借建築）

注）開発対象地域においてどのような生活が営まれていたかは全般的に史料が乏しいなか，家屋の平面が知れる珍しい事例（三井文庫所蔵史料，別1889）．駿河町北西角の1番地に位置した．当番地には6世帯が営んでおり，ミセ部分がなく2階にトコを備えた座敷を持つなどの特徴から「下方指南」あるいは「医者（士族）」の住居である可能性が高い（同，続148）．

三　まちのゆくえ

ここからは、日本橋通り沿いで営まれていた人びとの日常に焦点をあてる。彼らが、以上みてきた市区改正事業や三井の開発といかに対峙し、その相克のなかでどのような都市空間が生み出されていったかを明らかにしたい。

1　土蔵造りの基盤

明治維新を機に、江戸―東京の七割を占めた武家地の多くは収用されるも、町人地については幕藩体制下で実質進行していた占有権がそのまま所有権へと公認されるものとなったから、従前の利用関係は基本的に保持された。むろん幕末維新の変動によるとくに商人層の入れ替わりはある程度想定されるものの、残念ながら現時点では材料を得ない。ただし場の利用や所有という観点からすれば、そういった変動も既存の構造を大きく変えてしまうようなものではなかったようにも思われる。

明治一四（一八八一）年の東京防火令は、中心部の旧町人地エリアに維新以降、公権力がはじめて大々的に手を加えるものとなった。これは、日本橋通りをはじめとする日本橋・京橋・神田三区の主要街路および堀沿いに二二本の防火路線を設定し、それに沿う建物すべての不燃造化（煉瓦造、土蔵造、石造）を定めるもので（図6）、伊勢松阪出身の

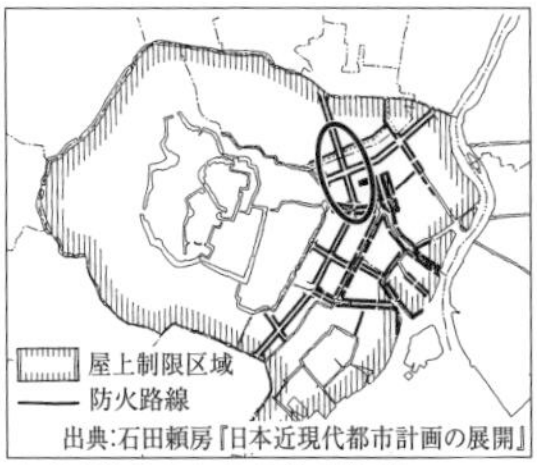

▲東京防火令による防火路線
（楕円内が下図の範囲に相当）

❶時計類　大野徳三郎

❷舶来和製諸草類問屋　辻孝助

❸骨董中道具書画商　大坂屋

❹薬種問屋　林太右衛門

❺青物商　曾津屋

❻水産物問屋　室伏治郎兵衛

❼陶器問屋　西浦本店

❽呉服唐物商　大黒屋

❾舶来織物商　仲屋

❿足袋類股引類卸　桐ケ谷定吉

⓬呉服店　越後屋

⓫諸国産文庫類　大坂屋

図6　防火路線指定で日本橋通り沿いに新築された店蔵事例

注）『東京商工博覧絵』（本章では復刻版の『明治期銅板画東京博覧図』湘南堂書店，1987年を参照）所収の店舗広告のうち，日本橋－今川橋間に位置するものをすべて抜き出した．明治11年「東京地主案内」（国会図書館所蔵）との対照からは，12番越後屋（三井）のほかはいずれも地借と考えられる．各経営実態についてはひとえに今後の課題であるが，通りの左右に，明治後期に顕在化するような町並みの差異（後述）は認められない．

紙卸問屋で近世初期よりつづく小津商店などは店蔵の新築に金六五六〇円を投下している（『中央区旧家所蔵文書』）。建て替えを行わなければ既存建物の強制解体も辞さないなど、住民らにきわめて大きな負担を強いた。

ただし、今回あらためてどのような人びとが事業推進の実質であったかを調べてみると、たとえば明治一四（一八八一）年に本町通りで新築された家屋一五棟の担い手のうち、地主はたった一名で、残りはすべて地借であったことが明らかとなる。(10)

つまりこの時点においては依然、近世江戸町人地における「表地借裏店借」（玉井 一九七七）の空間構成が受け継がれていた可能性が高い。幕末の江戸町方は三井をはじめとした大店による町屋敷の集積などにともない、本来主人公であるはずの家持（居付地主）の比重が三％以下にまで低下し（吉田 一九九一）、町屋敷の多くが二元構造を呈していた。具体的には通りから奥行五間までの「表地」部分はもっぱら借地に出され、そこには常設的な売り場を持つ町家の商人社会が展開し、それより裏側（裏地）には売り場の所有などの叶わない手間取りや行商をする人びととの生活に特化した空間が形成された。この構造は事実上、明治一〇年代中頃まで大きな変化なく、防火令は従前表地を中心に町家をかまえていた地借の資本に依存しながら達成されるものだったといえよう。

明治一八（一八八五）年刊行『東京商工博覧絵』にはそういった新店舗が多数含まれる（図6）。これらは宣伝のために店側が発注したもので、現存する日本橋区内の博覧絵九三軒のうち九割強が地借で、またほとんどが問屋や仲買であった（松山 二〇〇六）。次項で述べる展開からすると、これらが当時広告媒体として流行したことはたいへん興味深い事実といえよう。画面にはさまざまな情報が詰め込まれてはいるものの、大半を占めるのは品物や売り場の様式でもなく、新築・改修されたばかりの店舗の姿である。そこでは落ち着きのある黒漆喰壁の土蔵に、さらに重々しい屋根瓦・鬼瓦をのせた重厚さが存分にアピールされている。このとき土蔵造りの建築は、それ自体が、商家の経営状態や信頼性、未来における発展性のメタファーであった。

2　イデアの相克

防火令では煉瓦蔵や石造も推奨されたにもかかわらず、現実には伝統的な技術にもとづく土蔵造りの町家ばかりが出現し、またそれは江戸町人地の空間構成を受け継ぐものだった。しかしじつのところ、これらはわずか二〇年ほどのうちに急速に姿を消してゆくことになるのである（後述）。

このような経過がたどられる下地は防火令以前からある程度作られはじめていた。天保改革以来の地代・店賃の統制が地租改正に並行して明治五（一八七二）年八月解除され、また従前幕府の行政支配の末端を担い借地人の選定などにも影響力を持った家守が制度上その性格を奪われる〔森田 二〇〇七〕。それまで「期限ノ如キハ予約セサルヲ例ト」し、つまり公権力や家守らのかかわりのもと年限もとくに定めず、貸借関係が一〇〇年以上およぶことも一般的だった江戸―東京の土地利用は、地主がこの時期国税の中心に位置づけられた地租負担などを盾に「擅《ほしいまま》ニ地代ヲ動スノ弊」にさらされるようになる。[11] さらに、地所を投資対象とみなす社会通念が松方デフレとともに醸成されだす。

防火令が達せられたのはほぼ同じ頃であったが、ただしこの時点では先述のように地借が多くの資金を費やしながら新築を行っており、東京中心部の居住のあり方にはまだそう大きな変化は訪れていなかったとみてよい。

この背景として、近世日本を代表する地縁的な共同体だった「町」がある程度その性格を保っていたことが考えられる。明治二〇（一八八七）年頃の東京では、「町内々々にて中合せの上、此区分方（地所内部における表地・裏地の区分や各地代―筆者注）を一定し、地主の勝手に任せ」なかったという（『朝野新聞』明治二〇年六月二二日）。また町規の残る四谷地域の例ではあるが、地主や差配人（かつての家守層）が町運営の中心を担うべきであるとの規範が持続すると同時に、それは表店商人たちの同意を得て成立するものだったことが指摘されている〔大岡 二〇〇六〕。この時点（明治二〇年代初頭）では依然として町がその内部のあり方を規定するユニットとして機能していたものと推測される。

ところが、市区改正事業は、以上のような場の利用や所有をめぐる人びとの関係や慣習を打ち崩す、一大転機となる。その道路拡幅が地借の商人社会が展開する表地部分、とくに中心部では防火令で建て替えられた土蔵造りの立地するところをすっかりそぎ取るような格好になったのである。あらたな敷地境界へと建物を曳屋できれば問題ないが、それは地所を投資対象とみなす地主（多くは不在地主）が容易には許さない。むしろ地借らに大幅な地代上昇を認めさせ、またそれに従わない場合には貸借関係をそのまま解消して追い出す、絶好の機会とみなされた。このような現象は当時、中心部の老舗が突然「祖先伝来所有せし土蔵家屋をこぼ」ち長年の営業地を追われる様子から「地震売買」と呼ばれ[12]、その数は明治三九―四一（一九〇六―〇八）年東京地方裁判所管内だけでも三九二件にのぼった（『法律新聞』明治四二年二月一〇日）。

後掲の史料は、道路拡幅から間もなくの日本橋通り沿いを描写した建築家・田邊淳吉のリポートの一部である。ここからは市区改正事業が「地震売買」を頻発させ、住民側は建築への資本投下を避けるようになり、従前の土蔵造りなどに代わって安普請の西洋風の建築が不揃いに増殖していった様子がみてとれる（図7）。従来このリポートの解釈をめぐり、こういった西洋風建築については商人側の内発的な努力の結果という見方もなされてきた（初田 二〇〇四）。しかしそれは従来の営業者に代わって短年で収益を上げるような業態の人びとが新規参入した結果である可能性が高い。冒頭でみた図1があらわす東西の町並みの差異――東側には西欧風の建築は少ない――は、このことを如実に物語っているように思われる。

謂ゆる地震売買と云ふことが此東京市区改正に際しては随分盛んに行はれたさうでございます、中には地震屋とか云ってそいつをやって儲けた人もあるとの事である、大通に見世を列べて居る者は自分の地面に自分の家を建てると云ふ風の者は比較的少ない、多くは人の地面で家は自分が持って居る……（しかし地震売買が横行するようになり）金をかけて新築しても地震をやられてはたまらぬから家主は成るべく金の掛らぬやうに……新築しても金の掛る建築はしない、で木造（西洋風の木造漆喰塗―筆者注）で御茶を濁す、之も外観を雑然たらしめた一原因

図 7　拡幅直後の日本橋通り西側の町並み（『建築雑誌』272 号，明治 42 年 8 月）

注）土蔵造りの町家が，市区改正事業にともない多数現れた安普請の西洋風建築（木造漆喰塗）ではさまれている．

である（『建築雑誌』二七二号、明治四二年八月）。

さらに、市区改正事業は、土蔵造りを数多く破壊してしまったばかりでなく、借地というあり方そのものの社会的地位を著しく貶めることにもつながっている。

この当時、少なくとも中心部の商業地については建築にも場所の性質がおよぶという感覚が一般的であった（『法律新聞』明治四一年九月五日）。しかしながら、事業にともなう建物の収用では「場所ノ価格ハ土地ニ附従スルモノニシテ建物ノ価格ニハ直接ニハ何等ノ関係ヲ有スルモノニ非ラズ」[13]とされ、建築資材としての費用しか賠償されなかった。議事録からも、道路拡幅において地主ばかりでなく建物所有者の利益を保護するような規程の盛り込みがおもに東京市会選出の委員から主張されるも、内務官僚・池田宏（市区改正事業総括の任にあり、のちの旧都市計画法の起草者）は地主と地借との関係は「私法関係」として、借地の権利擁護に乗り出すことには強い抵抗をみせていたのがわかる（二八〇号）。

防火令の際には、公権力は、場所と建築は不可分という慣習、あるいは建築を資本の振り向け先とみなす地借らの観念を利用することで防火帯を完成させた。しかし市区改正では一転して、もっぱら土地所有者の財産権保護をはかる法論理（原田 二〇〇二）のもとにそれらと対峙し、ことごとく破壊、否定したのである。

ところで、このように市区改正事業が建築を場所から切り離す考えを持つ一方で、民間のなかでもとりわけ三井はその動きに敏感であった。むしろ、事業が進められる以前から駿河町の開発をつうじて自覚していたとさえいえる。

三井は資産としての土地の価値を上昇させるため、防火令の際には東京府が要求する以上の内容を地借に強いるなどして、所有地に質の高い堅牢なつくりの建築が建つよう腐心していたとされる〔森田 二〇〇七〕。しかしそれは、貸地経営を行う限りはよいが、ひとたび別の用途に当てるためにはそれらを立ち退かせるのに一層の困難をともなう。現に駿河町一帯の開発では本町二丁目五番地で借地人への対応に苦慮することとなる。この時期すでに収益獲得の支障となる差配人は排除され、内部の組織が地所の管理に当たる体制が整えられていたものの、借地人らは「借地証之差入無之ヲ盾トシ不法ノ要求ノミ申募リ、到底温和ノ事段ヲ以テハ折合ノ見込無之」[14]という事態に陥っている。あらためて借地証の重要性が強く認識され、それを手段とした動的な土地運用への転換が図られてゆく。三井では、民法の施行以前に法律家のアドバイスを受けながら一律の借地証を作成、そこではたった五年（のち三年）の借地年限が設定され、またこの間でも三井側が申し出れば一八〇日以内に地借は建物を排除しなければならないことが明記された。[15]

近代移行期の急激な空間の拡大を背景としながら三井は借地年限の短年化に乗り出し、また貸地経営をつづける場合でもそれを盾に借地人に地代値上げを応じさせる手段にしたと考えられる。また彼らを立ち退かせる場合には賠償額を低く抑えるため、さきに述べた市区改正事業における基準が援用された。[16]このような三井の方策は、その後施行された民法（明治二九年）もまた自由主義思想を背景に賃貸借契約における力関係を考慮するものではなかったため市中に敷衍し、「地震売買」を助長させる一因となった。

四　おわりに――「江戸ッ子」という共同空間理想

明治四二(一九〇九)年、東京防火令は廃止された。市区改正によって「着々道路ノ拡張、新開等アリ……防火ノ為ニ要スヘキ道路ノ幅員ハ充分」となり、また「水道事業ハ殆ント治ネク施設セラレ、尚消防制度ノ完全」であって、防火令は「往時諸般ノ設備常ニ不足ナリシ時代ノ事ニ属」し、もはや意味をなさないというのがその理由であった(17)。防火令がこの明治末年まで有効とされていたこと自体、興味深い。市区改正は、防火令により新築・改築されたばかりの不燃建築を破壊するという相反する性質を有していたが、事業化から二〇年あまりを経たこの時期になって、ようやく整合性は図られた。

ただし前掲の廃止理由に明らかなように、そこでは建築一般の質の低下をもたらした市区改正の限界が修正されないばかりか、これ以後公権力の主導する都市改造において人びとの生活空間の問題は長らく放棄されることになる。ところで、防火令と入れ違うように成立したものに、明治四二年建物保護法(「建物保護ニ関スル法律」)がある。これは「地震売買」への対抗力を一部持つもので、最後にこの法の成立背景について簡単な検討を行い、今後の展望としたい。

明治二〇年代初頭まで「町」の枠組みが何かしら機能していたことはさきに述べたが、市区改正事業などで物理的な解体が進むにしたがい、やがて事業への反発や、あるいは「江戸ッ子」といった心性がより広域の人びとを結合させるきっかけとなる。たとえば日本橋区全域の有志からなる「協和会」という組織は、「市区改正の問題に関する談話会」を発端に結成され、会員相互の連絡を密にして「業務ノ繁栄」を図るとともに、書類の代筆や塵芥の掃除なども会として行った(18)。またとくに建物保護法の成立という点では、いまなお存続する「日本橋倶楽部」の果たした役割は大きい(以下の内容は〔松山 二〇〇六〕)。

これは明治二三(一八九〇)年、「江戸ッ子気質の日本橋商人のみに依り創設された」社交機関で創立期の会員は二九一名をかぞえ、そのなかには市区改正事業により営業場をおびやかされる類の商人も多数含まれた。なお、ここでいう「江戸ッ子」とは近世のそれとは異なって江戸（東京）に参入してから日の浅い人物も含まれるなど、明治中期の社会的変動を背景に再興した広義の概念と考えられる。倶楽部は、営業税反対とともに「地震売買」を引き起こす「官権及び富豪」への対抗をかかげ、明治四一（一九〇八）年には会員でもある弁護士・高木益太郎を日本橋（東京府第二区、のち三区）から国政の場へと送り出す。

そもそもこのような運動が繰り広げられた背景には税金と市区改正の財源、さらには選挙にからむ構造的な問題がひそんでいる。明治初年以来、国税の主たる徴収対象は地租（地主）であったのが、日清・日露戦争による莫大な戦費負担のため営業税も国税に組み込まれ、比較的富裕な問屋や仲買を主体とする東京中心部の地借はより多くの負担を強いられるようになる。そして、この営業税に一定の割合で上乗せされる税（付加税）というのは、市区改正の財源に当てられるものであった。地借からすればみずからの血税がその存立基盤をおびやかす事業に支出され、またその額は増加の一途をたどるという矛盾した構図があった。(19)

ただし、それは一方では営業税（国税）を相当程度負担する地借にみずからの考えを政治に反映させられる道を開く。そのような営業者の割合が高い中心部の旧町方エリア、とくに日本橋区では有権者が激増し、衆院選の場合で約五倍に達した。さきの高木の出馬は以上の条件のもとで可能になるものだったと考えられる。高木は第一〇回衆議院選挙を東京市最高点で当選、登院とともに地借の権利保護・強化に向けた論陣を張り、建物保護法は成立した。ただしこの立法化の過程では地主勢力たる貴族院での法案の握りつぶしや条項の大幅削除といった抵抗にあい、これ以後も借地法の制定などをめぐり長期にわたるせめぎあいがつづけられることになる。

以上のように、市区改正事業の過程で公の都市づくりはインフラ整備に偏重してゆくなか、都市の利用をめぐる地主と地借との駆け引き、とくに政治的な力を有した東京中心部の社会的結合の実態とその理念や実践が、この時期の日本の都市空間をめぐる重要な論点の一つとなるであろう。

(1) 実際に描かれた計画図との関係で言えば、いわゆる芳川案（明治一七年立案）は中央市区論、審査会案（同一八年）は商都論・帝都論、旧設計（委員会案とも。同二二年）および新設計（同三六年）は機能的都市論にもとづく。
(2) 「自第一回至第弐拾五回決議録」追二〇〇七、三井文庫所蔵。
(3) 「冠称三井諸会社改築意見書」追八三四－五、同右。
(4) 「建築掛第一回報告」追八五三－二、同右。
(5) 「明治廿八年中地所部提出ノ回議」別一七七五、同右。
(6) 「三井各商店新築図案」追一七一六－二、同右。
(7) 「明治廿九年上半季地所部提出回議」追一七八七、同右。
(8) 「三井商店第五五議事録」（『三井事業史』資料編四上巻所収）。
(9) 「三井本館新築記録」（『三井本館』資料集所収）。
(10) 「明治十三年諸調書」東京都公文書館所蔵。
(11) 同右。
(12) 地震売買とは、狭義には地主が地所の明渡しなどを迫るために仮装の売買を行い借地上の建物の存立を危うくした行為だが、当時の用法では、のちの本文で指摘する、ごく短期の借地契約にちなむものも含まれた（渡辺洋三『土地・建物の法律制度』上、東京大学出版会、一九六〇年）。
(13) 「文書類纂　土木　雑件」明治四〇年、東京都公文書館所蔵。
(14) 前掲注(7)に同じ。
(15) 前掲注(5)に同じ。
(16) 同右。
(17) 「文書類纂　地理　例規」明治四二年、東京都公文書館所蔵。

（18）「日本橋区協和会々報」明治二五―二六年、国立国会図書館所蔵。
（19）当該期の徴税と都市の変容とのかかわりを論じた先駆的研究として、中川理『重税都市』（住まいの図書館出版局、一九九〇年）。ただし同書では、家屋税と郊外形成との関係性が追究されている。

〔参考文献〕

石井寛治『日本の産業革命――日清・日露戦争から考える』朝日新聞社、一九九七年
石田繁之介『三井の土地と建築』日刊建設通信新聞社、一九九五年
石田頼房『日本近現代都市計画の展開　一八六八―二〇〇三』自治体研究社、二〇〇四年
大岡聡「東京の都市空間と民衆世界」中野隆生編『都市空間と民衆――日本とフランス』山川出版社、二〇〇六年
粕谷誠『豪商の明治――三井家の家業再編過程の分析』名古屋大学出版会、二〇〇二年
北園孝吉『大正・日本橋本町』青蛙房、一九七八年
陣内秀信『東京の空間人類学』筑摩書房、一九八五年
鈴木博之『日本の近代10　都市へ』中央公論新社、一九九九年
玉井哲雄『江戸町人地に関する研究』近世風俗研究会、一九七七年
初田亨『繁華街の近代――都市・東京の消費空間』東京大学出版会、二〇〇四年
原田純孝「「日本型」都市法の形成」原田純孝編『日本の都市法I　構造と展開』東京大学出版会、二〇〇一年
藤森照信『明治の東京計画』岩波書店、一九八二年
――校注『日本近代思想大系19　都市　建築』岩波書店、一九九〇年
松山恵『近代移行期の江戸・東京に関する都市史的研究』東京大学学位論文、二〇〇六年
御厨貴『首都計画の政治――形成期明治国家の実像』山川出版社、一九八四年
森田貴子『近代土地制度と不動産経営』塙書房、二〇〇七年
山口廣編『郊外住宅地の系譜――東京の田園ユートピア』鹿島出版会、一九八七年
吉田伸之「城下町の構造と展開」佐藤信・吉田伸之編『新体系日本史6　都市社会史』山川出版社、二〇〇一年
――「表店と裏店」吉田伸之編『日本の近世9　都市の時代』中央公論社、一九九二年

［II 考える］

5 社会主義の都市イデア

池田嘉郎

はじめに

一九三〇年代初頭、スターリン率いるソ連政府は、首都モスクワの改造に着手した。「大きな村」と呼ばれてきた古い都を、社会主義の首都にふさわしく刷新することが、その狙いであった。本章では、モスクワ改造の個々の側面を検討することにより、その背後にあった都市イデアの解明をこころみる。

一九三〇年代のモスクワの統治構造や日常生活については、多くの先行研究が存在する〔下斗米 一九九四・Colton 1995〕。だが、モスクワ改造の背後にある都市イデアについては、未解明の部分が多い。本章は、同時代の論文集やパンフレット、さらに新聞など、公式の言説をおもな素材として、モスクワ改造の都市イデアについて明らかにすることをめざす(1)。

技術的な面のみを見れば、モスクワ改造は、ソ連の首都を工業社会にふさわしく再編する試みであった。だが、あえて結論を先回りしていうならば、モスクワ改造の都市イデアには、伝統都市と通底する要素が多分に見られた。そうであれば、スターリンのモスクワ改造は、伝統都市論の射程を検証するうえでも、興味深い素材を提供しているのである。

以下、第一節ではモスクワ改造の開始までを概観し、第二節と第三節でモスクワ改造の個々の側面を検討し、第四節でモスクワ改造の都市イデアについて分析する。

一　モスクワ改造の開始まで

1　伝統都市としてのモスクワ

二〇世紀初頭のモスクワは、伝統都市の相貌が濃厚であった。モスクワ河の畔にはクレムリン（城塞）がそびえ、市の政治的・儀礼的中心をなしていた。この中心から発する放射路と、中心を取り巻く環状路とが、都市構造の骨組を形成した。さらに、細く入り組む小路が都市の下地をなし、生活空間を形成した。有産層の暮らす市中心部や河向こうの商人地区など個々の地区は、階層や職種にもとづく社会的結合と密接に結びついていた。

一九一七年の革命ののち、一九一八年三月にモスクワはソヴィエト・ロシアの首都となった。革命と内戦の数年を経て、一九二〇年代に入ると新経済政策のもと、革命前にすでに生じつつあった都市社会特有の消費文化がめざましく成長した。それでも都市の相貌の変化は、なおゆるやかであった。

2　モスクワ改造の開始

一九二〇年代末、スターリン指導部が「上からの革命」を開始すると、状況は根本的に変わった。集団化を逃れ、大量の農民がモスクワに流入した。(2) 彼らを労働力として吸収しつつ、市内にはいくつもの工場が建設された。人口の急激な伸長や工場の増加に対応し、さらには社会主義の首都にふさわしい都市建設を行うことが、焦眉の課題となった。

一九三一年六月の共産党中央委員会総会におけるカガノーヴィチ報告「モスクワ都市経営について、ならびにソ連の都市経営の発展について」が、モスクワ改造の出発点となった。報告では一貫して、資本主義社会とは異なる都市建設の必要性が強調された。カガノーヴィチによれば、革命だけが、都市計画の成功を阻む私有制と地権者の抵抗を排除することができた。「資本主義のもとでは産業じたいが自然発生的に、いかなる計画もなく成長するように、都市もまた自然発生的に成長してきた」「ソ連の諸都市の成長の道は、資本主義諸都市の成長の道とは完全に正反対である」（ロシア国立社会政治史文書館、リスト八九）。

総会ののち、モスクワ改造の立案は、首都の党・行政機関に委ねられた。入念な準備を経て計画案は、一九三五年七月一〇日付けソ連人民委員会議・党中央委決定「モスクワ市改造総合計画について」として公示された。現在の市域の根底的な再計画、モスクワ河沿いへの市中心部の重点移動、レーニン丘方面への市域の拡大が、その主要な内容であった〔『モスクワ市改造総合計画』（露文）一九三六、四三―四六頁・『ソ連政府法令集』（露文）三五号・第一部、三〇六〕。

二　街路と建物――モスクワ改造の諸側面(1)

計画の策定と並行して、実際には一九三〇年代初頭から、さまざまな分野で首都の改造が始まっていた。モスクワ改造は、人口増加と工業化への技術的な対応にとどまらず、空間と時間の再編という、すぐれて革命的な企図でもあった。

1 街路

街路の拡張と、それに面した巨大ビルの建築が、モスクワ改造計画の基礎をなした。なかでもゴーリキー通り（現トヴェリ通り）の拡張は、一番の目玉であった。

ゴーリキー通りは、レニングラード市（当時）に続く街道とクレムリンとをつなぐ、モスクワの目抜き通りだ。その起点アホートヌイ・リャードから、ソヴィエト広場（現自由広場）までの半キロメートル、通りの右側には二〇ほどの建物が並んでいたが、撤去されて巨大な二つの住居ビルにかわった。通りの幅は三倍に広げられ、六〇メートルになった。古い建物の撤去は新しいビルの建築後になされたため、工事現場では新旧の対比が鮮やかであった。「新しい建物のバルコニーに立つと、驚くべきモスクワの視界が開ける。古いゴーリキー通りは幅狭のリボンのようだ。部屋の開け放たれた窓からは、美しい建物に画された、明日の幅広な通りが見える」〔『夕刊モスクワ』一九三六年一一月二三日、一九三八年七月一〇日、八月二一日〕。

ゴーリキー通りの左側は、アホートヌイ・リャードから中央逓信局までは残され、その先はやはり拡張された。モスクワ・ソヴィエト（一七八二年建築）は、中庭の方に一四メートル移動された。広がり、伸びていく舗装道路は、光輝く新しい文明の伸展を象徴していた。モスクワ・ソヴィエト都市道路部（一九三一年設置）の部長スィルィフは、「アスファルトの鏡〔表面の意もある〕」と題する回想で、スタラヤ広場の拡張と舗装の継足について、「広場は平らで、滑らかで、鏡のような表面になった」と振り返った〔『夕刊モスクワ』一九三九年九月一六日・『モスクワ』（露文）一九三五、二二八、二二九頁〕。

舗装道路の延伸は、市中心部から郊外部へと、文明の波及経路が伸びることでもあった。かつて流刑者と親族との別れの場所であった、ダンガウエロフカに暮らす一労働者は記している。「私たちの場末の整備が始まった。街道〔徒刑囚の道「熱狂者街道」〕は、寄せ木張りの床のように滑らかなアスファルトをまとった。私たちのダンガウエロフカで最初のバスが、市の中心から直接イズマイロフカまで走り始めた」(『モスクワ』(露文) 一九三五、二一八、二二一頁)。

彼の文章が「市中心部になった場末」と題されていたように、舗装道路の延伸は「場末」の消滅をもたらすものと考えられた。一九三七年一〇月三日付けの『夕刊モスクワ』はいう。

雌犬が沼という厭わしい名前をもった、悪臭のする空地があった場所には、「ボールベアリング」工場の広いアスファルトの通りが伸びている……。「場末」という言葉がすでにその意味を失ったことを、皆さんは理解しはじめていよう。路面電車、バス、トロリーバスが、皆さんをいつでも、二〇年前ならばいくら払っても御者が断ったであろうところに運んでくれるのだから。

このようにモスクワ改造は、個々の地域がもつ伝統的な相貌の解体を、強く志向していた。

2 住居のヒエラルキー

「場末」の消滅が語られたものの、道路の延伸と交通機関の発達は、モスクワの各地域の生活水準にけっして平準化をもたらさなかった。

道路沿いに建てられた新型設備を備えた高層住宅は、もろもろの特権集団に割り当てられた。たとえば、熱湯、ダストシュート、ラジオの利用が喧伝された大カルーガ通りの一一階建てのビルには、ソ連科学アカデミー会員が入居した。また、サドーヴァヤ環状路の住民リストは、ソ連エリートの見本市のようであった。作家マルシャーク、音楽家オイストラフ、漫画家ククルィニクスィ、作曲家プロコーフィエフ、俳優オフロプコフ(映画『一〇月のレーニン』の党員ヴァシーリー)、スタハーノフ労働者(労働英雄)の左官クリャトニコフ、さらに飛行士チカロフの息子や内戦期の英雄チャパーエフの娘(『夕刊モスクワ』一九三八年一二月一三日、一九三九年一〇月二七日)。

図1　タス通信の集合住宅，第一メシチャンスカヤ通り
出典）Архитектура СССР［『ソ連建築』］. №1. 1939. С. 71.

一方で大半の市民は、数世帯がひとつのアパートメントに暮らさざるをえなかった。これはコムナルカといって、各世帯が一部屋を専有し、風呂、トイレ、台所は全世帯が共有した。急増する工場労働者のためには、バラックがつくられた。一九三四年にその新築が禁じられたにもかかわらず、三五年から三七年にモスクワにあらたにできた居住空間の三四パーセントはバラックであった。また、一九三六年夏にモスクワにいたジイドは、『ソヴィエト旅行記修正』で女中の存在にふれている。ジイドによれば、農村からでてきた貧しい娘のなかには、工場で働き口が見つかるまで女中として奉公するものが多かった。エリート層住宅の女中部屋（もしあれば）、廊下や台所が彼女たちの寝場所であった〔Colton 1995, pp. 342-343・ジッド 一九六九、一九九―二〇〇頁〕。

しかし、居住空間のヒエラルキーのこの再確立を、資本主義諸国における相似的な現象と同質のものとして論じうるかは疑問である。この再確立の背後には、スターリンのモスクワ改造に独特の都市イデアがあった。それは、個々の住民集団を特定の居住空間に緊縛する志向である。制度面を見ると、当時のモスクワでは個々の企業や官庁が（地方行政機構や協同組合とともに）、住宅の建設・管理を担っていた〔下斗米 一九九四、二四三―二五二頁〕。そのため新しく建設される居住ビルの多くは、企業や官庁といった組織単位で割り当てられた（図1）。たとえば一九三八年一一月二三日にモスクワ・ソヴィエト第二建築工房指導者チェチューリンが語ったところでは、「鎌と槌」工場、『プラウダ』出版部、ゴスプラン、調達人民委員部の各人員向けに、居住ビルが建築中であった。このように、個々の住民集団が企業・官庁単位で編成され、特定の居住空間に緊縛されたことは、個々の地域と住民集団が密接に結びついた伝統都市と類似の秩序を、スターリンのモスクワに創出することになったのではないだろうか。

3　建築様式

モスクワ改造のなかで生まれた建築群の様式には、古典主義に対する折衷的なアプローチという特徴があった〔Latour 2005, pp. 29-32・八束 一九九三、四五五頁・井上 二〇〇六、第五章〕。一九三六年八月にモスクワを訪れた横光利一は、この折衷主義を伝統との断絶という観点からこう説明している。「伝統に論理を持たなかったということも、モスコウと東京とはまた似ている。伝統に論理のない限りは何をどこから取り入れようと遠慮は不用だ。自国の文化をヨーロッパと均等にする必要も警戒もまた不用である。やるからには、それ以上にしなければ新興の意義はない」〔横光 二〇〇六、一八二頁〕。また文化史家グロイスによれば、社会主義革命を経て人類史の「本史」に入った以上、スターリン指導部は「世界文化の最後の審判」を自認することができた〔グロイス 二〇〇〇、七五―九七頁〕。スターリン指導部の歴史意識に着目するこれらの議論は、説得力をもつものであるといえる。

それでも、過去のもろもろの遺産のうちで、とくに古典主義が重んじられた理由は、別個に検討すべきであろう。様式の尊重は、その背後にある古典文明への敬意と不可分であったように見える。モスクワ改造を生きた知識人は、古典古代とルネサンスを特別な参照系とみなしていた。一九三五年刊の論文集のなかで、作家カラヴァーエヴァは、「労働組合の家」の「柱の間」（レーニンの葬儀や作家同盟大会などの舞台）は、「アテネのアクロポリスやローマのカピトリアのように歴史になった」と記した。また作家レオーノフは、商業地区ザリャージエの数年後を想像しつつ、古代ギリシアやローマ、ミケランジェロやピラネージ（一八世紀イタリアの建築家・版画家、古代ローマの景観を描いた）を引き合いにだした〔『モスクワ』(露文) 一九三五、一六五、一七九頁〕[3]。彼らには、みずからの時代の偉大さを明らかなものとするために、別の偉大な時代を参照する必要があったように思われる。過去の諸文明のこうした参照については、第四節であらためて検討したい。

スターリン時代の建築では、第二次世界大戦後の超高層ビル(「高層建築」と呼ばれる)が有名である。これらのビルは、一九三〇年代とは異なる時代状況のもとで建設されたので、ここでは一言だけふれる。スターリン時代に青年期をおくった建築家のインタヴュー集(一九九五―九六年に実施)を読むと、多くの建築家がこの高層ビルに肯定的に接していることに気づく。破壊された教会にかわる垂直の構造物が、都市のアンサンブルを保つために必要であった、というのである〔Latour 2005, pp. 14, 126, 145, 168, 192〕[4]。あるいは、過去と断絶しつつ、過去の相貌を取り戻すことで、戦後のモスクワは一種の循環的な時間意識のなかに入っていたのかもしれない。

三　変わる都市生活――モスクワ改造の諸側面(2)

1　地下鉄

モスクワに地下鉄を走らせる案は二〇世紀初頭からあったが、その実現にはスターリンのモスクワ改造を待たねばならなかった。一九三一年六月の党中央委総会ののち、同年中に工事は開始された。

既存の建物や交通路にしばられない地下鉄は、モスクワ改造の新しさを一身に体現する企画であった。工事では当初、地上から掘り進む開削工法がとられていたが、若い技師マコフスキーはトンネル工法を主張した。「これによれば、主要な交通路に沿って建設する必要がありません。建物の真下でもトンネルを掘ることができます」というのであった。建物の真下にトンネルを掘る場合、乗客の昇降が問題となるが、マコフスキーは計画にあったエレベーターではなく、エスカレーターの導入を唱えた。工事責任者のフルシチョフにとっては地下鉄じたい「何かたいへん超自然的なもの」であったが、エスカレーターも初耳であった。マコフスキーの提案はコスト高であったが、トンネルを防空壕に転用できるメリットもあり、最後はスターリンがこれを支持した〔Latour 2005, p. 103・タルボット編 一九七二、六一―六七頁〕。

一九三五年五月、ソコーリニキ公園とゴーリキー公園という二つの文化公園を両端として、スモレンスカヤ広場までの支線をもつ最初の路線が開通した。支線はのちに、ウクライナ行きの汽車がでるキエフ駅まで延長された〔地下鉄キエフスカヤ駅〕。ロシアとウクライナの絆を強調するかのように、キエフスカヤ駅を最初に視察したのはコシオール〔ウクライナ共産党書記長〕とリュプチェンコ〔ウクライナ人民委員会議議長〕であった。一九三八年九月までに、さらに二つの路線が開通した〔『モスクワ百科事典』〔露文〕一九八〇、一一一、二二〇、四〇〇頁・『夕刊モスクワ』一九三六年一一月二七日、三〇日〕。

地下鉄は人々の距離感覚を大きく変えた。一九三八年九月にゴーリキー通りの地下を走る新路線が開通すると、『夕刊モスクワ』紙は「スヴェルドロフ広場〔劇場広場〕から「ソーコル」集落までたった一三分で行ける！」「市中心と場末の境界はいよいよ消え去っていく」と記した。都市文化の高揚を象徴するかのように、この新路線の最初の試練は大量のサッカー観戦者であった。近くの競技場で試合が行われた一九三八年九月一五日、地下鉄ディナモ駅ではすべての扉が開かれ、試合後には四つのエスカレーターがフル稼働した。この一日の駅の利用客数は四万二〇〇〇人にも上った〔『夕刊モスクワ』一九三八年九月一一日、一五日〕。

2　自動車

距離感覚を変える競争では自動車も負けてはいない。一九三三年一月、月刊グラフ誌『建設されるソ連邦』は国産自動車特集を組み、前年にできたモロトフ自動車工場（ゴーリキー市）の生産ラインの写真に「自動車は時間を克服する」との説明をつけた（『建設されるソ連邦』（露文）一九三三、第一号、一七頁）。

一九一六年、モスクワではすでに企業家リャブシンスキー兄弟とクズネツォフの手で、自動車工場がつくられていた（革命後の一九一八年六月に国有化された）。このモスクワ自動車工場（アモー）の作業工程は長らく旧式のままであったが、一九二九年と三〇年に精力的な工場長リハチョフがドイツとアメリカを視察し、フォードを訪ねた。その成果として、一九三一年一〇月にはトラックのコンベアー生産が始まり、一九三六年四月には軽自動車の生産も始まった（レオンチエヴァ（露文）一九八七、九、一〇、七八―一二〇、一七四頁・『モスクワ百科事典』（露文）一九八〇、九九頁）。

創業者が亡命先のパリで健在であったことが、アモー再編における新旧世界の対立を生々しいものとした。一九三一年のコンベアー操業の開始直前、セルゲイ・リャブシンスキーは亡命者の雑誌に書簡を送り、ボリシェヴィキの「新しい達成」は自分たちがつくった工場を再開しただけだと難じた。アモーの労働者は公開書簡を発表して近年の工場の拡張を指摘し、リャブシンスキーを公金横領者と罵倒した。先述の『建設されるソ連邦』国産自動車特集号も、工場建設地チュフェレヴォの林に立つリャブシンスキー兄弟とクズネツォフの写真を掲載し、リハチョフの説明をつけた。「彼らが立っていた林はない。よく知られている通り、われわれがそれを伐採し、工場を完成させたのだ」（レオンチエヴァ（露文）一九八七、一一五、一一六頁・『建設されるソ連邦』（露文）一九三三、第一号、二七―三〇頁）。

道路が延びれば、自動車もまた増える。一九三三年、モスクワに最初のトロリーバス二台が登場し、三七年一〇月までに二〇〇台を超えた。バスは七三八台、タクシーは五六五台である。この数字を伝えた『夕刊モスクワ』紙一九三七年一〇月三日号には、グリボエードフの戯曲『知恵の悲しみ』の戯評もある。現代モスクワのデパートや地下鉄にすっかり困惑した主人公チャーツキーは、戯曲の世界に帰ろうと「馬車を！　馬車を！」と叫ぶ（戯曲の名文句）。だが馬車はすでになく、かわりに彼は「タクシー！」と呼ぶのである。

舗装された道路を走る自動車は、移動と時間の新感覚を伝えるテーマとして、多くの芸術家に取り上げられた。女性が運転する自動車のフロントガラス越しにモホヴァヤ通りを描いたピーメノフの絵画「新しいモスクワ」（一九三七年）が、もっとも有名であろう。プイリエフの映画『党員証』（一九三六年）では、エリート一家の自動車がモスクワ中心部から郊外の別邸まで疾駆する。一般市民にとって、休息のため郊外にいく基本的な手段は鉄道であったから〔『モスクワの別荘と郊外』（露文）一九三五〕、この映画での自動車の特権性はひときわ輝いていた。アレクサンドロフは映画『輝く道』（一九四〇年）で、舗装道路を走って全連邦農業展示会（一九三九年に開始）に入っていく疾走感をとらえるため、主演女優オルローヴァの運転する自動車を合成技術で空に飛ばしさえした。(5)

3　公　園

横光利一の印象では、モスクワ改造は緑化とは無縁であった。「ここの市民は樹木の愛がないのであろうか。ひょろひょろした痩せた街路樹も名ばかりだ」〔横光 二〇〇六、一八一頁〕。実際、サドーヴォエ（庭園）環状路の拡張工事では、通りの真ん中を走る並木道は軒並み破壊され、市民の不興を買った。人々はこの工事を、軍が飛行機の着陸路を必要としているためと考えた〔Latour 2005, p. 38〕。

とはいえ党・政府は、緑地の意義を無視していたわけではない。一九三一年六月の党中央委総会でカガノーヴィチは、ベルリンのグリュンヴァルトを例にして、ホテル、レストラン、劇場を備えた公園の整備を唱えている〔ロシア国立社会政治史文書館、リスト八三〕。

党・政府がその整備にもっとも力を注いだ公園は、「ゴーリキー名称文化と休息の中央公園」である（図2）。一九二八年八月、モスクワ・ソヴィエト幹部会決定によって開かれたこの公園は、一九三一年九月、作家の文筆・政治活動四〇年を記念して、ゴーリキー名称となった。冬季開園もこの年に始まった。一九三五年七月には、最初のカーニ

図2　ゴーリキー公園（モスクワ河をのぞむ）

出典）Центральный парк культуры и отдыха им. А. М. Горького. Справочник. Лето 1939. 11-й сезон［『ゴーリキー名称文化と休息の中央公園』］. М., 1939. С. 15.

ヴァルがそこで実施された。モスクワ河に沿って広がるこの公園は、大いに市民の人気を博した。一九三九年夏季版の公園案内によれば、夏季の平日は七万から八万、休日は一五万人の人出があった。先のカガノーヴィチの提言にしたがうかのように、園内には庭園、劇場、映画館、パヴィリオン、サーカス小屋、講演場、競技場、またパラシュート塔をはじめとするさまざまな遊戯施設が設置された〔『ゴーリキー名称文化と休息の中央公園』（露文）一九三九〕。

大人だけでなく子供にも、ゴーリキー公園は楽しい場所であった。園内の「子供の町」では「詩の日」、「御伽噺と伝説の夕べ」、ラジオコンサート、舞踏会などが催され、汽船やカヤックなどの遊戯施設もそろっていた〔『モスクワの児童公園』（露文）一九三六、五四頁〕。

子供の娯楽空間のこうした整備は、党・政府に力強く後押しされていた。一九三六年六月二九日付けの『プラウダ』紙に掲載されたフルシチョフの論説が、ひとつの指針となった。

まだ昨年のこと、私と同志ブルガーニンは、〔ゴーリキー名称〕文化と休息の公園の対岸に、途方もない数の子供たちがいるのを目にした。河岸はまるで、北極圏の研究者が物語る鳥の営巣地を思い起こさせた。子供たちは全く勝手なままにされている。これは正しいことではない……。子供は子供だ。このことを考慮に入れねばならない。子供たちが動き回るのは不幸なことではなく、結構な特性である。これと闘うのではなく、組織しなければならない〔『モスクワの児童公園』（露文）一九三六、九—一〇頁〕。

子供の組織化が、こうして公園の整備の重要な目的となった。一九三七年五月、モスクワには二六の児童公園があった。ゴーリキー公園のスタッフは全国の公園のために遊戯と娯楽の手引きを編纂し、その標準化に努めた。子供の組織化は、党・政府の管理志向とよく合致していたが、ソ連社会のもつ擬似家族的な性格がその背後にあったことも、忘れてはならない。「われらの子供たちはソヴィエト政府、党、偉大なスターリンの父のような配慮に包まれている」(「子供が自分の休暇を楽しく組織するのを助けよう」という一九三八年末のキャンペーンの呼びかけ文)。これが子供の組織化の主要モチーフであった(『夕刊モスクワ』一九三七年五月一六日、一九三八年一二月三日・『遊戯と娯楽』(露文)一九三八)。

もとより多くの公園は、十分な整備が行き届いていたわけではなかった。また一九三八年の元日、ソコーリニキ文化公園(現イズマイロヴォ公園)は照明が少なく、暗くなると危なくて歩けなかった。スターリン名称公園にスケートに行った六年生のゾーヤはベレーをとられた。公園の管理者は彼女の訴えを聞こうともしなかった。「学校で一所懸命勉強したので(私の成績は優と良です)、私は休暇のあいだ、本当によく休み、楽しんで、スケートがしたかったのです。でも最初の日に私の休息は台無しになりました」(『夕刊モスクワ』一九三七年七月二三日、一九三八年一月五日)。

それでも公園は、新しいモスクワの「明るさ」を支える晴れの舞台であった。その明るさは、利用客の若さと密接に結びついていた。一九三〇年代の『朝日新聞』モスクワ特派員丸山政男によれば、ゴーリキー公園は「モスクワの若者達のためにこよなき遊び場であり、若者達の愛の囁きの自由な場所でもあり、ソヴェート式謝肉祭場であり、そしてデモとアヂの中心地であり、政治的討論場でもある」(丸山　一九四一、一一二、二二二頁)。生命力に満ちた子供と若者でいっぱいの公園は、生まれ変わるモスクワを象徴する場所であったといえよう。

4　動物園

公園とともにモスクワっ子の憩いの場となったのが、動物園である。それがある場所はもとはプレスニャ沼といって、帝政期の上流階級の庭園であった。トルストイの『アンナ・カレーニナ』で、レーヴィンとキチイがスケート遊びをするのがここである。一八六三年、帝政政府は「帝立動植物環境順化協会」の求めに応じて、動物園用の敷地としてこの土地を協会に提供した。翌年開園した動物園が、革命後にボリシェヴィキ政権に引き継がれた。

スターリンのモスクワ改造は、動物たちをも放っておかなかった。一九三六年以降、入場口、ゾウ舎、カバ・アシカ・アザラシのプールなどが新築され、古い建物は改修され、中央通路はアスファルトで舗装された。一九三八年には三〇〇万人が来館したが、これは一九一三年の一〇倍、一九三五年の二倍であった。

モスクワ動物園には、国内各地から珍しい動物が寄贈された。一九三八年の贈り主の一覧は、偉業とテロルの時代の政治地図を鮮やかに描きだしていた。北極海航路総局ムルマンスク支部から一二頭のタテゴトアザラシ、ソ連邦英雄クレンケリとマズルク（ともに極地探検で知られる）から二匹のシロクマの子供、ハサン湖（張鼓峰）事件の英雄である赤軍兵士たちからはウスリーアライグマ、オホーツク海のマガダン郷土誌博物館からは、コルィマ（強制収容所がある）のカムチャツカウミワシが贈られてきた。

外国の動物園と交換するほか、モスクワ動物園は国内でも動物の収集に努めた。一九二四年以降、各地に調査隊が向かい、ザカフカースや西シベリアで鳥類、アストラハン方面でラクダやアンテロープ、キルギスでユキヒョウ、極東でアカシカやトラ、等々を捕獲した〔『モスクワ動物園』（露文）一九四九、一四一三七頁〕。ソ連各地の珍しい動物を集めることで、動物園は祖国ソ連の広さと多様性について、またそうした祖国を束ねる首都モスクワの威力について、生き生きと具象化していた。

四　モスクワ改造の都市イデア

スターリンのモスクワ改造は、特別な歴史意識のなかで進んだ。一九三五年ごろ、市中心部（前出のアホートヌイ・リャード）で建設中の巨大なホテル「モスクワ」を前にして（図3）、小説家カラヴァーエヴァは「モスクワはすでにその未来を生きている」との感慨を抱いた（『モスクワ』一九三五、一六六頁）。この言葉に見るように、一九三〇年代前半、モスクワ改造はたしかにユートピアであったが、それははるか遠くの未来ではなく、今日とつながっている近い未来のことであった。商業地区ザリャージエの変貌を想像して、レオーノフはこういう。「夢を見たまえ、なぜなら今日夢見るということ、それはすでに生産的に働くことを意味するのだから」「遠くない未来へのこの歴史の階梯の最上段に、君といっしょに踏みだすとき、なんと滑稽で、遠くにあるものに見えるのだろう、この古く、朽ちつつある言葉、「ザリャージエ」は！」（『モスクワ』一九三五、一七九頁）。

図3　ホテル「モスクワ」（手前）

注）奥は人民委員会議会館．映画『新しいモスクワ』より．
出典）Москва в кино [『映画のなかのモスクワ』]. M., 2008. C. 37.

したがって、モスクワ改造が進展するにつれて、ユートピアはもはや近未来のものですらなく、現実そのものと化していった。一九三七年五月、完成直後のモスクワ＝ヴォルガ運河のエクスカーションで、モスクワ市党協議会の一代議員は「御伽噺を本当にするために私たちは生まれた」という「航空マーチ」の一節を思いだした。地下鉄ゴーリキー線が開通した一九三八年九月、あるモスクワ市民は「一つひとつの駅が幸福についての御伽噺だ」と書いた（『夕刊モスクワ』一九三五年五月三一日、一九三八年九月一六日）。

現実が御伽噺になるのと並行して、未来のユートピアを語ることはスターリンのモスクワではまれになっていった。一九三七年のメーデーに『夕刊モスクワ』紙は、一〇年後のモスクワについて著名人に尋ねた。飛行士グリドゾゥーボヴァの回答はエスエフ的なもので、空中タクシーと「首都の最良の人々」が操縦する自家用レジャー飛行機がモスクワの空を舞い、浮遊プラットフォームから世界中の見物客が赤の広場のパレードを眺めていた。だが、彼女のように空想の翼を羽ばたかせたものは例外であった。ほかの回答者にとって一〇年後のモスクワは、現在のモスクワと直接につながっていた。建築家シチューセフは、モスクワ改造計画に沿って、レーニン丘の向こうに広がるユーゴ・ザーパド地区の発展について語った。空気動力学のヴェトチンキン教授は、ジェット飛行機の隆盛を予想した［『夕刊モスクワ』一九三七年五月一日］。

ユートピアが現実となるとともに、人々の歴史意識にも変化が生じた。ソ連ではそれまで、一九一七年一〇月の革命を起点とする歴史意識が規定的な役割を果たしてきた。スターリンのモスクワでも、そうした歴史意識が失われたわけではない。革命二〇周年を迎えた一九三七年一一月七日、『夕刊モスクワ』紙は「今日モスクワは［その名前が初めて史料に登場する一一四七年から数えて］七九〇歳ではなく、二〇歳だ」と宣言した。

だが、十月革命の約束したユートピアを実現することで、スターリンの統治は、一九一七年を基点とする暦法を古くさいものにしてしまったのではないだろうか。実際、一九三〇年代のモスクワでは、一九一七年を起点とするいわばレーニン暦を後景に押しやるかのように、「スターリンの時代（エポック）」という言葉が広く使われ始めた。モスクワ＝ヴォルガ運河が「スターリン時代の壮大な建築物」と呼ばれたように、巨大な規模で進むモスクワの改造が、その新しい時代を体現していた［『夕刊モスクワ』一九三七年七月一〇日］。

「スターリンの時代」という歴史意識は、当時ソ連で進みつつあった、帝政期の歴史や英雄の再評価とも関係していたように思われる。この再評価を、住民を体制に統合するための意識的な政策ととらえるブランデンバーガーは間違ってはいない。だが、ユートピアを実現したスターリンのソ連における独特の歴史意識もまた、帝政期の再評価の重要な動因となっていたのではないだろうか。というのは、先にもふれたが、自己の時代の偉大性を明らかなものとするためには、同時代における西欧資本主義諸国や、過去における「商人のモスクワ」のような否定的な参照系だけでは不十分であり、自らと比肩しうるような「偉大な」対象もまた、必要となったからである。たとえば、モスクワ＝ヴォルガ運河の完成にあわせて書かれた『夕刊モスクワ』紙の論説「過去の運河」は、オスマン帝国のセリム二世やピョートル大帝の事績を参照している〔Brandenberger 2002・『夕刊モスクワ』一九三七年七月一六日〕。

こうした過去の参照のもつ大きな特徴は、歴史を連続的な過程ととらえるのではなく、偉大な現在と、それが参照すべき個々の時代との総体としてとらえる見方である。過去の「偉大な」歴史に対するこの参照は、一九四一年に独ソ戦が始まるといっそう高揚し、戦後の一九四七年、モスクワ八〇〇年祭が盛大に祝賀されるにいたってひとつの頂点を迎えた〔バフルーシン・コストマーロフ（露文）一九四七〕。

かくしてスターリンのモスクワ改造は、独特の歴史意識と一体であった。ユートピアの達成という認識と、非連続的な歴史叙述とのいずれにおいても、その歴史意識は一種の「非時間性」を特徴としていたといえる。スターリンのモスクワは――伝統都市に特徴的であるように――連続的な歴史の「外に」存在していたのである。

2　有機体のイメージ

伝統都市の相貌を残す改造前のモスクワでは、地域の生活と地名とが密接に結びついていた。小説家スラーヴィンはこういう。「モスクワにはおよそ二〇〇〇の通りがある。二〇〇〇のあだな！　そこにはモスクワの全歴史がある。その地理、地質、美味、植生、産業、風俗、経済が」〔『モスクワ』（露文）一九三五、五六頁〕。

スターリンのモスクワ改造は、街路や建物の相貌ばかりか、その名前をも猛烈な勢いで変えていった。これは、ロシアの統治者に伝統的に見られる地名支配へのこだわりを継承したものでもあれば、革命期の社会刷新の情熱をよみがえらせたものでもあった(6)。さきのスラーヴィンによれば、一九三〇年代の地名の変更は、モスクワそのものの刷新、

「若返り」と直接に結びついていた。「モスクワは若返っている。広く輝く通りがモスクワに初めて現れている。名称もまた新しい」（『モスクワ』（露文）一九三五、六八頁）。

このときスラーヴィンは、新しい地名の由来として、「革命家」「巨大工場」「芸術」「文化」を挙げた。この順番が示唆するように、新しい名称は何よりもまず人名からとられていた。スラーヴィンの挙げた人名はすべて故人であったが、あらたに生まれた工場では、現役の党・政府幹部の名前が次々とつけられた。重工業では一九三一年から三四年までに、スターリン名称自動車工場（アモーの新名称）、カガノーヴィチ名称ボールベアリング工場、カリーニン名称フライス切削工具工場、オルジョニキゼ名称ターレット旋盤工場が、モスクワに生まれた（『モスクワ市改造総合計画』（露文）一九三六、五八、五九頁）。地名や企業があらたな「名前」をもち、かつそれが現に生きている人間の名前であるということは、モスクワ改造に独自の活力を与えたように思われる。ある意味で、モスクワの個々の部分は「生きていた」のである。

名前のためだけではなく、新しくつくられた建物はそれじたいの力強さのために、感受性の強い観察者にはまるで生きているように見えた。カラヴァーエヴァはホテル「モスクワ」にこう呼びかけている。「そしてこんにちは、ホテルよ！　旅人たちの家、君に挨拶します……力強いゴールキーパーのように、君は社会主義計画によって生まれた「モホヴァヤ」通りをみずから切り開いている」「私の通りの若返った血流が、いかに強くしなやかに脈打っているか感じられるようだ」（『モスクワ』（露文）一九三五、一六五頁）。生きているモスクワというヴィジョンは、メドヴェトキンの映画『新しいモスクワ』（一九三八年）において、もっとも具象的に示されていた。主人公の技術者は、自ら成長する「モスクワの生きた模型」を開発し、その実演会を行う。拡張されるトヴェリ通りや北河川駅などの記録映像と、河岸に林立する巨大建築やソヴィエト宮殿などの特撮映像を組み合わせることで、メドヴェトキンはきわめて有機的なモスクワの像を描きだすことに成功している。(7)

モスクワの有機的な相貌は、水辺空間の拡張によっても支えられた。スターリン時代における水辺空間の意義には、文化史家パペルヌイが着目している。彼はロシア文化史を二つの様式のサイクルとしてとらえ、それぞれを「文化1」「文化2」と名づけた。革命からネップの時代は「文化1」、スターリンの時代は「文化2」である。「文化1」の特性は破壊であり、芸術様式は均等化を志向して水平方向に拡がる。破壊の文化は死の文化であり、すべてを根絶する火の文化である。反対に「文化2」の特性は創造であり、芸術様式は権威の再確立を志向して垂直方向に伸びる。創出の文化は豊穣の文化であり、生命をもたらす水の文化である〔パペルヌイ（露文）一九九六、とくに一七五—一七九頁〕。

テロルの時代であるスターリンの統治を豊穣・生命力の文化とみなすパペルヌイの議論は、実に刺激的だ。実際、スターリンのモスクワ改造は、水辺空間の拡張に非常に大きな関心を払っていたのである。何よりもまず、一九三二年から三七年にかけて、モスクワ＝ヴォルガ運河が建設された。(1)首都の給水改善、(2)モスクワ河の水位引上げ、(3)水運の改善がその目的であった。ついで、運河によって水位の引き上げられたモスクワ河の河岸の整備が進んだ〔図4〕〔ブローク・テルテリャン（露文）一九三九、二〇頁〕。

図4　モスクワ河の河岸（ゴーリキー公園）

出典）Архитектура парков СССР [『ソ連公園建築』]. М., 1940. С. 35.

こうしてスターリンのモスクワは、生命の源泉たる水に満たされることになった。モスクワ＝水＝生命の象徴体系は、さまざまな芸術家の目を通して具象化された。とくにアレクサンドロフの映画『ヴォルガ・ヴォルガ』（一九三八年）は、モスクワ＝ヴォルガ運河をたどって首都へ向かう一組の男女を主人公とし、運河の終着点ヒムキにおける水中での二人の抱擁をクライマックスとすることで、この象徴体系を見事に映像化している。

では、以上に見てきた「生きた」モスクワのイメージは、その根底において何に支えられていたのであろうか。ここでわれわれは、モスクワの「首都性」に着目すべきであろう。近代的なネイション（国民）形成が進む一九世紀の西欧諸国では、首都はネイション全体の統合を象徴する役割を果たした〔都市史研究会編 一九九九、七三頁〕。他方、一九三〇年代のソ連でも、「社会主義建設」の熱狂のもと、ネイションの形成、すなわちソ連という国家への帰属意識の涵養が進められていたのである。

ただし、西欧諸国のネイション形成が、伝統的な社団原理の否定ないし後退と不可分であったのに対して、ソ連のネイション形成は、企業や官庁など、団体を単位とする住民編成を前提とする点で、きわめて異質であった。モスクワではこの編成は、特定の生活空間への個々の住民集団の緊縛として、端的に現れていた。ソ連のネイション形成は、一種の社団原理を内包していたといえる(8)。

ソヴィエト・ネイションのこの社団性=前近代性は、スターリンのソ連に、独特の国家身体観をもちこむこととなったように見える。すなわち、ソ連ではネイションは、他の諸国においてよりもはるかに直接的に有機体として、また身体として、表象されたのである。首都で頻繁に開催された、職場や民族といった多様な単位に基づくパレードは、社団的なソヴィエト・ネイションの身体をとりわけよく具現していた〔Petrone 2000, Ch. 2〕。そしてモスクワは、そうした身体の「心臓」であった。第八回全連邦ソヴィエト大会の一代議員は、「モスクワは社会主義祖国の真の心臓である」という。また詩人キルサーノフは、「気高きクレムリン、祖国の心臓が堅固な壁で守られているところ。そしてクレムリンの壁は国全体が守っている」と歌った〔『夕刊モスクワ』一九三六年一二月四日、一九三七年一〇月二二日〕。

かくして一九三〇年代のモスクワは、独特なネイション形成を背景にして、「生きた」イメージを濃厚に帯びることとなった。この有機的なイメージは、都市の各部分が独自の個性をもちつつ相互に結びついた、伝統都市の特性とも通底する面をもっていたのではないだろうか。

おわりに

一九三〇年代のモスクワ改造においては、社会の工業化や旧来の地域的結合の解消、居住空間の格差など、資本主義社会における伝統都市の解体と共通する要素が見られた。それにもかかわらず、モスクワ改造の都市イデアは、各地域への住民集団の緊縛、無時間的な歴史意識、有機的な都市イメージという点で、伝統都市に通底する側面をも強く有していた。ここには、ソ連が帝政ロシアから前近代的な政治的・社会的特質を引き継いだことが、影響を与えていた。それとともに、社会主義体制のもとで、市場原理による社会の再編が迂回されることで、旧来の都市の特性が部分的に「保存された」ことも、指摘できるであろう。こうして、資本主義的な発展を拒絶し、社会主義独自の発展を選んだことによってスターリン指導部は、二〇世紀半ばのロシアにきわめて生命力に富んだ伝統都市をつくりだしていたのではないだろうか。

（1）モスクワ改造の理念と実態について、本稿脱稿後に書かれた〔池田 二〇〇九〕もあわせて参照してほしい。

（2）一九二九年に二三五万人だったモスクワの人口は、一九三二年に三六六万人にまで増えた。国内旅券制の導入で一時減少したのち、一九三八年には四〇〇万人に達した〔ガヴリーロヴァ（露文）一九九七、二七四頁〕。

（3）スターリン時代の文化状況への芸術家の主体的な関与について〔沼野 一九九六〕参照。

（4）一九二〇年代末以降の教会の破壊について〔下斗米 一九九四、五一―五六頁〕参照。

（5）プイリエフとアレクサンドロフの作品におけるモスクワの表象の分析として、〔田中 二〇〇六、五一―五五頁〕参照。

（6）ロシア史上、地名改称がもつ文化史上の意義について〔桑野 二〇〇三、第九章〕参照。

(7)　この作品は公開が許されず、長らく幻の作品であった。公開禁止の理由は不明だが、監督のあまりに奔放な想像力が、その一因であったと推察される。たとえば、「モスクワの生きた模型」の実演会では最初スイッチが逆に入ってしまい、新しい建築群はみるみる姿を消し、救世主キリスト大聖堂をはじめ破壊された教会がいくつも姿を現すのである。

(8)　社団原理をはじめ、ソ連が帝政ロシアから少なからぬ政治的・社会的特質を引き継いだことについて〔池田　二〇〇七〕参照。

(付記)本章は二〇〇七―二〇〇九年度文部科学省科学研究費補助金・若手研究B(19720199)の助成を受けた。

〔参考文献〕

池田嘉郎『革命ロシアの共和国とネイション』山川出版社、二〇〇七年
――「スターリンのモスクワ改造」都市史研究会編『年報都市史研究16　現代都市類型の創出』山川出版社、二〇〇九年
井上章一『夢と魅惑の全体主義』文春新書、二〇〇六年
グロイス、ボリス(亀山郁夫・古賀義顕訳)『全体芸術様式スターリン』現代思潮新社、二〇〇〇年
桑野隆『バフチンと全体主義――二〇世紀ロシアの文化と権力』東京大学出版会、二〇〇三年
ジッド(小松清訳)『ソヴェト旅行記・ソヴェト旅行記修正』新潮文庫、一九六九年
下斗米伸夫『スターリンと都市モスクワ――一九三一年―三四年』岩波書店、一九九四年
田中まさき「戦前ソ連映画における農村の形象――И・プイリエフ『豚飼い娘と羊飼い』を中心に」《SLAVISTIKA》,第二一・二二号、二〇〇六年九月
タルボット、ストローブ編(タイムライフブックス編集部訳)『フルシチョフ回想録』タイムライフインターナショナル、一九七二年
都市史研究会編『年報都市史研究7　首都性』山川出版社、一九九九年
沼野充義「「文化としてのスターリン時代」へ」『思想』第八六二号、一九九六年
八束はじめ『ロシア・アヴァンギャルド建築』INAX出版、一九九三年
丸山政男『ソヴェート通信』羽田書店、一九四一年
横光利一『欧洲紀行』講談社文芸文庫、二〇〇六年

Бахрушин, С. и Костомаров, Г., Москве 800 лет. М., 1947（バフルーシン・コストマーロフ、『モスクワは八〇〇歳』）

Блок, Г. и Тертерян, А., Канал Москва-Волга. М., 1939（ブローク・テルテリャン、『モスクワ＝ヴォルガ運河』）

Гаврилова, И., Демографическая история Москвы. М., 1997（ガヴリーロヴァ、『モスクワ人口の歴史』）

Генеральный план реконструкции города Москвы. Постановления и материалы. М., 1936（『モスクワ市改造総合計画：決定と資料』）

Дачи и окрестности Москвы. М., 1935（『モスクワの別荘と郊外』）

Детские парки Москвы. Справочник-путеводитель. М., 1936（『モスクワの児童公園・案内』）

Игры и развлечения. Сборник материалов для клубов, красных уголков, парков и домов отдыха. М., 1938（『遊戯と娯楽――クラブ・談話室・公園・休息の家向け資料集』）

Леонтьева, Т., Лихачев. 2-е изд. М., 1987（レオンチエヴァ、『リハチョフ』）

Москва. М., 1935（『モスクワ』）

Москва. Энциклопедия. М., 1980（『モスクワ百科事典』）

Московский зоопарк. Сборник статей. М., 1949（『モスクワ動物園・論文集』）

Паперный, В., Культура Два. М., 1996（パペルヌイ、『文化２』）

Собрание законов и распоряжений Рабоче-Крестьянского Правительства СССР（『ソ連政府法令集』）

Центральный парк культуры и отдыха им. А. М. Горького. Справочник. Лето 1939. 11-й сезон. М., 1939（『ゴーリキー名称文化と休息の中央公園・案内・一九三九年夏季・第一一シーズン』）

Brandenberger, D., *National Bolshevism: Stalinist Mass Culture and the Formation of Modern Russian National Identity, 1931-1956*, Harvard University Press, 2002

Colton, T., *Moscow: Governing the Socialist Metropolis*, The Belknap Press of Harvard University Press, 1995

Latour, A., *Birth of a Metropolis: Moscow 1930-1955* / Латур, А., Рождение метрополии. Москва 1930-1955 / Изд. 2-е, допол. М., 2005

Petrone, K., *Life Has Become More Joyous, Comrades: Celebrations in the Time of Stalin*, Indiana University Press, 2000

（アーカイヴ）
Российский государственный архив социально-политической истории. Ф. 17. О. 2. Д. 473（ロシア国立社会政治史文書館）
（定期刊行物）
Вечерняя Москва（『夕刊モスクワ』）
СССР на стройке（『建設されるソ連邦』）

Ⅲ　さぐる

〔III さぐる〕

1 開京
高麗建国期の都城化

禹 成勲

はじめに

九一八年六月、泰封《テボン》（九〇一―九一八、弓裔《グンイェ》が松岳郡（開京）で建国。高麗（九〇一）、摩震（九〇四）、泰封（九一一）と改称。新羅、後百済とで後三国時代をなし、後高句麗ともいう）の武将であった王建《ワンゴン》（高麗太祖）は都城の鉄圓《チョルウォン》（九〇五年に遷都。現鉄原市北側）でクーデタを起こし、彼を支持した豪族らと豪族連合政権〔朴 一九九六〕を樹立し国王となり、国号を高麗、年号を「天授」と定めた後、翌年の九一九年一月には彼の生まれ育った開京《ゲギョン》（現北朝鮮開城市一帯）を新都として遷都した。

開京は、碁盤目状街路網が整備されていた新羅の徐羅伐（現慶州）や〔藤島 一九三〇〕、三重の城壁に囲まれ方形をなしていた鉄圓（図1）とは異なり、地形条件に従った不規則的な空間構造をとっており（図2）、その中には数多い仏教寺院が建てられ国家支配装置としても利用されていた〔禹 二〇〇四〕。一方朝鮮は、開京から漢城（現ソウル一帯）に遷都した一三九四年、宗廟や社稷などの施設から都城を建設し、その政治体制が儒教理念をもとに成り立っていることを示そうとした〔金 一九九七〕。以上のように都城には、そこを支配拠点とする国家の政治体制が反映されており〔北村 二〇〇二〕、新たな国家体制は遷都にともなって建設される都城に象徴的に示される〔佐藤 二〇〇二〕。高麗と朝鮮の事例から、国家の政治体制が変わるとそれを可視化する異なる要素をもって都城を建設している様子がうかがえる。ただ、国家の政治体制が変わり、それが必要とする要素が異なっても、その要素を「ある理念」をもとに統合し都城を建設すること自体は変わりがない。特定の政治体制が要する多様な要素を、都城という一つの空間に組織化・構造化する「ある理念」を「イデア」と見なすならば、前近代における都城の空間構造は、本書の主題である都市のイデアを把握するための一つの素材になりうる〔吉田 二〇〇一〕。

以上のことを念頭に置きながら本章では、九一八年から一三九二年まで朝鮮半島に存続した高麗の建国期（太祖の時代）を中心に、都城空間を構成した要素のなかで、開京の都市的・都城的基盤、開京という場所、そしてそこに建てられた仏教寺院が、遷都と都城化に用いられた背景や目的、そしてそれらが果たした役割を検討したい。というのは、結果として高麗の都城をなしたこれら三つの要素は、あるイデオロギーから用いられ、またそれが「ある理念＝イデア」によって開京という都城空間に統合・構造化されたからである。

一　理想郷としての開京

鉄圓から遷都した目的について先行研究では、防禦に有利な地形と水陸交通にめぐまれ〔ゾン 一九八〇〕、また近い所に太祖が導いた海軍が置かれている開京に都を移すことで、太祖自らの政治的基盤を固めようとした、と述べられている〔李 一九九八〕。こうした理解は誤りではないものの、海軍という軍事力を用い太祖の政治的基盤を強化するのが遷都の目的であるとしたら、それは太祖と連合的政権をなしていた豪族勢力の弱体化を意味する。建国初期に相次いだ高麗太祖配下の武将によるクーデタが示しているように〔『高麗史』巻一、太祖元〔九一八〕年六月庚申、己巳、八月己酉、癸亥、九月乙酉、十月辛酉)、開京への遷都には、当然ながら豪族らの強い反発があったに違いない。さらに、後百済との戦争が続いており、後には、西江まで後百済が侵略したことを考慮すれば(『高麗史』巻二、太祖一五〔九三二〕年九月)、地理的に奥深い所に位置し城壁に囲まれていた鉄圓が(図1)、開京より安全な場所であっただろう。したがって、九〇五年から九一八年まで泰封の都城として使われ羅城や宮殿が整えられていた鉄圓(『三国史記』巻五〇、弓裔天祐二〔九〇五〕年)をそのまま継承し、高麗の新都として改めることが妥当であったと考えられる。

しかし、即位の詔で太祖は、弓裔《グンイェ》=前王の暴政や無理な遷都と数千戸を移住させながら行った過度な都城建設(『三国史記』巻五〇、弓裔天祐元年)、そしてそのための過重な徴税と過酷な労役とが、国家財政を悪化させ一般民の生活を疲弊させた、と主張している(『高麗史』巻一、太祖元年六月丁巳、八月辛亥など)。こうした状況で鉄圓を新都と定めることは、批判した前王の政策を自ら認めクーデタの名分を放棄することとなり、全く新しい都城の建設には、当然ながら長い年月や大量の物資と人員の動員が必要となる。これは、前王の如く過酷な労役の誘発や厳しい財政状況(『高麗史』巻七八、田制、辛禑一四〔一三八八〕年七月)をより悪化させ、生まれてまもない政権の崩壊につながる危険性を内包している。

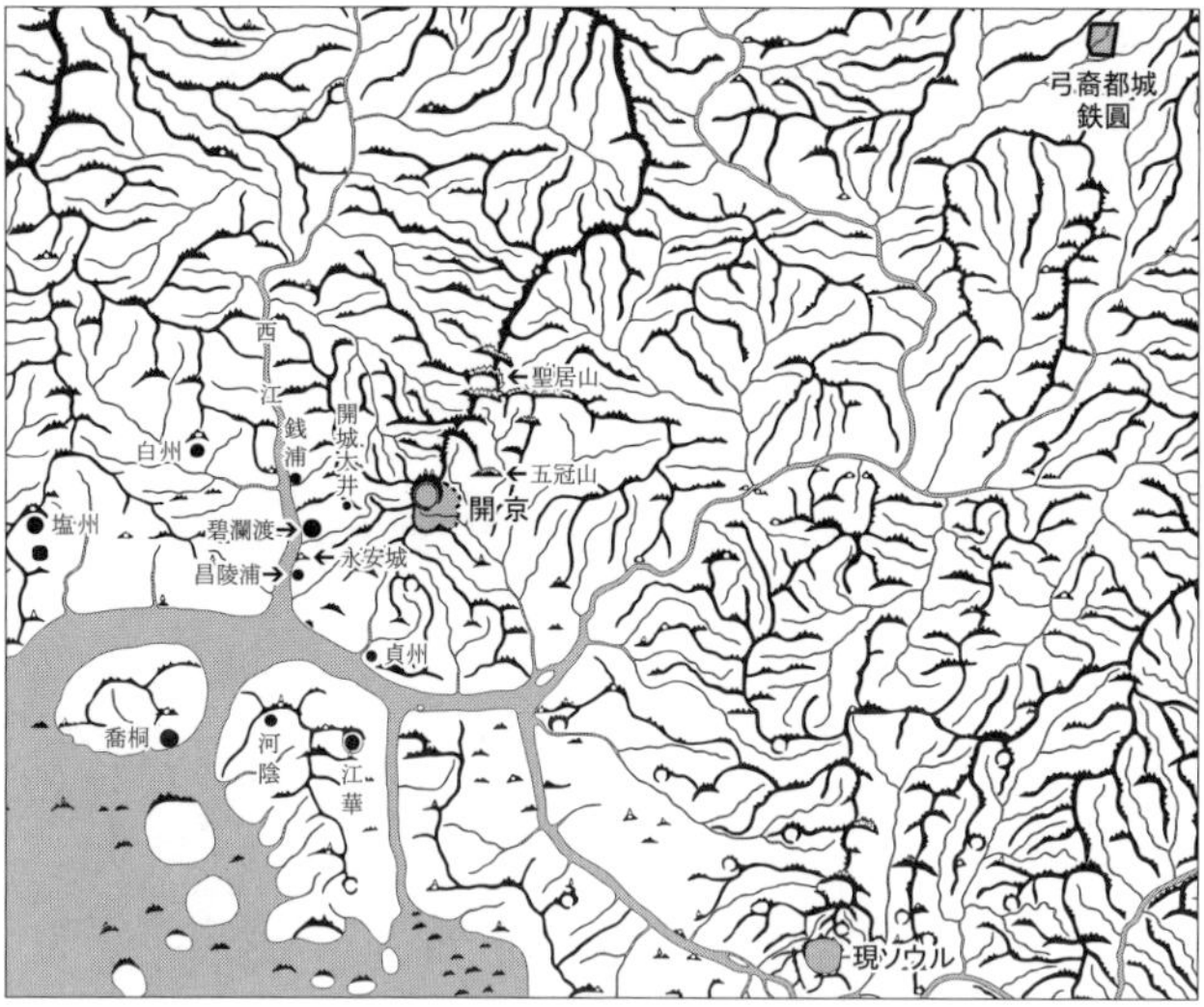

図1　開京周辺の地名と鉄圓

注)　金正浩「大東輿地図(1861年)」，陸地測量部「鉄原地形図――縮尺五万分(大正2年)」，鉄原郡一帯の「地籍原図(大正4-5年)」などをもとに筆者作成.

表１　高麗王室の家系と関連要素

高麗王室家系図	関連要素（地名・施設名/神話的要素）
虎景 ― 旧妻	扶蘇山・平那山＝聖居山/聖骨将軍・虎・山神・九竜山大王
康忠 ― 具置義	西江永安村・五冠山摩訶岬・扶蘇山＝松岳山・扶蘇郡・松岳郡/風水論＝植松・居住先移動・国王誕生予言・上沙粲
宝育 ― 徳周	平那山・鵠嶺・摩訶岬・五冠山/仏教・寺院
唐皇帝 ― 辰義	涓江西浦＝銭浦・松岳郡・鵠嶺・摩訶岬養子洞/唐皇帝＝都城地予言・八真仙住処
作帝建 ― 竜女	昌陵窟・開州・貞州・塩州・白州・江華県・喬桐県・河陰県・永安城・宮室・開城大井・松岳山・康忠旧居・広明寺井/仏教・西海竜王＝国王誕生予言
竜建 ― 韓氏	松岳山・永安城・松岳旧第・鵠嶺・昌陵/風水論＝延慶宮奉元殿基＝馬頭明堂・国王誕生予言・沙粲
王建	・/風水論＝三韓之主＝太祖・天府名墟

注）『高麗史』をもとに筆者作成．具置義＝永安村富人女・徳周＝伊帝建女・宝育＝損乎述＝国祖元徳大王・辰義＝貞和王后・作帝建＝懿祖景康大王・竜女＝翥旻義＝西海竜王女＝元昌王后・竜建＝世祖威武大王・韓氏＝威肅王后．国祖元徳大王＝唐貴人（皇帝）の説も記されている．

一方、開京は、昔から高麗王室の居住地であり支配地であった（朴　一九六五）。『高麗史』「高麗世系」によると、高麗王室の祖先らは、開京を中心に周辺地域を往来し、そことの関係を維持しつづけていた。こうした開京とその一帯には、西江近くに永安城と宮室が、そして後の宮殿地には太祖の父によって大規模な建物が建てられていた（図１・表１）。のみならず、太祖の父の協力で開京一帯を支配できた前王は、新羅が築城した松岳城（『三国史記』巻八、孝昭王三〔六九四〕年）をもとに、後に皇城にあたる勃禦塹城を築き、二年後の八九八年にはすでに存在していたさまざまな施設を再利用しながら開京に移都し、九〇五年鉄圓に遷都するまで七年間都城とした（『高麗史』巻一、光化元〔八九八〕年、天祐二年）。つまり開京には、周辺地域と結ばれた道路や城壁をはじめ宮殿や官庁など、都市基盤や都城施設の一部が、太祖の遷都以前から整っていたのである。

開京のもつこうした側面は、戦争や無理な都城建設で厳しくなった財政状況の下で、遷都にともなう建設費用を最小限に抑えた上で安定的に都城が確保できる極めて重要な前提条件であったと考えられる。さらに、勃禦塹城より大規模であった鉄圓の羅城と皇城などの城壁や（図1・図2）、奢侈にきわまる観・闕・楼・台といった宮殿施設などの建設（『三国史記』巻五〇、弓裔天祐二年）に動員され疲弊した暮らしを営んでいた被支配階層にとって、開京という地は、過酷な労役や厳しい生活から自由になる理想的都城地として認識されたに違いない。九一九年の開京遷都後、道路や城壁などの大規模な建設記録が全く見当たらないのが、そうした事情を裏づけている。このような開京を都として定めることは、高麗太祖が即位してただちに行った減税と免税政策（『高麗史節要』巻一、太祖元年七月、八月）とともに免役政策を実践的・象徴的に表し、広い階層から開京遷都と高麗という新王朝への支持を確保する契機となったと考えられる。

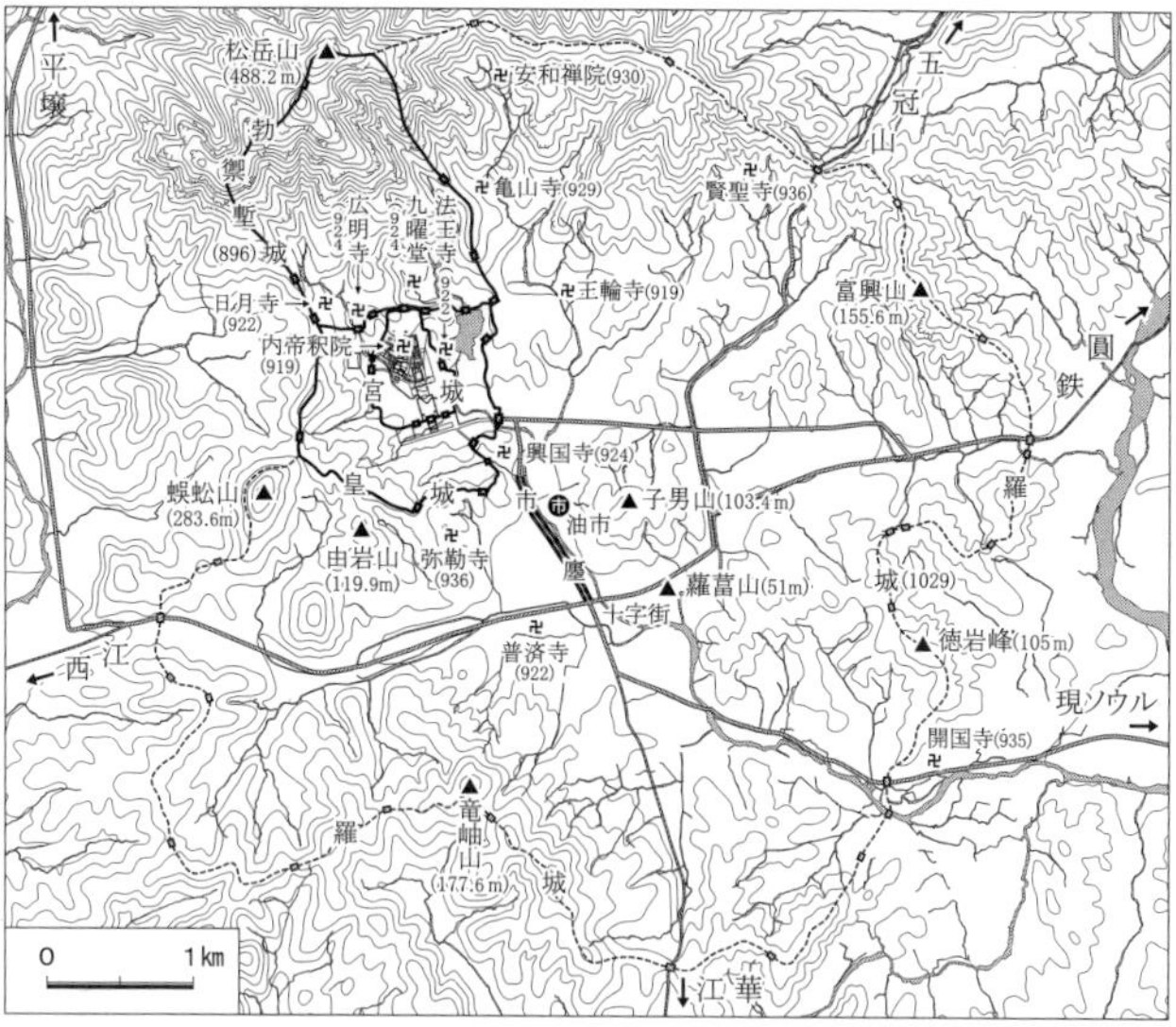

図2　開京の地形と太祖代の都城施設

注）朝鮮総督府「特殊地形図開城——縮尺二万五千分一（大正7年）」と開城周辺の「地籍原図（大正元−3年）」をもとに筆者作成.

二　神話の事実化と開京という地

前近代において都城は、国家の形成と密接に結びついており、国家支配の機構そのものであった〔佐藤 二〇〇一・北村 二〇〇一〕。そのため中国の歴代王朝や朝鮮の場合、新たな国家が誕生すると、まず宗廟と社稷から建立し王室の祖先と天を祭り〔金 一九九七〕、それを実現する場所として、『周礼』「考工記」のような伝統制度に則って都城を建設することで、国家と王室の正統性や都城としての位置づけを主張した〔妹尾 二〇〇一〕。

高麗の場合、宗廟と社稷とは時には国家・王室そのものとしても述べられたが〔『高麗史』巻三、成宗一一（九九二）年一二月庚申〕、遷都七〇年後の九八九年と九九一年に建てられる〔『高麗史』巻三、成宗八（九八九）年四月乙丑、一〇年閏二月癸酉、一一年一二月〕。こうした状況のなかで、豪族連合政権の首長として国王となった太祖が、建国と同時に年号を「天授」と定め、新政権が天命によるものと主張したにもかかわらず、太祖配下の武将によるクーデタが相次いでいた。以上の史実から、新王朝の権威が充分に認められにくい状態であったことがうかがえる。こうしたことは、太祖は、地理的条件を利用し成功裏に遷都したものの、それで開京が全ての階層から都城として支持されたわけではなかったことを示唆する。というのは、中国や朝鮮の例からわかるように、特定の場所が都城となるのは、そこを都城とする国家や王室の正統性や支配の正当性が認められることを前提とするためである。

これと関連して「高麗世系」には、興味深い内容が書かれている。それによると高麗王室の祖先らは、まず、朝鮮半島を統合する者が開京から現れると預言する風水論に従って、それに適した松岳山の南に居住先を移し、風水論に則ってそこに松を植えることで、開京一帯の景観を整備した。その後、すでに整っていた開京の風水的条件に加え、後の宮殿地にさまざまな施設を建てたことで、「天府名墟」すなわち天の決めた処から太祖が誕生した、とする。さらに、唐の皇帝が潜邸時に鵠嶺（松岳山）に登って「開京は将来都城になる」と述べ、西海竜王が唐皇帝の息子である「作帝建の家系から朝鮮半島の国王が誕生する」と預言したと記されている。作帝建と竜王の娘は太祖の祖父母である（表1）。

この一部は事実であろうが、竜王の存在をはじめ、多くの部分が操作・捏造されたに違いない。しかし、一人の豪族にすぎなかった王建が国王としての正統性を求めた方法をみるうえで、記録の真偽より重要な点は、祖先の逸話に対する操作に唐の皇帝、竜王、そして風水論などを用いたことである。

唐は、中国を含めその周辺の支配者として君臨しており、竜王は海を支配する神として、海上貿易勢力を主軸とした高麗の支配階層において何より神聖な存在であった〔朴 一九六五〕。さらに風水論は、「高麗世系」からも想定できるように、新羅末まで朝鮮半島の中心をなしていた慶州の都城としての寿命は終わり、かわりに地方豪族の支配する所が新たな都城地にふさわしいと主張する実証的理論として用いられており、広い階層から認められていた支配イデオロギーの一つであった〔李 一九八六・金 一九九六〕。

要するに、唐皇帝と竜王の子孫であるとすることは、天命を受けた唐皇帝の正統性と竜王の神聖性とが高麗太祖に引き継がれたということとなり、太祖の祖父の作帝建・父の竜建の家系から朝鮮半島の統合者が現れると竜王や風水論で預言されたという一節は、一人の豪族にすぎなかった太祖にとって、国王としての位相が主張できる大きな根拠になったはずである。これとともに、唐の皇帝が開京を将来の都城地として認めたとし、開京の地形や河川の流れといった地理条件を風水論に適合するものと解釈し、その場所に風水的な意味を与えることで、都城としての権威や象徴性を主張したのである。

しかし、以上のような神話を通じた支配の正統性の主張は、被支配者の側からそれが事実として認められるときにのみ、権威あるものになる〔妹尾 二〇〇一〕。そうした側面から見ると、開京の都市的・都城的基盤という要素に比べると、唐皇帝、竜王、風水論というものは、あくまでも神話的・抽象的・観念的な存在にすぎず、それとかかわった逸話はあまりにも権威あるものとなりにくい。

これと関連して「高麗世系」には、注目すべき内容がある。それは、扶蘇山＝松岳山＝鵠嶺・平那山＝聖居山・西江永安村・五冠山摩訶岬・江西浦＝西江銭浦・養子洞・昌陵窟・永安城・開城大井・広明寺井・延慶宮奉元殿など、開京とその周辺の地名と施設名が、神話と結びつけられていることである。実在する地名と施設名は、唐皇帝、竜王、風水論といった要素とは異なり、存在そのものが事実であり、開京に暮らす人々はもとより誰もが現実のなかで体験できるものである。それはまた、神話を史実として主張できる根拠であり、支配者の用意したイデオロギーを、誰にでも容易に伝えるための要素でもあったと考えられる。

三　寺院の役割と「大開京」

1　寺院と祭祀施設

古代における政務・儀式・饗宴などの儀礼は、支配を正当化する政治的な支配のシステムであり、こうした儀礼が行われる場である都城が支配の道具としての機能を果たした〔佐藤 二〇〇一〕。そのため都城には、さまざまな施設がつくられ荘厳化されるが、その中でも国家・王室そのものとしても扱われた宗廟は、都城をなす「前朝後市・左祖右社・中央宮闕・左右民廛」の四原則の一つであった〔岸 一九八七〕。したがって、宗廟を欠くと、少なくとも中国や朝鮮においては決して都城にはなれない。しかし、政権安定のために王室の正統性確保が至急必要な状況だったにもかかわらず、遷都してから七〇年後に至ってようやく宗廟の建立が始められたことは、その間に使われた代替施設の存在なくしては理解しがたい。

開京に遷都した太祖は、二カ月後の三月に一〇カ所の寺院＝十大寺を建てた後、厳しい財政や側近の批判〔崔滋〔一一八八―一二六〇年〕『補閑集』巻上〕にもかかわらず、二五カ所以上の寺院を開京一帯に建立しつづける。太祖が死亡する直前に後代の国王らに残した「訓要」の第一条には、「我が国家の大業は、必ず諸仏の護衛する力に資され、故に禅教寺院を創る」と記され〔『高麗史』巻二、太祖二六〔九四三〕年四月〕、その建立した主な目的が鎮護国家にあったことが確かめられる〔許 一九八六・韓 一九九八〕。

しかし太祖は、十大寺の建立を決めた同月一四日に、三代の祖先に対する追尊を行い（『高麗史』巻一、太祖二年三月辛巳）、「訓要」の第二条では「願堂」の存在を自ら述べ、寺院を建立した目的が、王室の祖先を祀るためでもあったことを明らかにしている。さらに、祖母の竜女とかかわる所には広明寺を（金堉『松都誌（一六四八）』寺観）、九三〇年には王室の人を祀るために安和禅院を建て、九四〇年には十大寺の一つである新興寺に開国功臣らの祭祀施設として功臣堂を設置した（『高麗史』巻一、太祖一三年八月、二三年）。太祖が、祖先とかかわる所に仏教寺院を建て祖先を祭祀したことは、祖先はもとより王室にも神聖性を与えた。また、神聖化された寺院は、その建てられた場所と結びつけられた祖先の逸話を現実に可視化する形をとり、それを事実として裏づける役割をも果たしたと考えられる。

2　寺院と風水論の可視化

一方太祖は「訓要」の第二条で、「諸寺院は風水論にもとづいて選んだ場所に建てたので、その他の場所に（寺院を）建立すると国運が短命になる」と述べている。これは、寺院の数と位置そのものが、王朝と都城の永遠性を象徴する装置であり、それが求められる手段として用いられたことを示しているが、ここから風水論が、開京という地の都城空間化に重要な役割を果たしたことも読み取ることができる。

唐都長安は方形の城壁や碁盤目状の道路を用いて天を地上に移そうとすることで、国家と皇帝の正統性や都城としての位相を主張した〔妹尾 二〇〇一〕。高句麗の長安城（現平壌一帯）や新羅の徐羅伐といった朝鮮半島の古代都城にも碁盤目状街路が整備されており、泰封の都城鉄圓は、宮城・皇城・羅城を取り揃えた方形をなしていた。

以上のものが、いわゆる中国の伝統的な制度から都城としての位相を求めようとしたものならば、風水論は、特定の場所が中国的な都城制度に則っていることの可否より、その理論に適合した地形や河川の流れといった地理条件が求められ、その場所に風水的な意味を与えることで都城としての象徴性や中心性を主張するものである。こうした風水論は、地質的に石が多く土が堅くでこぼこの地形にそって羅城が建設されたという記録（『宣和奉使高麗図経』巻三、城邑）や近代に製作された地形図から確かめられるように（図2）、そもそも碁盤目状街路の建設が困難な開京を都城として求める重要な計画理念の一つであったに違いない。

しかし風水論も神話化した祖先の逸話の如く、あくまで支配者の用意したイデオロギーであり、観念の産物にすぎない。このため「高麗世系」では、風水論に従ったことやその預言などを開京周辺の地名と施設とに結びつけることで風水論の事実化を図り（表1）、「訓要」では、風水論をもとに選地し諸寺院を建てた、と主張した。当時において風水論が、支配階層はもとより被支配階層にどの程度共有・理解できたのかは依然として問われているにせよ、それをもとにした寺院は、観念にすぎない風水論を現実のなかに具体化・可視化することで、それを広い階層に事実として認める要素であり、結果として都城空間に荘厳さをも与えたと考えられる。要するに太祖は、風水論に則って寺院を建てさせることで、風水論に当てはまる都城空間を立ち上げようとしたのである。

3　寺院と「大開京」

太祖の建立した十大寺の名称は『三国遺事』「王暦」に求められが、その一つである「□通寺」は、聖居山に位置していた圓通寺（崔 一九五四・李 一九五六・三品 一九六三）あるいは、五冠山に位置していた霊通寺（許 一九八六・韓 一九九八）と推定されている。ところが、「□通寺」が圓通寺であれ霊通寺であれ重要な点は、それが高麗王室の祖先とかかわった由緒ある場所の聖居山や五冠山に位置していることである（図1）。

開京遷都に際して太祖は、その地域にあった松岳郡と開城郡とを重視し特別行政区画として「開州」を定めており、松岳郡に属する二つの県のなかに五冠山の位置する松林県が含まれている（『新増東国輿地勝覧』巻四、開城府上、『三国史記』巻三五、地理二)。さらに、法王寺・王輪寺など十大寺を「都内」に創ったと記されているが(『高麗史』巻一、太祖二(九一九)年三月)、ここでいう「都」は「みやこ」、つまり「都城」にほかならない。以上から、都城から三〇里離れた松林県五冠山(『高麗史』巻七一、俗楽、五冠山)までもが、「都城」として求められていたことがわかる。

一方、一〇二九年には、一般に高麗都城の範囲として理解される羅城が築城される(『高麗史』巻五、顕宗二〇年八月)。これに比べると太祖代における高麗の都城は、そうした羅城をはるかに越えた広域的な「大開京」をなしている。寺院の存在から明らかとなる「大開京」という空間構造は、神話や風水論といったものを事実化・可視化する過程に生み出された結果であることは言うまでもない。さらにそれを表象する寺院は、祖先と都城に宗教的神聖さを与え、王室と都城の位相を固める要素として扱われたと考えられる。

おわりに――「大開京」のイデア

朝鮮半島に築かれた古代都城では、中国の制度とともに、その権威まで借用し、その都城を利用する国家権力が正統であることを示そうとした。しかし、建国期の開京は、方形・碁盤目状街路・宗廟・社稷などに代表される中国的都城とは程遠い姿を帯びている。特に「訓要」の第四条を通じて太祖は、「我が国は昔から中国の制度を慕い悉く遵ってきたものの、高麗と中国とは地も人も異なるため、苟も同じくする必要がない」とまで主張している。これは、太祖代に行われた王室と都城に対する正統性の確保が成功裏に進められたことを表し、そのことに、開京の都市的・都城的基盤、開京という地、そしてそこに建てられた仏教寺院などが多大な役割を果たしたといえる。

以上からみると建国期の開京は、新王朝による支配が正当であることを裏づける証しであり、そのため太祖は遷都に際して開京という地を、新たな国家権力を保障するものとして意識的に用いたこととなる。こうした側面では、国家権力における正統性の根拠が抽象的な支配制度そのものに存在した中国〔妹尾 二〇〇一〕とは異なり、高麗の場合はそれが固有名詞の付された都城空間に求められており、そうした太祖の単一のイデアが開京という都市全体を覆っている〔吉田 二〇〇二〕ようにもみえる。

しかし、ますます増えつつある寺院建立に対して官僚が批判すると、太祖は、「戦争やクーデタなどが絶えず続き安否がわからず不安に思っている民らを安定させるため、彼らが信仰している仏教の寺院を建立する」と返答した（『補閑集』巻上）。太祖の返答は欺瞞性が含まれているにせよ、本章で扱った三つの要素が、支配イデオロギーのために太祖によって一方的に用意されたものではないことを示唆する。つまり寺院は、宗教にでも頼ることによって戦争やクーデタなどで不安な日々から免れようとする、被支配階層の理想＝イデアに呼応する形をとったものであり、祖先の逸話を神話化し王室と都城の正統性を主張する過程に用いられた開京の地名と施設名は、被支配階層からのそうしたイデオロギーを現実化するための装置にほかならず、遷都以前から整備されていた開京の都市的・都城的基盤は、労役からの自由を求める被支配階層の理想が反映されたものでもある。

開京の都市的・都城的基盤と神話を事実として保証する開京という地、そしてそこに建てられた寺院という三つの要素には、国家や王室、そして都城のあり方に対する支配者のみでも被支配者のみでもない、その両方の異なる理想＝イデアが反映されており、こうした異なる階層のイデアが投影された多様な要素が一つの空間のなかに再統合・組織化・構造化された結果、「大開京」という都城空間構造が生み出されたのである。つまり、「大開京」という空間構造は、多様な階層から問われていた新たな国家と都城のあり方や暮らしに対する理想を具現するシステムであり、異なる階層の異なる理想から生み出された結果でもあって、これが高麗建国期、すなわち太祖の時代における「大開京」のもつイデアであろう。

〔参考文献〕

北村優季「京都――古代から中世へ」佐藤信・吉田伸之編『新体系日本史6　都市社会史』山川出版社、二〇〇一年
岸俊男『都城の生態』中央公論社、一九八七年
佐藤信「宮都の形成と変容」佐藤信・吉田伸之編『新体系日本史6　都市社会史』山川出版社、二〇〇一年
妹尾達彦『長安の都市計画』講談社、二〇〇一年
藤島亥治郎「朝鮮建築論（其一－五）」『建築雑誌』第四四輯、第五三〇・五三一・五三三・五三五・五三六号、一九三〇年
三品彰英『三国遺事考証（上）』塙書房、一九六三年
吉田伸之「城下町の構造と展開」佐藤信・吉田伸之編『新体系日本史6　都市社会史』山川出版社、二〇〇一年
崔南善『増補　三国遺事』民衆書館、一九五四年
李丙燾『原文兼訳註　三国遺事』東国文化社、一九五六年
――『高麗時代の研究――特に、図讖思想の発展を中心に』亜細亜文化社、一九八六年
李基白『新修版　韓国史新論』一潮閣、一九九八年
許興植『高麗仏教史研究』一潮閣、一九八六年
朴竜雲『高麗時代史』一志社、一九九六年
金東旭『韓国建築の歴史』技文堂、一九九七年
韓基汶『高麗寺院の構造と機能』民族社、一九九八年
朴漢卨「王建世系の貿易活動に対して」『史叢』一〇、一九六五年
ゾンリョンチョル「高麗の都城開城城に対する研究」『歴史科学』第二号、一九八〇年
金杜珍「風水地理・図讖思想」国史編纂委員会編『韓国史』一一、一九九六年
禹成勳「国家権力の都市支配装置としての開京寺院」『日本建築学会計画系論文集』第五八四号、二〇〇四年

［Ⅲ さぐる］

2 バスティード
中世南フランスの新設都市

加藤 玄

はじめに

（建設者たちは）館と広間を最初に造り、／寝室と天井は豊富なセメントで設えた。／そして、市壁を大規模な基礎の上に築き、／そこに四つの門を首尾良く造り、／四つの大理石の塔を険しい岩場の上に建てた。／（中略）／人びとはそこに住み着き、力と活力に満ち、／五〇〇人の市民たちが豊かな富を蓄える。／一〇〇人の酒場の主人、一〇〇人の漁師、／一〇〇人の肉屋、一〇〇人の両替商、／大インドまで赴く一〇〇人の商人がいる。／七〇〇人の別の生業を営む者たちがいる。

一二〇〇年頃のある武勲詩でこう詠われた、南フランスの都市モントバン〔Thomas, ed. 1989〕。一一四四年にトゥルーズ伯アルフォンス・ジュルダンが創設したこの町は、トゥルーズの北方約五〇キロメートル、ガロンヌ川の支流タルン川沿いの小高い丘陵地上にある。武勲詩には、都市のシンボルである市壁や門や塔、周囲の農村とは異なる職能集団が多分に空想混じりに描写されている。建設後五〇年ほどしか経っていない若い都市の成長と活気が、詩人の

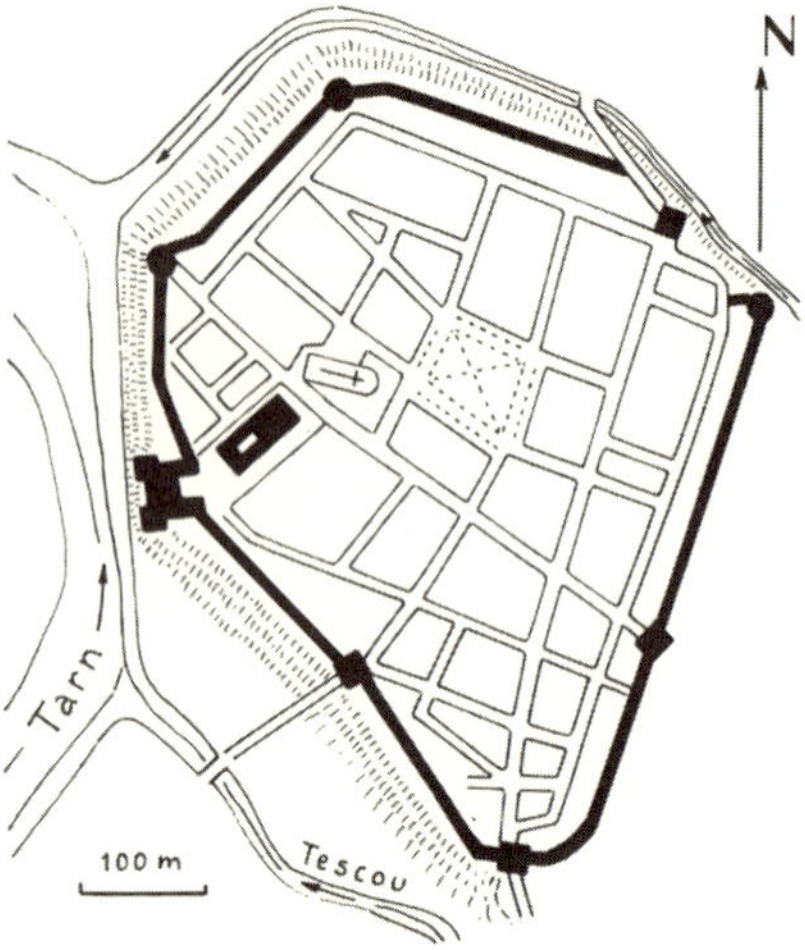

図1　モントバンのプラン
出典）〔Lavedan et Hugueney 1974〕.

創作意欲をかき立てたのであろうか。

モントバンは、都市の成立が計画的な建設と直接結びついた点に第一の特徴がある。少なくともフランス地域ではガロ＝ロマン期以降初めて、碁盤目状のグリッド・プランが適用された都市であり、市街の中央部には台形状の広場が設けられ、そこで市場が開かれた。教会が都市内の主要な広場に面さず、やや離れた場所に意図的に配置されたのも、中世のフランス地域ではモントバンが初めての例であり、「世俗的」性格を持つ都市プランをいち早く採用したと評価される（図1）。先駆たるモントバンに遅れること約一世紀、南西フランスでは、同様の設計思想に基づいた「バスティード」と総称される小都市群の建設が盛んになり、その総数は三〇〇件を超えた。後期中世における都市集落の建設はヨーロッパ全域にみられる現象であったが、そのなかでもバスティードの数と密度は例外的な水準に達したのである〔Higounet 1975・伊藤編 二〇〇九〕。

本章では、新設都市バスティードを建設過程と都市空間の両面から具体的に検討し、最後にヨーロッパ中世都市のイデアとの関わりを考察したい。

一　バスティードの建設

一二世紀から開始されるヨーロッパ規模の集落新設運動の一翼をなすバスティードの建設は、一二五〇―一三三〇年頃に南フランスで展開した。背景には、この地方が一三世紀の前半から後半にかけて経験した大きな政治的変動がある。一三世紀初頭、カタリ派異端の討伐を名目に北フランス諸侯が南フランスに侵攻したアルビジョワ十字軍の後、一二二九年にパリ和約が締結された。これによりトゥルーズ伯レモン七世の娘ジャンヌとルイ九世の弟アルフォンス・ド・ポワティエの婚約が定められ、のちにこの夫婦がチュニジア十字軍遠征中の一二七一年に死亡すると、フランス国王フィリップ三世はトゥルーズ伯領を王領地に編入した。他方、フランス王ルイ九世とイングランド王ヘンリ三世との間で結ばれた一二五九年のパリ和約では、後者が北西フランス所領を放棄し、アキテーヌ公として南西フランス所領を受封することが正式に定められた。バスティード建設に主導的な役割を果たしたのはトゥルーズ伯のレモン七世とアルフォンス・ド・ポワティエ、フランス王たち、アキテーヌ公を兼ねたイングランド王たちであり、南フランス中央部のトゥルーズ伯領と西部のアキテーヌ公領の境界付近に両勢力が対峙し、数多くの建設が行われた。そうした建設を可能にした経済的な条件も無視できない。農業が産業の中心であった中世において、アキテーヌ地方のワイン生産は特に名高い。すでに一三世紀にはぶどう畑はドルドーニュ、ロト、ガロンヌ、タルンなどの各河川沿いのワインの輸送が容易な至る所に広がっていた。さらに、一三世紀中にそれまでイングランドを中心とする大西洋交易の窓口であったラ・ロシェルがフランス王の手に陥ちたことにより、ジロンド河口に開けた港を持つボルドーがワイン輸出の新たな中心地となったのである〔Beresford 1967・伊藤編 二〇〇九〕。

バスティード建設のプロセスは用地の選定から始まる。南西フランスの諸勢力の競合地における建設計画には、戦略的もしくは政治的な配慮が強くうかがえる。エドワード一世は、ケルシー地方は「競合が激しく、せいぜいごくわずかの所有地しかない」と嘆きつつ、一二九〇年七月にボーモン・デュ・ペリゴールの建設予定地に城壁（castellare）か防備施設（fortalicium）を建造（購入）し、巡回法廷（assisa）の開催を可能にするよう役人に命じた〔Bémont, éd. 1900, n. 1806〕。商業的な動機による建設が推測される例では、ドルドーニュ河とイル河の合流点に位置す

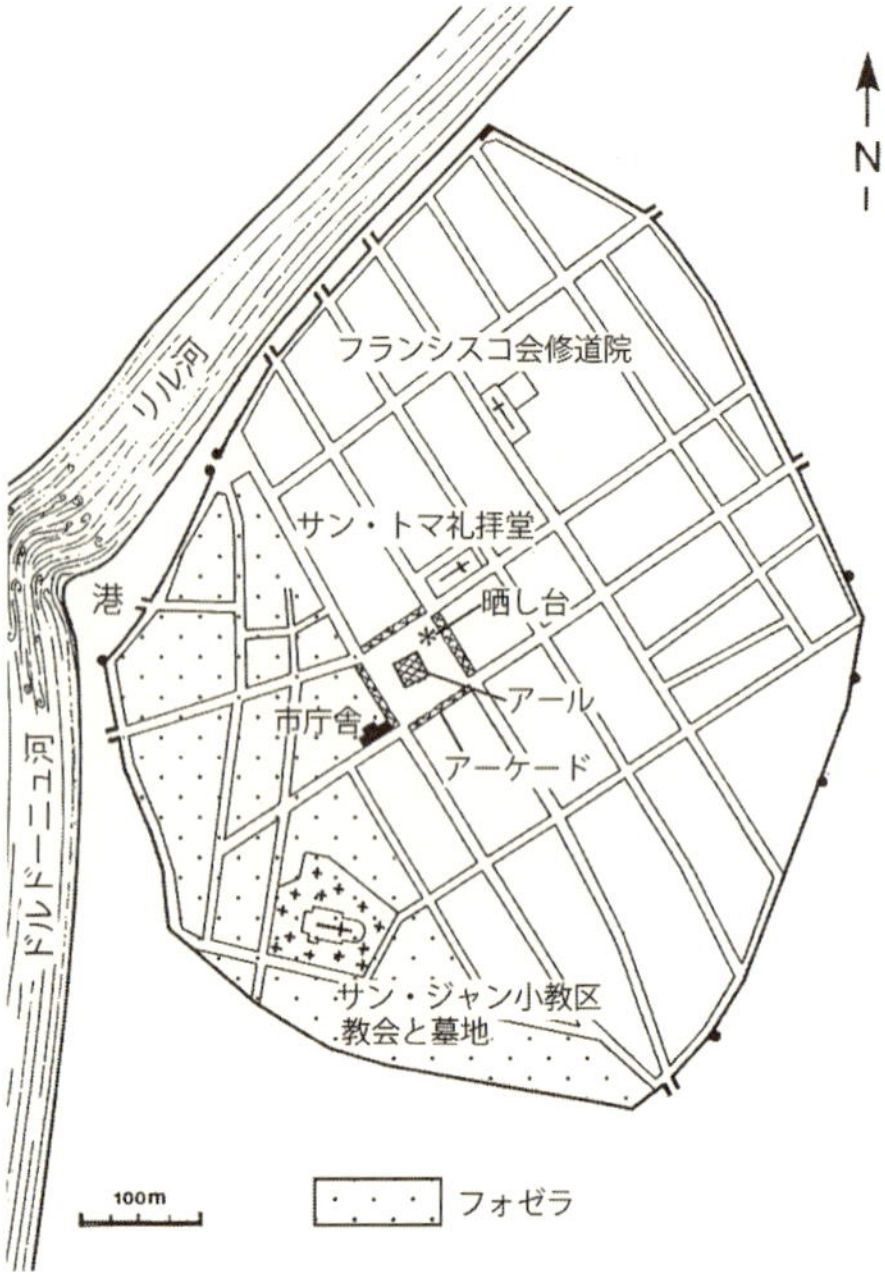

図2　リブルヌのプラン

出典）〔Bochaca et al. 1995〕をもとに筆者作成.

るリブルヌが代表的である（図2）。このバスティードの建設は、港を備えていた既存の集落フォゼラを拡張・整備する形で進められた〔Bémont, éd. 1914, n. 501〕。一二八一年、エドワード一世はセネシャル（行政長官）のジャン・ド・グライに命じ、リブルヌからボルドーへ向かう陸上交通路を整備するためにボルドー貨で一〇〇〇リブラをリブルヌの住民に貸し付ける措置をとらせた〔Bémont, éd. 1900, n. 448〕。一方、教会勢力が建設に関わったバスティードにおいても、その建設地の選択に宗教的な配慮は見られない。たとえば、一三二五年三月のボシャロの建設に関してボンヌフォン修道院長が作成した文書には、「バスティードの建設に、より適した場所に（in loco magis ydoneo）という表現が見られるものの、問題になるのは土地の広さであり、世俗領主による建設と何ら変わるところはない〔Samaran et Higounet, éd. 1970, n. 484〕。一二世紀のアキテーヌ地方では、ソヴテと称される集落群がスペインのサンチャゴ・デ・コンポステラ巡礼路に沿って多数建設されたが、巡礼の熱狂が一段落した一三世紀に建設されたバスティードの立地は、戦略拠点や流通の結節点といった世俗的関心から選択されていたといえる〔Higounet 1975・伊藤編 二〇〇九〕。

ところで、建設用地の取得の際にはしばしば、上位権力者である国王や君侯と地元の聖俗領主の間でパレアージュ（pariagium）と呼ばれる一種の契約が締結された。たとえば、一二五五年七月のアルフォンス・ド・ポワティエとサント・フォワ修道院分院長ベルナールとの間のパレアージュでは、前者が新設都市集落の安全を法的に保証し、後者が土地を提供すること、および土地と権利の分有が詳細に定められている。この分割は家屋建設用地、菜園、ぶどう畑、耕作地、森林、漁場など当該地域のあらゆる土地に適用され、しばしば封土や小教区すらも対象にされる。これにともない、今後、共通の出費で建設される予定のかまどや水車の使用料、流通税や商品税、年市や週市からの税収といった貨幣収入や現物収入は両者で折半する。さらに当該バスティードの裁判管轄区内の裁判権やそれに由来する罰金収入も分割することが定められた〔伊藤編 二〇〇九〕。関係者間で合意が成立すると、ラッパの音とともに近隣諸地域に建設が布告され、建設予定の広場には、「パル（pal）」または「ポー（pau）」と呼ばれる柱が建てられる。おそらくこの柱が建設のシンボルと見なされたため、一三二三年一〇月のサン・サルドスでは、当地のバスティード建設に反対する近隣の者たちが建設予定地を襲撃し、柱に代理人を吊している〔加藤 二〇〇七〕。建設の物質的側面の検討は次節にゆずるが、おそらくその広場を起点に規則的な地割りがなされ、入植希望者には宅地・農地・菜園用の土地が割り当てられたと推測される。ただし、入植者は自ら農地を切り開き、家屋を建てなければならなかった。

続いて、建設者から慣習法証書（charte de coutumes）が授与され、バスティードの住民は私法・公法上の権利、自治、市の開催などの特権を享受した。同じ建設者が授与した慣習法証書の間には共通点が多い。アルフォンス・ド・ポワティエが、一二五六年にモンクラールとヴィルフランシュ・ド・ルエルグへ、一二七〇年にカステルサグラとリオンへ、与えた慣習法証書の規定は、それぞれ若干異なるにすぎない。また、彼が後にバスティードに授与した慣習法証書の大半は、上記の四種から派生したものである。こうした慣習法証書の祖型はバスティードの支配者が変わっても保たれた。たとえば、アルフォンスの支配地域を継承したフランス王フィリップ三世が一二七四年にセネシャルを通じてジモンに与えた慣習法証書は、最初の五条はモンクラールの条項と同一で、残りはカステルサグラのものと同じであった。その後、この慣習法証書はジモン型として多くのバスティードに適用されている。あるいは、モンフランカンに与えられた慣習法証書は、モンクラールと同一であり、いずれもサント・フォア・ラ・グランドのものをモデルとしている。ヴィルヌーヴ・シュル・ロトの慣習法もこのタイプを引き継いでおり、エドワード一世は同市を獲得した際、この慣習法に軽微な変更を加えた後、一二八六年にほぼそのままの形で承認した〔伊藤編 二〇〇九〕。新しい支配者は、建設したバスティードにヴィルフランシュ・ド・ルエルグやヴィルフランシュ・ド・ペリゴールといった名前をつけることで、「Villefranche＝自由な町」としての法的な性格を高らかに喧伝する一方、新設バスティードに既存の慣習法の複製を採用したり、既存のバスティードには従来の慣習法をそのまま承認したりすることで、権力のゆるやかな移行を住民に印象づけたのである。

二　バスティードの内部空間

バスティードの計画的なグリッド・プランは古くから建築史家の注目を集め、特に一九七〇年代以降、航空写真や地籍図の体系的な収集を基礎とし、現地調査をふまえた総合的な研究が相次いで公刊された〔Lavedan et Huguenev 1974; Lauret et al. 1988〕。その結果、これまで考察の中心に置かれてきた理念的なバスティード像に当てはまらない多数のバスティードの存在が再認識された。たとえば、既存の集落を包含したり、高所や谷間などに位置し地形の制約を受けたりするバスティードは、不規則なプランを持っていた。また、一見規則的なプランを持つ場合も、街路のパターンや建造物の配置にはいくつものヴァリエーションが存在した〔加藤 二〇〇六〕。こうした現実の多様性を留保しつつ、本節では形態的な要素、すなわち大通りと路地からなる街路組織、それらによって分割される街区を単位とする規則的な地割り、そして中央広場の存在から構成される内部空間をさしあたりの考察の対象とする。

文書中では単に「道（via/carrera）」と表記されることが多い大通りは、中心部の広場を経由して市門と市門を結ぶ、家畜が通行可能な道路である。幅員は一般的には三―四カンヌ（およそ六―八メートル）ほどであるが、リブルヌのような一〇メートル前後に及ぶ例もある〔Bochaca et al. 1995・伊藤編 二〇〇九〕。路地は「カレル（careyrou）」「カレロ（carrerot）」などと呼ばれ、幅は一カンヌ（およそ二メートル）程度である。その多くは大通りや広場の一辺と平行に、矩形の街区を細長く割るように走っており、住居の裏側からアクセスできる歩行者用の道である。大通りと路地の関係には、モンパジエにおけるように明白な序列が見出される場合もある（図3）。中世のパリの基幹道路であるサン・ドニ通りとサン・ジャック通りですら幅八メートル足らずで、一般の通りの幅が二メートル程度であったことを考えると、バスティードにおける街路の重要性がうかがえる〔高橋 一九九三〕。また、しばしば曲がりくねり、あちこちで寸断された当時の都市の街路と比較すると、バスティードの街路の直線性への志向は顕著である。見通しの良い街路が行政当局による住民の監視に役立てられたかは定かではないが、たしかにグリッド・プランによって構築された空間的な秩序は徴税と行政を容易にしたであろう〔Randolph 1995〕。たとえば、モンフランカンの慣習法では、領主の賦課する不動産税を間口四カンヌ、奥行き一二カンヌの土地につき六ドゥニエと定めており〔伊藤編 二〇〇九〕、家屋用の敷地が街路の間で均等に区切られているため、住民への課税の公平性が保証されていたことになる。

図3　モンパジエのプラン

出典）〔Lavedan et Hugueney 1974〕.

　司教座都市であれば大聖堂が都市形成の核をなすが、バスティードでは広場の存在感が教会を圧倒している。広場は建設の起点となり、その寸法がモジュールとして全体のプランを規定した。教会が広場とともに中心部を

図4　広場・アール・アーケード

出典）〔伊藤編 二〇〇九〕.

占めることはまれで、広場周囲のブロックのいずれかに収まるか、さらに離れたところに位置することが多い。リブルヌでは、広場近くに建てられたサン・トマ礼拝堂は小教区教会の機能を持たず、バスティード建設以前から既存集落があったフォゼラ地区のサン・ジャン教会が、バスティードの中心から離れていながら、中世を通じて小教区教会であり続けた（図2）。バスティードの重要な活動は広場で繰り広げられた。年市や週市が立ち、都市役人の就任の際の宣誓や裁判が行われた。リブルヌの広場には罪人用の晒し台が設けられ、モンパジエでは度量衡の基準となる金属製の升が据え付けられていることは、広場が政治的かつ経済的な場であることをよく示している。その中でも特徴的な建造物は、周囲のアーケード（cornières）、アール（halle、屋根付き市場）や市庁舎などの世俗施設である（図4）。当初木造で建築され、一五世紀以降に石造に改築された周囲のアーケードによって、広場への入り口を二つのアーケードが交わる隅の四カ所に限定する。モンフランカンの慣習法の規定では、年市や週市に来る外部の売り手は商品をまず広場に持ち込み、入出市税や商品税を課されることになっていた〔伊藤編 二〇〇九〕。そこへの出入りを統制しうる極めて閉鎖的な空間であるバスティードの広場は、徴税を容易にしたのである。一二七〇年の時点では、ピュイミロルの都市役人であるコンシュルやプリュドムたちは、フランス王の役人に宣誓するためにノートル・ダム教会に参集していた。やがて、広場に面して、あるいはその近くに市庁舎をもつバスティードが増加し、ヴィルレアルやグルナド・シュル・ガロンヌではアールの二階部分に市庁舎が置かれるようになった〔Higounet 1992〕。このようにバスティードの広場は、住民生活に不可欠の公共空間でありながら、領主権力によって取り締まりうる支配空間でもあるという空間としての両義性を持っていた。広場は、住民共同体によって所有された公共の財産でもなければ、領主によって私的に所有されていたわけでもない。モンフランカンのアーケード下の空間が、法的には領主賦課地に含まれつつも、「公衆および共同体の便益に供されるべき私有地」として、革命期に至るまで課税を免れていたことはその両義性の証左である〔Bonnat et al. 1981〕。

おわりに

しばしば指摘されるように、天上のエルサレムと地上のエルサレムという観念的な結びつきに中世の都市イデアを見るならば、それはエルサレムが世界の臍に位置することが神の秩序を示すという聖書的世界観、および都市を宇宙のミクロコスモス、人体のマクロコスモスとみなす新プラントン主義的宇宙観を内包する〔河原 二〇〇九・甚野 二〇〇七・千葉 二〇〇九〕。聖書の記述や中世の図像表現において天上のエルサレムは方形、円形あるいは両者の組み合わせという幾何学的形態をとり、地上のエルサレムの模倣たる中世の都市も同様の形態を志向する。そして新たな都市の建設は、宇宙と万物の創造者としての神の行為を模倣することに他ならず、かくして幾何学的プランを伴って建設された都市は中世における宇宙論と宇宙創造論を具現化した存在となる〔Lilley 2009〕。さらに、中世都市において民衆を巻き込む形でキリスト教的な都市イデアを顕現させたのが行列儀礼である。たとえば、ブリュージュの「聖血」行列は門を出入りしつつ最外壁を辿り、都市全体を包み込む形で展開される〔河原 二〇〇六〕。また、ボルドーの「枝の主日」行列は二箇所の聖所を焦点とするルートをとる〔印出 一九九〇〕。いずれも共通するのは、都市の聖域の輪郭を反復してなぞることで、キリスト教徒の都市としての聖性と来歴を住民の間で共有し称揚することである。

バスティードにおける幾何学的プランと新設性という側面は、上述の中世都市のイデアを最も先鋭的な形で表現したものに見えるかも知れない。しかし、実際のバスティードの建設過程や空間配置を検討する限り、キリスト教的な都市イデアへの参照と表象は驚くほど希薄な印象を受ける。バスティードの誕生は聖性を帯びた歴史の彼方にあるのではなく、パレアージュ文書や慣習法証書によって明確に起点が設定される。エルサレムのような普遍的なモデルではなく、建設者ごとに異なる慣習法と形態＝プランが複製されるため、そのモデルの適用範囲はトゥルーズ伯、フランス王、イングランド王の各支配地域・勢力圏を超えることはない。管見の限り、バスティードでは行列儀礼は行われず、本章の冒頭に引いたモントバンのような、都市民のアイデンティティの発露である都市讃歌（Laudatio）の類も確認できない。一方で、バスティードにおいては建設地の選択、パレアージュの内容、広場と教会の配置と機能にうかがえるように世俗的な関心が優越している。また、慣習法の規定あるいは街路組織と広場に見出される「自由」と「支配」の法的なあるいは空間的な相剋が顕著である。多かれ少なかれこうした傾向は、世俗勢力が広域支配を目指し次第に教会勢力を圧倒し始める一三世紀以降の他の西洋中世都市にもさらに複雑な形で現れてくるものである。

バスティードは、中世の都市イデアの具体化の頂点とも評すべき外観をまといつつ、同時に中世キリスト教世界に普遍的に共有されえた都市イデアの形骸化と、それに代わる新たな都市イデア――たとえばルネサンス的「理想都市」――の出現を予告した存在であると言えるのではないだろうか。

〔参考文献〕

伊藤毅編『バスティード――フランス中世新都市と建築』中央公論美術出版、二〇〇九年
印出忠夫「儀礼を通じて見た中世都市ボルドーの聖域構造」『史学雑誌』九九－九、一九九〇年
加藤玄「「都市」と「農村」のはざまで――中世南フランス都市史研究の一動向」都市史研究会編『年報都市史研究14　都市の権力と社会＝空間』二〇〇六年

――「バスティドをめぐる紛争――中世南フランス史へのアプローチ」『歴史と地理』二一三号、二〇〇七年
河原温『ブリュージュ――フランドルの輝ける宝石』（中公新書）中央公論新社、二〇〇六年
――『都市の創造力』岩波書店、二〇〇九年
甚野尚志『中世ヨーロッパの社会観』（講談社学術文庫）講談社、二〇〇七年（『隠喩のなかの中世――西洋中世における政治表徴の研究』弘文堂、一九九二年改題）
高橋清徳「中世パリの都市環境」比較都市史研究会編『比較都市史の旅――時間・空間・生活』原書房、一九九三年
千葉敏之「都市を見立てる――擬聖墳墓にみるヨーロッパの都市観」高橋慎一朗・千葉敏之編『中世の都市――史料の魅力、日本とヨーロッパ』東京大学出版会、二〇〇九年
Bémont, Ch., éd., *Rôles gascons* (*1273-1290*), tome 2, Paris, 1900.
――, éd., *Recueil d'actes relatifs à l'administration des rois d'Angleterre en Guyenne au XIII*e *siècle* (*Recogniciones feodorum in Aquitania*), Paris, 1914.
Beresford, M., *New Towns of the Middle Ages: Town Plantation in England, Wales, and Gascony*, New York, 1967.
Bochaca, M., F. Mouthon et N. Mouthon-Sepeau, *La bastide de Libourne au lendemain de la guerre de Cent Ans: L'organisation de l'espace urbain*, Bordeaux, 1995.
Bonnat, R., E. Lafont et J. Cayre, "À qui appartient le sol des cornières à Monflanquin?" Sous les Arcades, 1981.
Higounet, Ch., *Paysages et villages neufs du moyen âge*, Bordeaux, 1975.
――, *Villes, sociétés et économies médiévales: recueil d'articules de Charles Higounet*, Bordeaux, 1992.
Lauret, A., R. Malebranche et G. Séraphin, *Bastides: Villes nouvelles du Moyen Age*, Toulouse, 1988.
Lavedan, P. et J. Hugueney, *L'urbanisme au moyen âge*, Genève, 1974.
Lilley, K. D., *City and Cosmos. The Medieval World in Urban Form*, London, 2009.
Randolph, A., "The Bastides of Southwest France," *The Art Bulletin* 77-2, 1995.
Samaran, Ch. et Ch. Higounet, éd., *Recueil des actes de l'abbye cistercienne de Bonnefont en Comminges*, Paris, 1970.
Thomas, J., éd., *Renaut de Montauban*, Genève, 1989.

（付記）本章は平成二二年度科学研究費補助金（若手研究B）の交付を受けて遂行された研究成果の一部である。

[Ⅲ　さぐる]

3　町家
中国都市のイデア

高村雅彦

一　「町家」という形式

中国都市の形態・空間のイデアは、きわめて簡単に、そして顕著に語られることが多い。明快な中心軸が南北に貫き、左右対称で、支配空間を中央に置き、城壁など幾重もの境界が入れ子型に取り囲む構造をとる。確かに、こうした構成原理は、都城から地方都市に至る中国のさまざまなランクの都市のみならず、住宅や寺廟、公共建築にまで深く浸透している。儒教の教えに基づいた中国人独特のイデアが、そうした形態と空間を創出してきた。

だが、これは大きな枠組みとしてのわかりやすい理念であって、実際にはもっと小さな民衆規模、あるいは個々の場所での空間形成のモデルが別に存在している。この点に言及せず、中国都市のそれをどれも同じに解読し、多くの誤解を生じさせるのは大きな問題である。

本章では、宋から清に至る都市における町家の立地、建築主体、形成過程を概観し、中国の都市空間＝社会がいかに変容したか、その相互の密接な結びつきを明らかにして、街路空間の秩序化、さらには商業地の街区構造の変化について考察を試みたい。

とくに、町家の建築形式の変遷を通して、都市の改造、とりわけ新市街地の建設や改造では、意識的な公権力の視覚化と民衆の共同的な空間理念といった特定のイデアが存在していることを提示したい。そもそも、町家はある意味で都市のもっとも標準的なイデアを体現する存在といえる。空間的には、限られたなかでいかに合理的に多くの町家を配置しうる街区構造、敷地割り、また水路や道路との密接な関係を築き上げることができるかが追求される。それが経済的基盤や都市経営そのものに直接大きく反映し、社会的にはとかく民衆としての商人と官僚のコントロールとの相克となって表れる。だが、北宋の開封では、この両者をたんなる二項対立的な立場でとらえるのは間違いで、官主導であったとしても、むしろ新市街地の早急な形成・安定と経済の活性化という共通理念のなかで、優遇処置を設けながら、相互に利益を生みだすことができるような空間＝社会のイデアが実現されていたことを指摘したい。そこに、これまでの中国都市に抱いてきた、あまりに簡単で顕著に語られすぎたイデアとは異なる実像が見出せるのである。

中国において日本の「町家」に相当する言葉を探すと、「廛」・「肆」・「店」・「舗」がそれぞれに近い。それぞれの用語例として、前漢『礼記・王制』「市、廛而不税」や班固『西都賦』「闤城溢郭、傍流百廛」、また前漢・子張『論語』「百工居肆、以成其事」や後漢・班固『漢書』食貨志上「開市肆以通之」、さらに晋・崔豹『古今注』巻上「店、所以置貨鬻之物也」や唐・李延寿『南史』劉休伝「令休于宅後開小店」、そして宋・孟元老『東京夢華録《とうけいぼうかろく》』巻二「南則唐家金銀舗、温州漆器什物舗」がある。ただし、これらの言葉から、何か一定の建築形式が連想されることはなく、区画された「市」内の「ミセ」や、たんに商いをおこなう「ミセ」という意味にすぎない。既往の研究でも、プラン〔劉 一九五七〕や構造〔田中 一九八三〕に関する建築類型の研究はあっても、ミセが付く建物を一つのビルディングタイプとしてとらえながら言及されることはほとんどなかった。

その理由に、一八世紀以降、とりわけ一九世紀末の清末から民国にかけての町家しか現存しない状況のなかで、それらの空間構成は専用住宅と同じ系譜にあり、いわゆる「町家」という単独の形式が見出せないことにある。つまり、中国の町家は、「居住」の部分で中庭を奥に連ねる専用住宅とまったく同じ構成原理で作られながら、街路に面する場所にたんに「ミセ」が付いたにすぎない。一方で、武家屋敷・町家・長屋といった多様な住居タイプが存在した近世日本の伝統都市とは明らかに異なっている。

だが、清朝一八世紀以降の状況が、それより前の元や明、さらには唐や宋といった時代でも同じであったとは限らない。たとえば、現存するものを見ると、屋根の反りが強く、どちらかというと派手な印象を与える中国園林でさえも、かつては平安後期の『作庭記』に強く影響を与えているとし、日本の庭園といま以上の違いはなかったとする論考がある〔田村 一九六四〕。とすれば、一八世紀以降の中国の町家に共通する平入り・瓦葺・通し柱型・煉瓦造の側壁・開放的な店構え・奥に展開する中庭群・戸建てのほかに長屋建ても多いといった特徴が、いつごろ、どのように、なぜ成立したかを明らかにする必要があるだろう。これらの特徴は、一部で日本の近世町家にも共通するし、また明らかな違いも見せている。

ここに本章で解決に迫りたい目的がある。同時に、その分析を通じて、日本の町家との比較化・相対化も可能になる。本章では、まず一一〇〇年頃に描かれた都市画巻『清明上河図《せいめいじょうかず》』の解読を中心に、文献史料の考察を加えて、一二世紀初頭の中国の町家が一八世紀以降のものとは大きく異なっていたことを指摘する(1)。ちょうど京町家の基本形式が成立したとされる平安後期と同時代を対象とすることにも意味を持つ。日本の町家の議論と同様、とくに独立屋か割長屋かを主な論点とし、むしろこの時期の中国の町家は日本のものときわめて似ている点を強調したい。次に、明代初期から明末清初を経て、一八世紀初頭の清代中期に至る過程で、奥行きの伸展化、日本の通りニワに相当する避弄の普遍化、割長屋の一般化に言及し、多くで共通点を見出すことができるものの、空間構成としては「町家」という単独のタイプを形成せず、全体としてはむしろ日本と異なる過程を遂げたことを見ていきたい。

図 1 独立屋の妻側と格子窓・北宋張択端『清明上河図』

注） 本章では『栄宝斎画譜・古代編 12』（栄宝斎出版，1997）を引用した．以下，『宋清明』と記す．

こうして、アジア全体のなかで中国の町家が歴史的にいかに位置づけられるべきなのか、都市空間の変容とともにそれをとらえ、その背景に存在する社会的な共同の理念と、結果として表出する街並み空間の変化を考えていく。

二 中世中国の町家——『清明上河図』と周辺史料から

北宋は、都市と建築の様相が劇的に変化した時代といえる。城壁は土を突き固めただけの版築から表面がレンガに覆われたものへ、また橋や護岸は土や木から石・レンガへと変わり、屋根は瓦で葺かれるようになった。とくに、唐末の市制の崩壊は、都市の様相を一変させる。大通りに沿ってミセを開く町家が連なる街並みの出現は、まったく新しいイメージの中国都市を誕生させた。

張択端『清明上河図』は、縦二五・八センチメートル、横五三四・六センチメートルあり、一一〇〇年ごろの北宋の都の開封を描いている[2]。画巻の中央には、メインとなる大きな橋が描かれ、全体では農村や水辺の風景とともに、農家や官吏の邸宅、寺などの公共施設、食堂や酒楼などの店舗が連なり、約五〇〇人の人々がさまざまな姿で描かれている。この画巻は、開封の具体的な場所を連続的に描いているわけではないが、個々に表現されたシーンの信頼性はきわめて高い。また、小泉和子が指摘しているように、河沿いに連続する店舗群には問屋、より具体的に言うと商品の保管庫と宿泊施設、運送業、ミセ場が一体となったもので、北宋に爆発的に増える〈邸店《ていてん》〉が多い〔小泉 一九九九）。

まず、この画巻に描かれている町家の特徴をあげてみよう。街路沿いにミセを開く町家の特徴は、〈綵楼歓門《さいろうかんもん》〉と呼ばれる櫓門を設けた豪華な酒楼を除くと、ほとんどすべてに共通している。第一に、割長屋ではなく、どれもみな独立屋である。第二に、独立屋の妻側は、木造の軸組が露出する真壁づくりで、そこに格子窓が設けられている（図1）。第三に、基壇の上に建てられたものはわずかで、店舗に限らず建物の柱は大部分が掘立、一方で通し柱と思われるものは一棟しか描かれていない。第四に、町家は平入りで、前面が街路に開放され建具や腰壁もほとんどなく、多くが柱間二間でつくられている。第五に、中庭を挟んで奥へ展開するような店舗はない。そのかわり、屋根を架け足してミセ空間を拡張する傾向がある。

三　独立屋と割長屋の〈房廊《ぼうろう》〉

この画巻には独立屋しか描かれていないが、当時、割長屋の店舗がまったくなかったわけではない。いずれも開封の記録として、南宋『続資治通鑑長編《ぞくしじつがんちょうへん》』巻三五九、元豊八（一〇八五）年九月「中書省言。在京免行銭。既與放免。併汴河堤岸司京城所房廊。」とあって、〈房廊〉のことが述べられている。房廊とは、前面に吹き放しの、いわばアーケードを持った割長屋の店舗あるいは倉庫・邸店群のことを指す。また、同巻三〇〇、元豊二年九月丙子の条には「修完京城所請。貸官地創屋。與民為麪市収其租。」とあって、拡張した都市域である京城所では、麦粉を扱う麪市に官設の「屋」が創設されている。ここで言う「屋」は、まさに房廊のことにほかならない。しかも、それを民間に貸して収益を得る一方で、行役税（商税の一種）を免除したとある点は、たんに商業地における官側の優位だけでなく、商人の側にとっても利益を生みやすい環境が提供されたことを示すものとして注目される。

図 2　明代 16 世紀初期の画巻に描かれた河沿いの長屋形式の町家

注）明仇英『清明上河図』遼寧省博物館蔵，本章では『中国古代絵画名作輯珍　仇英画集』（天津人民美術出版社，2001 年）を引用した．以下，『明清明』と記す．

都市では、商業経済の活発化が、城壁の増築による都市域の拡大となって現れた。とくに、その新市街地では町家としての多様な形式の建物が集中することになる。ちょうど、後周顕徳二(九五五)年に、世宗が都の開封に羅城を増築して都市域を拡大したのも、こうした変化の典型的な例である。さらに、『東京夢華録』巻二宣徳楼前省府宮宇で商業地の説明に「直至十三間楼」とあり、また北宋・王辟之『澠水燕淡録』巻九には、当時の将軍周景威が汴河に沿って「十三間楼」と呼ばれる邸店群を建設し、巨万の富を得たことが記録されている（楊 二〇〇六）[3]。河沿いの柱間一三間という記述から、この建物もまた割長屋である。当時、開封の房廊はかなり多かったようで、『宋史』巻三八七汪応辰伝に「朕置房廊與民争利」とあり、官と民で利益を争うほどであった。しかしながら、そうした状況にあっても、官が優位に開発を進め利益を得ると同時に、商人に対しては税の優遇措置を欠かさず実施している。

そもそも、南宋の南京の記録として、『景定建康志』巻四一趙時侃中谿和買役銭状に「在城江寧上元両県。有房廊之家。少者日掠銭……」とあることから、もともと房廊は富商がまず建設したものであった。その後、官設あるいは官史によって模倣されたであろうことを加藤繁が指摘している[4]。

この割長屋の店舗群を意味する宋代の房廊は、その後、一四世紀初期の元の大都（後の北京）で〈平坡屋〉、明代および清初の南京や北京、たとえば一五世紀初期の北京で〈廊房〉と呼ばれて引き継がれる（図2）。とくに、一四世紀後期の南京では「舗戸《ほこ》当行制《とうこうせい》」の制度が徹底される。都市内外の工商業地区を厳格に確定し、各街路に扱う商品ごとに商人を集める一方で、官吏にはサービスの提供を義務づけるというものである。その際、官が建物を提供すると同時に、商人からは税を徴収することでバランスをとっている〔范 二〇〇五〕。この建物もまた、長屋形式の町家の〈廊房〉であろう。また、北京の〈廊房〉は、大火災後の早急な復興を目的として、官が商人に提供したものであったことも注目に値する。

このように、ほぼ一一世紀に成立を見た長屋形式の町家は、その後の清に至るまで、官主導による商業地開発の町家のプロトタイプ、つまり空間と商業経済の特定のイデアとして継承されたことを示している。そして、北宋『清明上河図』の店舗の妻側は、格子窓を設けて隣とは壁を共有したり接したりしない様子が描かれていた。一方、明代中期までに、町家では煉瓦によって側壁を立ち上げる、いわゆる〈界墻《かいしょう》〉が一般化する（図3）。これにより、こうした長屋形式の町家は、のちに所

図3　明代中期までに一般化する〈界墻〉（『明清明』）

図4　独立屋に変化した北京廊房二条の平屋と二層の店舗

出典）『北京──都市空間を読む』（鹿島出版会，1998年）．

有ごとに独立屋として改築できるようになり、従来の街並みを変化させうる状況にあったことも見逃せない（図4）。ちなみに、南北朝頃までの中世京都に見られた〈屋形〉やソウルの〈行廊〉と呼ばれる街路に面した長屋形式の町家とも、建設背景や空間構成の面で共通しているであろうことは容易に想像される。これらの町家には、当時はまだ居住空間が付属していなかったであろうことは、町家を通して都市の空間と社会の関係を読み解くうえで、今後欠かせない視点となりうる。

北宋の開封の場合、とくに着目したいのは、房廊は拡張された都市域、つまり新市街地に特徴的に出現した新たな建築形式なのであって、それまでは独立屋が主流であったということである。そして、もともとは富商によって作られた長屋形式の町家が、その後、官制主導で建設が進められてはいるものの、税の優遇措置によって、官と商人の双方に利益を生み出すシステムが構築された。こうして、新市街地を中心に、それまでの独立屋がたんに軒を連ねる街並みとは違って、長屋形式の町家が連続する統一されたデザインの新たな街路空間が出現したのである。こうした手法を官側が採り入れた背景には、たんに街並みの一新を目指しただけでなく、新市街地の早急で安全な地区形成と、安定した都市経営とを着実に実現することが企図されていたはずである。

四　奥への展開と〈避弄《ピーロン》〉

『清明上河図』では、一部の酒楼で、街路沿いの門を入った場所に、中庭に面する二層の座敷が描かれ、わずかに奥への伸展がうかがえる。『東京夢華録』巻二酒店には「凡京師酒店、門首皆縛綵楼歓門。唯任店入其門、一直主廊約百余歩、南北天井、両廊皆小閤子向」とあって、「百歩」の一五〇メートルは誇張しすぎだが、前後二つの中庭を持ち、当時としては相当大規模なものが、酒店に限って存在したことが知られる。ちなみに、同巻二宣徳楼前省府官宇に「遇仙正店、前有楼子後有台」、また同巻六元宵「楼下、用枋木壘成露台一所」とある通り、酒店の裏には角材を使って井桁に組んだ露台が設けられ、その様子が『清明上河図』にも描かれている。これとよく似た事例が、京都における中世後期の町家の発掘成果で得られていて、今後の日中における中世建築の比較のうえで重要な論点となるであろう〔内田 二〇〇七〕。

さて、『清明上河図』では、一八世紀以降の町家で見られるように、中庭を間に挟みながら奥へ長く展開するようなものは一切描かれていない。建物一棟と裏の空地が描かれているにすぎないのである。むしろ、町家前面のほうに、屋根（棚）を架け足してミセを拡張している例がほとんどである（図5）。このことがまた、当時、街路の不法占拠となって社会問題化していることをかつて指摘した〔高村 二〇〇三〕。また、住宅の例ではあるが、こうした土地の制約から間口が狭い場合には、奥行きの梁間をかなり深くとって、大屋根で一棟を覆う形式が一五世紀の明の小説から読み取れるという〔田中 一九九二〕。

図5　裏の空地と前面の拡張（『宋清明』）

一方、裏のほうは空地がだらだらと広がっているため、当初から区画された敷地ではないことがわかる。だが、一部の河沿いの町家で、その土地を塀で囲い、敷地境界を確定している描写が見られるため、何らかの所有、少なくとも使用のための占有が始まっていたのではないだろうか。二軒のみではあるが、裏に通じる通りニワのような描写も見られる。いずれも裏に河が流れている町家の例であって、そこに人が出てきて作

図6　町家に連続する通りニワ（『明清明』）

業する様子が描かれている。だが、数は非常に少ない。

明代初期においてもなお、庶民の住宅は柱間の間口三間、奥行きの母屋桁五架を越えてつくることは許されていなかったが、一五世紀中期になると、架が多くとも、間の少ないものは問題にはならないという条項が加えられる。『明史』巻六八輿服四「洪武二十六年定制。不過三間五架」ならびに「正統十二年令稍変通之、庶民房屋架多而間少者、不在禁限」がそれを示す。土地の有効利用をめざした、いわば規制緩和である。

それから約五〇年後の一六世紀初期の蘇州を描いた仇英『清明上河図』には、中庭を挟んで奥へ展開する町家が描かれ、そこに通りニワが徹底して付けられている（図6）。街路沿いの町家では、どこでもL字形のカウンターが置かれ、脇を通り抜けられるようになっている。このように、ミセの内部から奥へ通じるもののほかに、街路沿いに通りニワの入り口だけが見える例もある。ここに至れば、まさに一八世紀以降の中国の町家に見られる〈避弄〉と呼ばれる通路と何ら変わりがない（図7、写真1）。避弄は、町家や住宅にあって表から裏に抜けるもので、京都の通りニワとは違ってサービス機能が付属せず、単純に通路としての役割を担う。中庭を間に挟みながら奥へ長く展開する中国の建築では、この避弄が日常的に家の中を行き来する通路であり、一方で、建物の中心軸を貫く通路は冠婚葬祭用に利用される。こうして、主従・公私の関係を厳格に分ける儒教の教えに応じて、二つの通路を使い分けるのである。

こうして、街路沿いの街並みのみならず、商業地の街区構造の全体に大きな変化が生じた。宋代を対象としたとき、中国では町割りと屋敷割りは同時期的ではないと考えられること、たとえ同時期であったとしても空地がかなり多く、隅々まで行きわたる計画性の強い中国都市というイメージとは実際はかけ離れていたことを指摘したい。中国都市に特徴的な方形の街区にあって、個々の町家が中庭を挟みながら奥へ展開し高密度に集合するようになるのは、早くとも一五世紀中期の明代以降になってからのことで、それにより街区内部が建物で満たされる状況が生まれた。

写真1　避弄（江蘇省同里）

したがって、その後の中国都市では、表店と裏店、さらには表店と裏長屋のような物理的関係が見出せないのである。その状況が現れるのは、むしろ商住を一体化した新たな街区の開発が求められる近代になってからである。この点でも、中国の町家は中世だけでなく、それ以降においても、まさに町割りとの関係において京町家に近いと言える。一方で、地借や店借に関しての史料は確認できていないが、明末清初の有力な官

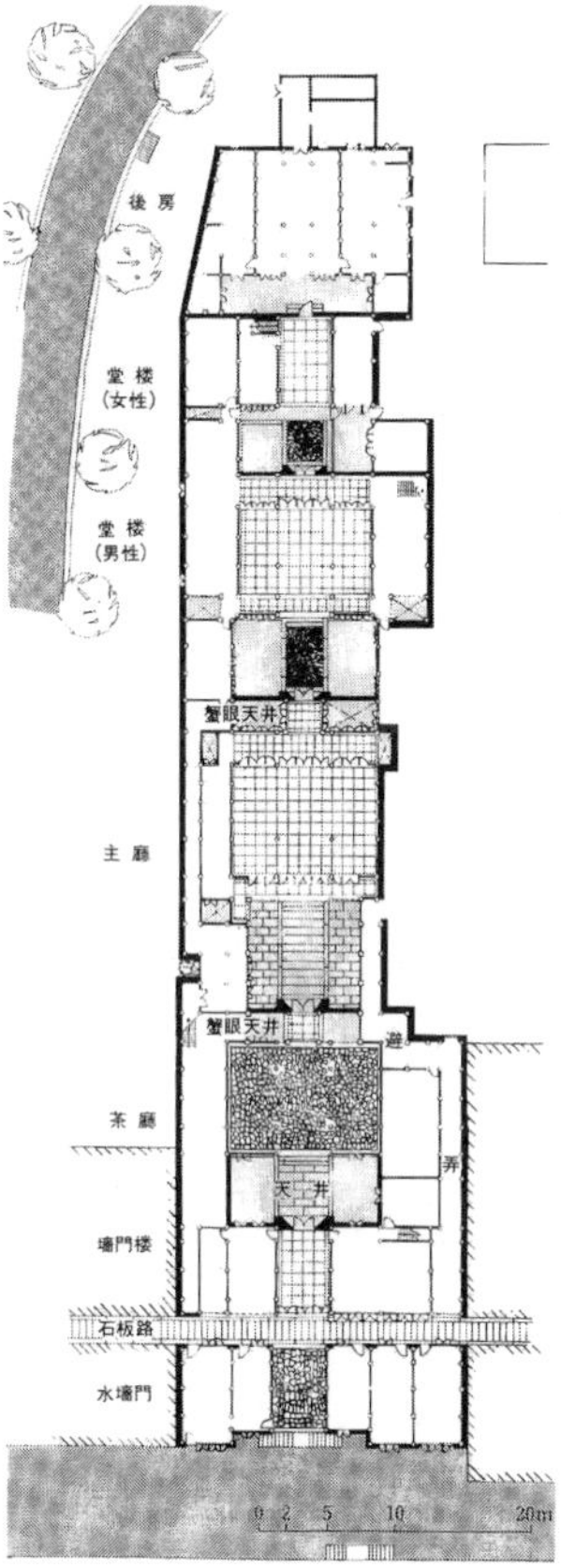

図7　奥に長く展開する町家と脇の〈避弄〉・江蘇省周庄1742年創建の沈庁

出典）『中国の水郷都市——蘇州と周辺の水の文化』鹿島出版会，1993年.

史や地主による土地集積によって、経済的・社会的階層の格差が広がったため、それ以降は両者の関係も多岐にわたったことが想像される。

おわりに

以上、中国の「町家」を対象とし、その建築形式と奥行きの変化を取り上げ、唐宋を起点に元、明、清に至る変遷を見てきた。史料が限られていることから、都市画巻、考古成果、文献史料と、使用したものは広範に及び、また広大な中国にあって地域性の考察に深く言及できなかった点など、問題も多いだろう。だが、いまアジアの町家を全体史としてとらえる糸口をつかむと同時に、ある特定のイデアのなかで、官と商人の双方によって、商業地の空間と社会の安定が築かれていたその実像を描き出すことができた。

とくに、市制が崩壊したあとの北宋では、一八世紀以降の町家とはさまざまな部分で異なり、むしろ中世京都の町家形式と類似している点が少なくなかったことを指摘した。だが、一五世紀に側壁を立ち上げる界墻の発達とともに奥へ展開することを始め、一七世紀前半までの明末清初に集住化が一気に加速して、一八世紀以降の町家タイプを生み出す条件がそろう。そして、一八世紀前半の全国的な高度成長期において、町家の形式が確立して広範に行き渡り、現在のイメージが形作られていく。結果的に、それが近世日本のいわゆる「鰻の寝床」と比喩される町家によく似ていることから、相互の密接な関係・伝播を想像する向きがあるものの、それは一見しただけでの話であり、この点においてはむしろ世界の大都市における高密度な商業地に普遍的なものであるとするほうが自然であろう。

より具体的に見れば、中国の町家の空間構成は専用住宅と同じ系譜にあり、「町家」としての単独の建築タイプの成立には至っていないのである。その理由として、これまでなら空間を明確に囲い、明快な中心軸を通して左右対称に構成しそれぞれの場所を意味づけ、奥へ展開する指向を強くするといった中国支配階層の持つ強い理念が、民間にも影響を与えたとしか説明されなかっただろう。しかし、本章では、それに加えてさまざまな制約や都市政策、土地の状況、とりわけ官と民による商業地の開発過程に共通のイデアが存在していたことを示した。

これまで、都市や建築に表出するイデアは、簡単にとらえやすい大きな空間的枠組みばかりに注目が集まり論じられてきた。だが、むしろそれは虚構にも近い人間の感覚からは遠い観念としての都市像あるいは世界観であった。一方で、こうした商業地とそこに成立する町家は、実像としての都市イデアをより具現的に表出させるテーマとして重要である。

(1) 本章は、二〇〇七年度日本建築学会大会パネルディスカッション「東アジアから日本の都市住宅（町家）を捉える」における高村雅彦「中国における「町家」の成立過程とその変容——アジアの比較建築史・都市史の視点」の発表をベースとしている。

(2) 北京故宮博物院蔵。この都市画巻の資料批判については、〔高村 一九九九・二〇〇〇・二〇〇三〕を参照されたい。

(3) 北宋・孟元老『東京夢華録』には、入矢義高・梅原郁の訳注本（岩波書店、一九八三）がある。『東京夢華録』には、大体の数字ではあるが、門や楼閣などの建物の形式一七、窓などの建具四、材料九の計三〇カ所の建築に関する記録が載る。掘立柱や瓦葺などの工法ならびに当時の建築規制と描かれた建物との関係については、〔高村 二〇〇三〕を参照されたい。

(4) 「唐宋代の市」『支那経済史考証 上』東洋文庫、一九五二年所収。

〔参考文献〕

内田好昭「中世後期から近世の町屋」西山良平・藤田勝也編『平安京の住まい』京都大学学術出版会、二〇〇七年
小泉和子「テーブルと腰掛から見た『清明上河図』」『アジア遊学』一一、勉誠出版、一九九九年
高村雅彦「『清明上河図』都市建築考」『アジア遊学』一一、勉誠出版、一九九九年
——「中国中世の都市と建築——『清明上河図』解読作業」都市史研究会編『年報都市史研究8　都市社会の分節構造』山川

出版社、二〇〇〇年
――「建築から解読する中国中世の都市社会」『『清明上河図』を読む』勉誠出版、二〇〇三年
田中淡「中国の伝統的木造建築」『建築雑誌』九八号、日本建築学会、一九八三年
――「中国の住まい――四合院と南北の伝統」『しにか』第二巻六号、大修館書店、一九九一年
田村剛『作庭記』相模書房、一九六四年
范金民「明代の政治変遷下における南京経済」『アジア遊学』七八、勉誠出版、二〇〇五年
楊寛『中国古代都城制度史』上海人民出版社、二〇〇六年
劉敦楨『中国住宅概説』建筑工程出版社、一九五七年

[Ⅲ さぐる]

4 与板
近世の小城下町と寺社

朴澤直秀

はじめに

本章では、越後国三島郡与板（現新潟県長岡市与板町）を事例として、近世の小城下町の展開過程を寺社との関係から考えてみたい。

与板は小都市ながら交通・流通の要地であったが、以下に触れるように、中世から幕末に至るまで、領主の入封・転封、城主格への昇格、さらには宗教施設の誘致などもあり、その相貌を変容させ続けていく。城下町と宗教的要素との関係をめぐっては、吉田伸之による、在地社会から分離され、城下町に凝集される都市的要素の一つとしての宗教的要素への言及〔吉田 二〇〇〇・二〇〇一〕が行われている。また伊藤毅により、寺院の存在形態（寺町の形成や、市中への散在、あるいは「境内」の中核となる存在）に着眼して近世都市の特質を読み取ろうとする試みが提示されている〔伊藤 二〇〇三〕。本章ではこれらの論点を念頭に置きつつ、領主との関係や機能において多様な宗教施設の展開・移動の過程を検討する。そして、通時的な動態に即して、小城下町の構成原理と宗教的要素との関連を考えるうえでの一つの素材を提示する。

まずここで、『与板町史』（通史編上巻）に大きく依拠し、近世を中心に、支配に関する概要を整理しておきたい。なお、以下適宜地図（図1）を参照されたい〔与板町　一九九九a〕。

与板は、信濃川の支流黒川（長岡の下流対岸で信濃川に注ぐ）の開口部やや上流に面する河港である。同時に陸路も通じており、近世には、中山道高崎宿より湯沢・六日町・長岡を経て寺泊に至り、海路佐渡に通ずる三国街道の宿駅でもあった。また、信州から小千谷を経た北国脇街道が、山裾を通り与板で三国街道に合流する。さらに、山を越えて出雲崎方面に抜けるルートもあった。このような交通条件のもと、穀倉地帯に立地し、長岡と競合しつつ、新潟や大坂への廻米、さらには大名貸を行う豪商を輩出した〔丹治　一九八四〕。

かかる交通の要衝であり、新潟平野の西辺、三島丘陵の山裾に位置する当地には、支配・戦略の拠点として城や陣屋が置かれた。

与板の北に接する本与板には、守護上杉氏の重臣飯沼氏、戦国大名上杉氏の重臣直江氏が居城を置いたと考えられている。さらに直江氏は、のちの与板市街の南西にあたる丘陵上に与板城を築いた（以下、便宜的に「古与板城」と表記する）。直江氏が本与板から与板（古与板城）に拠点を移した時期については、御館の乱（一五七八―八〇年）を契機とするとの説がある〔鳴海　一九八七〕。

慶長三（一五九八）年、上杉氏は会津に移封され、直江氏も米沢に移り、直江氏の麾下「与板衆」も移動した。代わって堀氏が春日山に入封し、次いで慶長一五年、堀忠俊の改易に伴い松平忠輝が入封した。松平忠輝は元和二（一六一六）年に改易となり、与板周辺は三条藩主市橋長勝、およびその甥、旗本市橋長政の領地に組み入れられた。上杉氏移封以来、与板には領主の本拠は置かれなかったが、市橋長政の本拠は与板に置かれたという。

元和六年、市橋長勝が没し、長政が家督を継ぎ近江国仁正寺に移った。与板周辺は長岡城主牧野忠成に与えられた。三島郡の長岡藩領は「与板組」として組織され、与板には代官が置かれた。

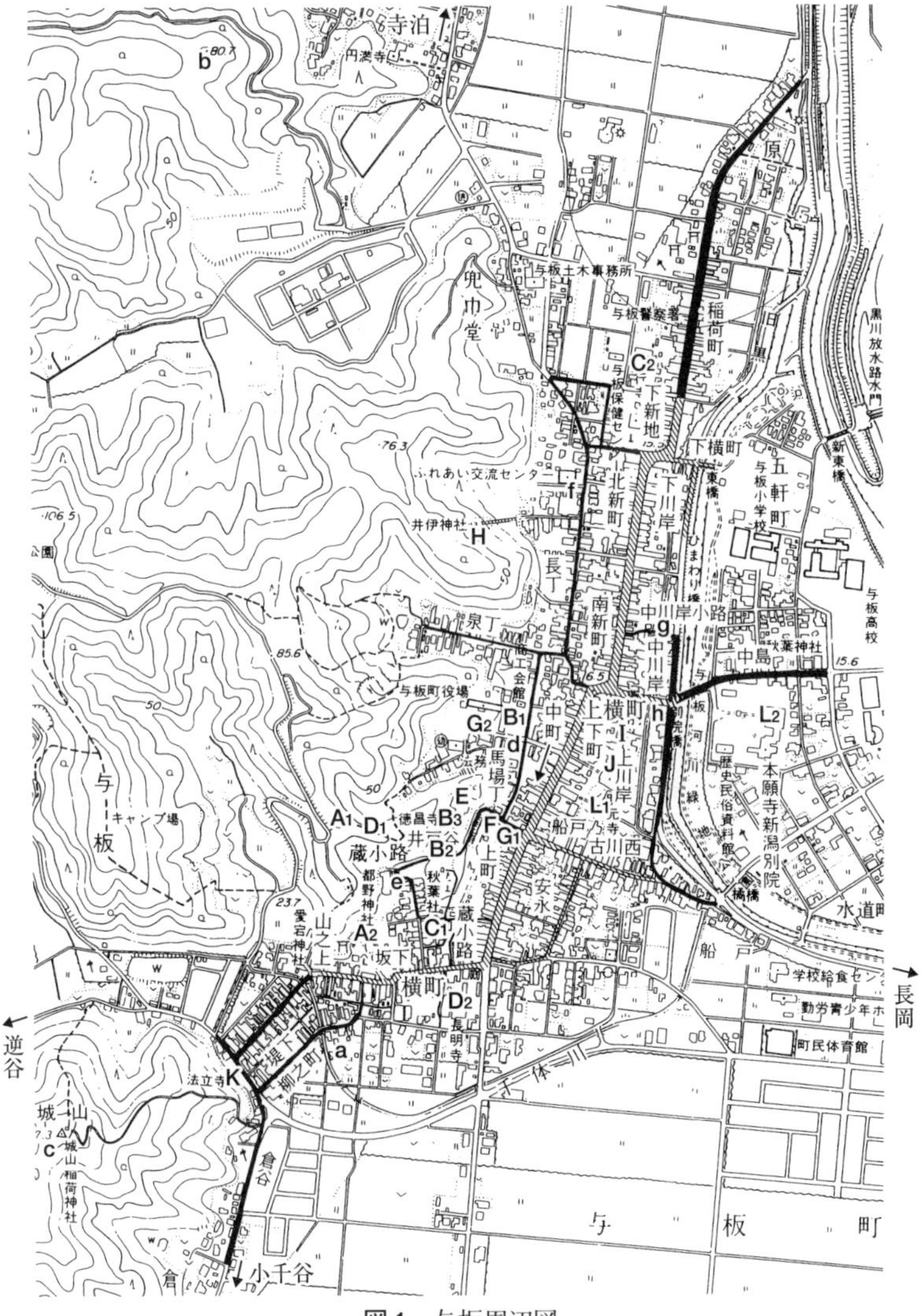

図1　与板周辺図

注）〔与板町 1999b〕図 22「現在地図にみる明治年代の町と村の区割図」を加工した．
斜線街路は与板町，太線街路は与板村（山側は旧武家地）．
黒川は改修されており（1972 年完工），地図上の旧黒川がほぼ以前の黒川の本流をなぞっている．
a 古銭出土地　b 本与板城　c 古与板城　d 陣屋　e 米蔵　f 新与板城　g 大坂川渡場　h 山田川渡場
A 都野八幡宮　B 徳昌寺　C 恩行寺　D 長明寺　E 泰安寺　F 西光寺　G 龍潭寺　H 城内・稲荷社
I 蓮正寺　J 明元寺　K 法立庵　L 与板御坊（移転した〈とされる〉ものはそれぞれ 1，2，3 と移転前後の場所を示した）

寛永一一(一六三四)年、牧野忠成の次男康成が与板藩主となり、一万石を分知された。一方で本与板は長岡藩領に残り、長岡藩与板組は本与板組に再編された。康成は当初、長岡にいたが、長岡藩の家督争いにともない、明暦三(一六五七)年に与板に陣屋を構えて移転した。近世城下町(厳密には当初は陣屋元)としての与板の歴史はここに始まる。

元禄一五(一七〇二)年、与板藩主・牧野康重は、小諸に移封される。与板は幕領となり陣屋が置かれたが、ほどなく宝永三(一七〇六)年、二万石の無城の定府大名として井伊直矩が遠江国掛川より入封する。のち井伊直朗が奏者番・若年寄を務め、文化元(一八〇四)年に城主格を認められた。以後幕府に城地拝領を働きかけ、文化一二年には石瀬村(旧西蒲原郡岩室村、現新潟市西蒲区)での築城を認められた。しかし与板町人からの反対があり、結局、文政三(一八二〇)年より、与板の、従来の陣屋とは異なる場所に築城、文政五年に棟上げし、文政六年、はじめて藩主が入部した(以下、便宜的に「新与板城」と表記する)。慶応四(一八六八)年五月、与板にて列藩同盟軍と、与板藩ほか新政府軍との戦闘があり新与板城は火災に遭う。明治四(一八七一)年には与板県が廃止された。

一　町域・武家地の拡大

ここまで単に「与板」と表記してきたが、近世前期は全体が「与板村」であり、そこから町場が「与板町」として分立し、さらに「与板村」を蚕食していく、という展開をたどっている。

古与板城の東麓で一九八九年に多量の古銭が出土している(「大粮町出土古銭」)。そのうち最新の古銭は至大通宝(一四世紀初頭)である(与板町　一九九五a)。後述のように北側の山上には都野八幡宮などもあり、早い段階からの都市的要素の存在が予測される。

その後、先述の支配の変遷にともなう展開は不詳だが、牧野氏与板入部以前に、のちの与板町の中心部が形成されていたものと推定されている。『与板町史』（通史編上巻）では、（おそらく元禄一二年「与板家中絵図」[1]に依拠しつつ）明暦年間の牧野康成の与板移転以前は、北より新町、下町・中町・上町（三町をあわせて「本町」）、そこで西に折れて横町と町場が並んでおり、中町から東、長岡方面に三国街道が延び、代官屋敷と蔵とが横町の山手にあったと推定している。

牧野氏の与板移転による城下町整備は、『与板町史』（通史編上巻）の記述を参考にしつつ、「与板家中絵図」から読み取ると、

① 武家地は、従来からの町場の西側山際から新町の北側にかけて作られた。

②「新川」を掘削し、従来、町場に迫って流れていた黒川の河道を東に移した。『与板町史』（通史編上巻）では、武家地の整備のために山麓を削った土砂を河道跡に埋め立てたものと推測している。

③「与板家中絵図」では古川（黒川旧河道）上に「大坂川渡場」「山田川渡場」の表記が見られる。川渡場（河渡場）とは川湊のことであるといわれる。なお、前者は豪商大坂屋三輪家、後者は和泉屋山田家の名に因むものである。与板には大坂廻米などで財をなした豪商が多数存在した。

といったものであった。

次に、ここでも大きく『与板町史』（通史編上巻）に依りつつ、井伊氏入封による市街の改変についてみていく。井伊氏・無城期の絵図として、寛政四（一七九二）年の「与板惣構絵図」[2]が知られる。牧野氏移封後の短い幕領期間に、武士や武家奉公人の屋敷がどのような状態に置かれていたかは不明であるが、陣屋の位置は井伊氏入封後も踏襲されたようである。

「与板家中絵図」によれば、牧野氏時代には、新町の北側に「足軽町」として足軽の居住地域が展開していた。し

かし移封後、町人地に変わったようで、「新々町」と呼ばれ、享保三(一七一八)年には「稲荷町」と改称した。
町域の拡張は、南側・東側でもなされた。延享三(一七四六)年には古池新田が屋敷成とされ、長岡小路と呼ばれた。のち文政三(一八二〇)年に船戸と改称された。安永四(一七七五)年には、稗田の一部が屋敷成とされ、のち文政三年に安永と改称された。文化元(一八〇四)年には、割元新木与五右衛門が願い出、堤下新屋敷が開かれた。文化三年には「御中間町」が稲荷町新屋敷となった。

先述の「与板町」と「与板村」との分離についてであるが、元禄年間に、町方と、倉谷・原など周辺の農村集落を含む地方とが分けられた〔与板町 一九九九a、四六六頁〕。与板町に関しては、人別は町方が、地所は地方が支配した。しかし寛政元(一七八九)年、町並みの屋敷については町役人の支配となり、田地の支配と分離された。また、同年には屋敷検地が行われた。

さて、新与板城築城後の状況については、弘化二(一八四五)年に、大坂屋分家出身で藩士であった三輪長誠によって作成された絵図(3)がある。この絵図では、元の陣屋が空き地となっており、新与板城は「与板惣構絵図」では家中への(藩からの)貸畑となっていた部分(一部、藩士への拝領地)に築かれている。そしてその東側の、新町の裏手、新町町人への(藩からの)貸地となっていた部分や、北側の、恩行寺裏あたりまでのおそらく耕地だった平坦地には、物置や詰部屋、武家屋敷や長屋などが造られている。一方で、築城による町地の大きな変更はなされなかったようである。後述の与板御坊仮堂も、中町への通路が描かれているが、基本的には明元寺南側の新田に設けられている。

二　寺社の展開

ここでは、『寺院明細帳』『神社明細帳』(4)所載の寺伝・社伝や、「与板家中絵図」「与板惣構絵図」、弘化二年の絵図などを参照し、主要な寺社の展開について検討する。

1　古与板城近辺の寺社

本項では、古与板城近辺の寺社を取り上げる。これらについては、古与板城の建設との先後関係や、領主の意図などは不明であるが、事実として、古与板城の北東＝鬼門の位置に集中していること、そこから真宗寺院が分散していったということを指摘できる。

与板の総鎮守、**都野八幡宮**は、『神社明細帳』によれば、元の社地は不詳だが、貞治（一三六二―一三六八）年間あるいは天正（一五七三―一五九二）年間に、現社地の裏山上に遷座されたとの社伝が記されている。そして、牧野氏時代の寛永年間に、「庶人」の参詣の便を考慮して、現在地に移転したと伝える。

曹洞宗**徳昌寺**は、直江氏一族の昌山一徳を開基として、文明一一（一四七九）年に創立され、上杉氏や直江氏の保護を受けたと伝える。『与板町史』（通史編上巻）に記された寺伝によれば、牧野氏の陣屋（「お屋敷」）は徳昌寺を移転させて作られたものであり、徳昌寺は現在地付近、現在の秋葉神社（享保年間に徳昌寺境内に勧請）隣接地、牧野氏菩提寺の泰安寺の隣に移転させられたという。のち元禄一五（一七〇二）年、泰安寺は、牧野氏の移封にともない小諸に移転し、跡地は徳昌寺に寄付された。なお、『仏堂明細帳』によれば、町内の仏堂のほとんどが徳昌寺持ちとなっている。また、天保年間に、船戸町観音・安永町秋葉の祭りとして町内に灯籠を点す際に、徳昌寺が読経をしていることが確認できる〔与板町 一九九三a、四六五頁〕。つまり、神仏分離以前に、個別町レヴェルの神社に徳昌寺が関わっていたことを確認できるのである。さらに、文政一一年には有栖川宮家の祈願所となっている〔与板町教育委員会 二〇〇五〕。

さらに真宗東派の恩行寺について述べる。『寺院明細帳』に記載された情報は多くはないが、『与板町史』（文化財編）には、それとは異なる寺伝が記載されている〔与板町　一九九五ｂ〕。それによると恩行寺は、永禄二（一五五九）年（『寺院明細帳』では四年）に信濃から与板（越後）に移ったといい、永禄四年に、現在の蔵小路に本堂が建立されたという。その後牧野氏与板藩時代に、恩行寺の上手が蔵屋敷や代官屋敷として借地されたために、恩行寺が手狭になり、場所替えの問題が起きたという（「与板惣構絵図」では、この段階の旧地と思しきところに「恩行寺抱屋敷」がある）。場所替えはなかなか具体化しなかったが、井伊氏時代の享保二（一七一七）年に新々町（翌年稲荷町と改称）に二反三畝一八歩が下付され、享保五年に本堂が完工した。「与板惣構絵図」によると、南北は「作場道」などの小さい路地に面しているが、稲荷町の通りには面しておらず、通路を介してつながっているだけで、町の裏手の耕地に移転したものと考えられる。

最後に、真宗西派の長明寺について触れる。『寺院明細帳』によれば、長明寺は永禄初年に信濃から阿弥陀瀬村に移り、翌年与板に移ったという。当初は都野八幡宮の後ろの山上にあり、慶長年間に現在地に移ったという。「与板惣構絵図」によると、長明寺は横町と、横町から分かれて南下する細い道とに面している。北西の一角に横町に面した短冊状の二軒の屋敷があるのを除けば、二面がほぼ道に接しており、他の真宗寺院（西光寺を除く）とは異なる様相を呈している。横町の町並みの形成以前か、同時に移転したものであろうか。

2　牧野氏・井伊氏により創建された寺社

本項では、牧野氏・井伊氏時代に創建された、領主関係の寺社について検討する。

まず泰安寺についてであるが、これに関してはすでに徳昌寺のところで述べた。はっきりした創建年代は不詳だが、元禄一五年に境内を徳昌寺に譲り、牧野氏と共に小諸に移転した。

真宗東派の西光寺について、「寺院明細帳」では由緒不詳となっているが、西光寺出身の牧師・柏木義円によれば、井伊氏安中時代に仕えた家臣を開基とし、井伊氏と共に与板に移ってきた（井谷編 一九七二）。このように、真宗東派寺院ではあるが、他の真宗寺院とは性格を異にした、いわば藩士に準ずる寺院である。徳昌寺の東側崖下、馬場丁（武家地）に位置していた。

さらに、臨済宗妙心寺派の龍潭寺についてみてみたい。龍潭寺は遠江国井伊谷にある、井伊氏にゆかりの寺院である。井伊氏の安中時代には分寺のかたちで随伴しているが（彦根にも分寺している）、井伊家家老・松下源左衛門の記述に依れば、三河国西尾移封のとき（正保二〔一六四五〕年）に造立されず、掛川では再建されたが与板では再建されなかったという（与板町 一九九九a、四五二頁）。寛延三（一七五〇）年に至って、与板に龍潭寺が再興された。翌宝暦元（一七五一）年は彦根藩初代藩主・井伊直政（分家井伊氏初代・直勝の父）の一五〇回忌であった。「与板惣構絵図」によれば、西光寺の南に接して徳昌寺の崖下にあるが、西光寺と違って建物の描写はない。なお、その南側は山端まで上町町人への貸地となっている。また、新与板城築城後の状況が描かれた弘化二年の地図では、もと陣屋があった場所の西側に龍潭寺が移っており、もと龍潭寺があった場所には藩士八田氏の屋敷がある。

最後に、城内・稲荷社（現在の井伊神社）について触れる。文政一一年に棟上げされた。祭神勧請には平田鉄胤が関与した（与板町 一九九九a、六二九、六三〇頁）。新与板城の南西山上にあり、弘化二年の絵図には「三社稲荷」と記載されている。

3　その他の真宗寺院・道場

本項では、その他の真宗寺院・道場を取り上げる。

まず、与板村原の惣道場について検討する。享保三年のこと、もと原村惣道場にあったという、慶長一〇年に与板村・下原村廿四日講中に下付された顕如真影をめぐり、真宗西派の蓮正寺・長明寺・明元寺（与板三ヶ寺）の争論が起きている。争論に関する証文のなかで、廿四日講中を「三ヶ寺惣御講中」と記しているものがある。また九〇年前に真影を蓮正寺に譲り受けたとの記載もあり、原の惣道場はすでに廃絶していたかと思われる[5]。

大尾として、真宗西派の蓮正寺と明元寺とについて考察する。『寺院明細帳』によれば、蓮正寺は永禄四年に信濃から越後に移転したという。与板での移転等に関する記事はない。明元寺は、永禄四年に信濃より三島郡山沢村に移転し、与板藩主牧野康重（与板藩主在位、元禄二〔一六八九〕年―一五年）の帰依に応じて現在地に移転したという。

蓮正寺は、上横町・下町・古河（黒川旧河道）に囲まれた場所にあり、明元寺はその南側に接している。「与板惣構絵図」をみると、両寺とも直接通りには面しておらず、短冊状の町屋敷の裏手にあり、通路を介して下町の通りとつながっている。ただし、明元寺が下町とつながる通路の両側に明元寺持ちの屋敷が、また上横町（新町の通りがつきあたるところ）に、蓮正寺持ちの屋敷がある。さらに、古河に面した一部が養徳寺（明元寺地中）の持畑になっており、明元寺の南側は「明元寺新田」となっている（のちに、ここに与板御坊仮堂が作られる）。

元禄一二年の「与板家中絵図」の一本（『与板町　一九九五b』所載本）でも、蓮正寺・明元寺は下町に直接面しておらず、下町と通路を介して繋がるかたちになっている。蓮正寺の境内地の変遷は不明だが、少なくとも明元寺は街路に面して建設されたのではなく、古河近辺の湿地の開発にともない建設されたものであろう。蓮正寺もおそらくそうなのではないか。

三　与板御坊の造立

以下、主に『御坊御建立之記[6]』に依りながらみていきたい。西本願寺与板御坊の造立への動きは、文政一三（一八三〇）年六月、在府中の井伊家家老・松下志摩が、築地御坊輪番に面会を申し入れ、設立を願い出るところに始まる。

藩のみならず与板の町人も設立運動を推進し、また同時期に三条でも御坊設立に向けた運動が行われ、結局前後して双方に設立されることになった。

御坊招致の動機としては、文政一三年に松下志摩が築地御坊で談判した際に、「与板の繁昌にもなるので」と述べているように、町の振興策としての意味合いがあったであろう。のち、天保五(一八三四)年二月に、仮堂で本尊披露法会が行われているが、それに関して『御坊御建立之記』には「従来町中には在方村役人のための宿のみ四、五軒あったが、今般あらたに法中・同行・参詣の宿や中食などの茶屋が数軒でき、与板城下の大繁盛になった」「領主も大悦の至りなので、家中にも参詣が多い」などと記されている。なお『与板町史』(通史編上巻)では、文政一一年の三条大地震による犠牲者の供養と町の復興とを企図したものと推測している。また、西本願寺の側からみると、下越後に根強く残っていた三業帰命説への対処という意味合いもあった(7)。

天保三年にいたって、西本願寺から三条・与板に相次いで御坊の建立が許可された。以後、配下寺院の獲得につき、両町・両御坊での激しい綱引きが行われた(8)。同年閏一一月には、与板町町代・町惣代から、本山使僧・信濃国小山普願寺宛で、井伊家家臣により裏書された一札では、稲荷町・中島・安永町・横町の四ヵ所のうちから、領主に差し支えない場所を敷地として取りはからう、としている。しかし敷地はすぐには決まらず、翌天保四年には、明元寺の南側地続き(「与板惣構絵図」に「明元寺(持)新田」とあるところの、明元寺隣接部分)に御坊仮堂が建立された。ここは「水溜りの地」であり、地形に多くの人足が働いた。

天保五年三月、与板藩の御造立掛役頭、江原織江が御坊に「領主の大絵図」(「与板惣構絵図」の正本か)を持参しての談判で「絵図面通り西は岡、東は大河信濃川に挟まれ、南北に帯広の土地なので(十分な場所がとれないから)、中島が手広の土地だから、信濃川に大土堤を築き、町屋も手広くなるようにしたいという予てからの志願もあるゆえ、中島に御坊の敷地を定めたい。ただし、幕府ではいったん明元寺地続きとして許可されているので、それでは狭いから中島に移したいと願い出たうえで、土地普請をしたうえで（正式に）決定したい」と申し出ている。

天保八年には、藩から御坊に中島の敷地が引き渡された。嘉永元（一八四八）年には追加の敷地が引き渡されたが、村方からは耕地引き渡しの代地をめぐる嘆願も行われた。[9] 以後、広範囲に及ぶ寄進・人足差出をうけて、地形・造立が進められていく〔朴澤 二〇〇四〕。しかし幕末のこの時期、造立は急には進まず、元治元（一八六四）年の報恩講引上は仮堂で行われている。結局本堂の完成は明治四年のこととなった。

四　小城下町の展開と宗教

最後に、若干の点を補足しつつ整理したい。

天保四年以来、井伊氏与板藩が祈願所としていたのは領内逆谷村の真言宗寛益寺であり、また龍潭寺・西光寺・都野八幡宮・徳昌寺にも藩から仏供米が寄進された。[10] 徳昌寺が領主に命ぜられて雨乞いを行っていることも確認できる〔与板町 一九九三a、七四四、七四五頁〕。

与板の町方について知られている宗門帳は明治四年の上町のものだけだが、それから作成した表1を示しておいた。与板町内の寺院の檀家が過半を占めている。しかし近隣村からの来住者が寺檀関係を継続したり、町内の東派檀那寺が一ヶ寺のみであったりすることによるのか、檀那寺は多数にわたっている。真宗門徒が圧倒的に多く、真言宗・日蓮宗などについては、特に与板に宗判寺院は作られていない。ただし、豪商や町方・地方の役人のなかには、徳昌寺はじめ真宗以外の寺院の檀那もある程度存在した。また、天保一四年、堤下新屋敷に、永禄年間以降廃れていた日蓮宗の仏堂、法立庵が再建されている（『寺院明細帳』）。

与板町の拡大にともなう門徒の増大に対し、先述の移転のほか、各真宗寺院は地中（塔頭）の設置による業務の分掌という形で対応したと考えられる。与板町内の西光寺・恩行寺を除く真宗寺院や、本与板村の東西各一ヶ寺の真宗寺院にはそれぞれ地中がある。『寺院明細帳』によれば、創立不詳のものもあるが、長明寺地中の慶宗寺はもと都野八幡宮近辺（蔵小路山）の曹洞宗寺院だったものが、寛永一一年に長明寺の弟子として真宗に転じた。蓮正寺地中の常念寺は延宝四年、本与板村光西寺地中の誓願寺は貞享三年、円満寺地中の一念寺は宝暦三年の創立と伝えている。

表1　明治4年与板町上町寺檀関係表

宗派	所在地	檀那寺	丸檀家	半檀家男方	半檀家女方
真宗西派	与板	長明寺	38	1	3
真宗西派	与板	明元寺	24	2	
真宗西派	与板	蓮正寺	12		3
真宗東派	与板	恩行寺	29	1	2
真宗東派	脇野町	浄福寺	2		
真宗東派	脇野町	長照寺	3	1	
真宗西派	阿弥陀瀬村	浄元寺	3	2	
真宗仏光寺派	長呂村	西広寺	2		
真宗東派	北野村	浄善寺	2		
真宗東派	槇原村	称念寺	13		
真宗東派	中之島村	願勝寺	1		
真宗西派	藤川村	長楽寺	1		
真宗東派	本与板村	円満寺	8		
真宗東派	黒津村	願敬寺	3		
真宗東派	岩方村	願念寺	2		
真宗東派	上除村	浄円寺	2		
真宗東派	鳥越村	浄雲寺	1		
真宗東派	中野村	善正寺	6		
真宗西派	本与板村	光西寺	1		
真宗東派	下村	浄覚寺	2		
真宗西派	大河津村	常禅寺	1		
真宗西派	島崎村	隆泉寺	1		
真宗東派	広野村	照覚寺	1		
真宗東派	上岩井村	西照寺	2		
真宗東派	出雲崎村	光照寺	1		
真宗東派	中之島村	光正寺	1		
真宗西派	下条村	専徳寺	1		
真宗東派	三条	善性寺	1		
曹洞宗	与板	徳昌寺	8		
真言宗	逆谷村	寛益寺	2	1	
真言宗	李崎村	来迎寺	1		
日蓮宗	日野浦村	大光寺	6		
日蓮宗	島田村辺張	蓮念寺	1		
時宗	吉水村	教念寺	1		
日蓮宗	高森村	大栄寺	1		
日蓮宗	村岡村	本行寺	1		
日蓮宗	村田村	治暦寺	1		
真宗西派計			82	5	6
真宗東派計			80	2	2
真宗仏光寺派計			2		
真宗計			164	7	8
曹洞宗計			8		
真言宗計			3	1	
時宗計			1		
日蓮宗計			10		
与板計			111	4	8
総計			186	8	8
(総家数)			194		

注）　長岡市与板歴史民俗資料館収蔵下田・両角家文書 3-381「明治四年三島郡与板宗旨御改下牒」より作成.

町々の街路には、地図（前掲図１）にもその痕跡をよくうかがうことができるように、一部の豪商などを除き短冊状の屋敷（一部を除き一定していないが、間口二―四間程度のものが多い〔与板町 一九九三a、四一九―四三九頁〕）が連なり、雁木を設け廂を接した町屋が緊密に連続していたと思われる。[11] 大坂などのように町屋に真宗寺院や道場が設けられることもなかった。家並みを変更せず、屋敷の裏手に、講などで多数の門徒が集まるのに必要な寺院規模が確保されたというとらえ方ができようか。

城下町への宗教的要素の集中、という観点からみれば、それは祈禱・宗判の両面において、その指向はうかがえるものの完全にはなされず、周辺に散在する寺院によって補完されていたとみることができよう。

与板における寺社の展開は、①古与板城からみて北東にあたる山裾での寺社の集中→②真宗寺院の、主に街路背後の耕地・湿地への来住・拡散と、③武家地周辺の山麓における、寺社集中地の性格を残した、領主関係寺社の移動・草創、というように整理できよう。

古与板城の時期までに、徳昌寺や、とりわけ都野八幡宮が、その近隣の空間構造を規定するような存在であったのかについては未詳である。規定していたとしても、「与板惣構絵図」からはすでにその痕跡をうかがうことはできない。

本書のテーマに即していえば、さらに宗教的思想と都市の構造との関係性を問わなくてはならない。都市の宗教性という根源的な問題については本章では論じえないが、先述したように、①の段階では古与板城の鬼門が意識されていた可能性はあり、③についても陣屋・城の裏鬼門が意識されていた可能性はあろう。城内・稲荷社の場所選定などについて、さらに検討する必要はあるだろう。また、宗派等に即した寺社の理想的立地と、寺社集中地の存在との関係について検討する余地もあろう。しかし、宗教的要素が、近世の与板の都市構造を規定していたとみることは困難である。近世の様相をみるならば、むしろ町の発展・拡張、黒川の流路移動・川岸の開発、武家地の整備が、寺社の立地や形態を規定したとみることができよう。さらにいえば、三島丘陵と黒川とに挟まれた地形条件と、流通の要地という地理的・経済的条件とのもとで、町場を温存・発展させつつ、外縁に武家地や寺社を展開させていくという方向性を看取することができるのである。その到達点が新与板城の築城と中島への御坊建立ということになろう。

(1) ①〔与板町 一九九九a〕の口絵に載せられた徳昌寺所蔵本と、②〔与板町 一九九五b〕に紹介された、昭和四年の複写本とがある。それらの原本は実見し得ていないが、〔与板町 一九九九a〕所載のトレース図（図一七九）、及びトレース図と思われる〔新潟県 一九八七〕所載の「元禄十二年与板町概図」（図一〇三）も参照した。

(2) 〔与板町 一九九五b〕に紹介された原図と、長岡市与板歴史民俗資料館所蔵の写本とがある。本章の執筆にあたり後者を実見した。

(3) 中野順司氏所蔵。原本を実見した。〔与板町 一九九五b〕にも紹介されている。

(4) 明治一六年の新潟県令の命令により提出され、新潟県で原簿として使用されたもの。〔長谷川 一九九一a・一九九一b〕に翻刻されている。

(5) 長岡市与板歴史民俗資料館収蔵新木家文書二『享保三戌関守』。「関守」は、与板村割元を務めた新木家の記録。

(6) 長岡市与板歴史民俗資料館収蔵与板別院文書六八―七〇。建立時の記録を整理したもの。

(7) 下越後における三業帰命説については〔奈倉 一九九〇〕を参照。文化六年には蓮正寺が回心状を提出させられている。『御坊御建立之記』などにも「不正義」「故（古）執」といった表現がみられる。

(8) 三条市立図書館所蔵古文書・古記録二二四〇『西本願寺御掛所造立諸事書留』。

(9) 新木家文書一三二の二『弘化五戊申年関守』。

(10) 東京大学史料編纂所所蔵松下家遺書二六『慶応三卯年七月ヨリ　与板雑録』。

(11) 隣接家屋と接した町屋の構造については〔与板町 一九九五a〕を参照。

（付記）本章の作成にあたって、長岡市教育委員会（与板分室）、及び笠原典明・中野順司・長谷川一夫の諸氏のご協力・ご教示を賜った。また、二〇〇八・二〇〇九年度科学研究費補助金（若手研究（B））及び岐阜大学二〇〇八年度大学活性化経費（研究、若手研究支援）による研究成果の一部を使用した。

〔参考文献〕

井谷隆一編『柏木義円集』第二巻、未来社、一九七二年
伊藤毅『都市の空間史』吉川弘文館、二〇〇三年
丹治健蔵『近世関東水運史の研究』法政大学出版局、一九八四年
奈倉哲三『真宗信仰の思想史的研究』校倉書房、一九九〇年
鳴海忠夫「本与板城跡――遺構を中心として」『かみくひむし』第六五号、一九八七年
新潟県『新潟県史』通史編3、近世一、一九八七年
長谷川一夫「明治十六年「神社明細帳」」『町史よいた』第二集、一九九一年a
――「明治十六年「寺院・仏堂明細帳」」『町史よいた』第三集、一九九一年b
朴澤直秀『幕藩権力と寺檀制度』吉川弘文館、二〇〇四年
前波善学『與板別院造立年譜』私家版、一九四九年
与板町『与板町史』資料編上巻、一九九三年a
――『与板町史』資料編下巻、一九九三年b
――『与板町史』民俗編、一九九五年a
――『与板町史』文化財編、一九九五年b
――『与板町史』通史編上巻、一九九九年a
――『与板町史』通史編下巻、一九九九年b
与板町教育委員会『与板のひとびと』二〇〇五年
吉田伸之『巨大城下町江戸の分節構造』山川出版社、二〇〇〇年
――「城下町の構造と展開」佐藤信・吉田伸之編『新体系日本史6　都市社会史』山川出版社、二〇〇一年

〔Ⅲ　さぐる〕

5　オラン

地中海の「ラテン的」植民都市

工藤晶人

オランはなるほど平凡な町であり、アルジェリア海岸におけるフランスの一県庁所在地以上の何ものでもない。

〔Camus 1972: 11; 邦訳、七頁（一部改訳）〕

オランの住宅はほとんどすべてが近代的でフランス風に建築されており、他所にくらべて美しくも醜くもない……

〔Piesse 1862: 220〕

一　平凡な町

アルジェリア西部沿岸に位置するこの国の第二の都市オラン(1)（図1）は、カミュの小説『ペスト』の舞台に設定されたことで知られる。小説が出版された一九四七年当時、アルジェリアはフランスの植民地であり、冒頭の引用にあるように、本国行政の延長上に「県」として位置づけられていた。入植者の子孫であるカミュの作品において、先住アルジェリア人の存在が後景に退いていることは、植民地支配の政治地理の反映であるという指摘がある〔Said

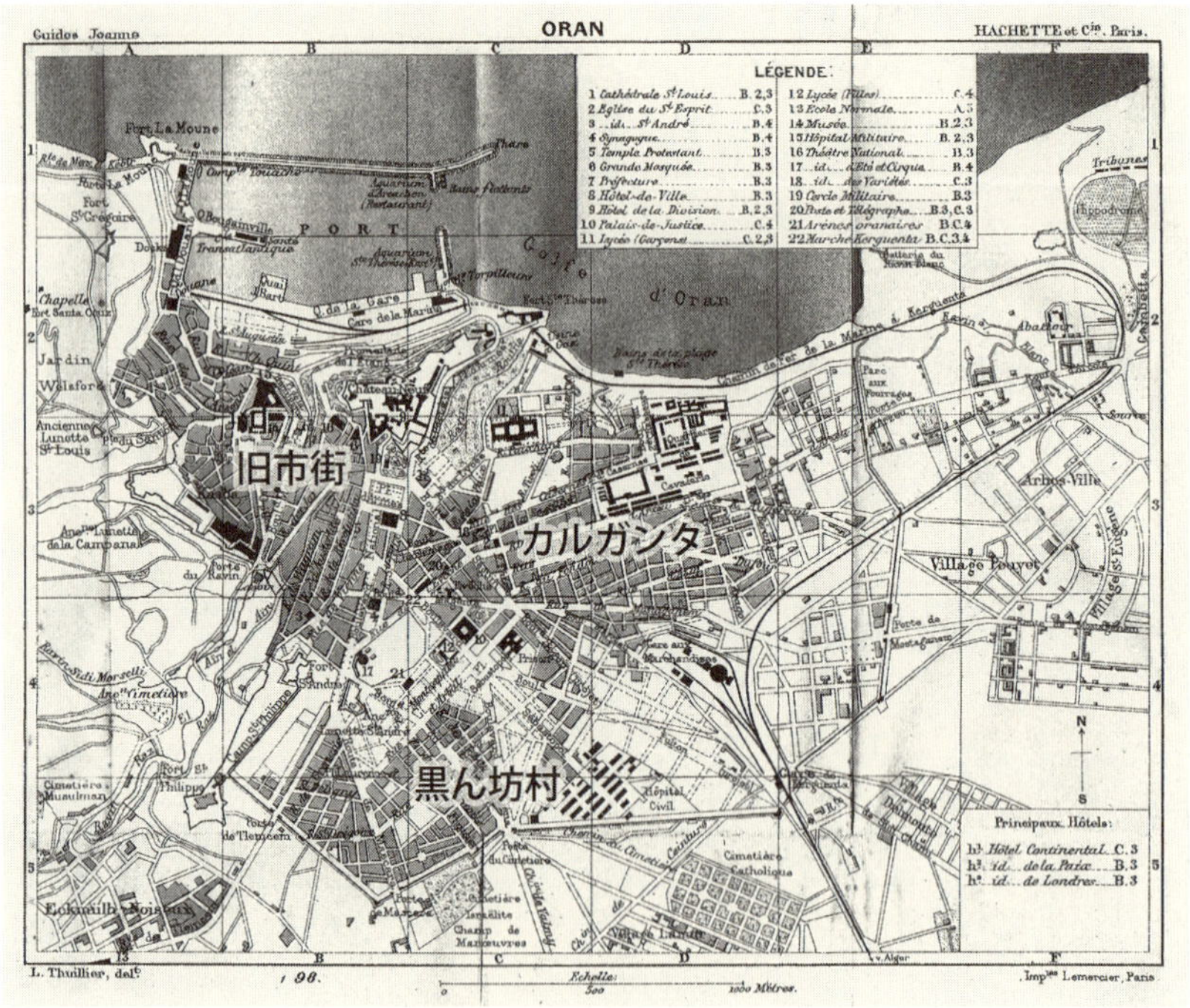

図1　19世紀末のオラン

出典）〔Piesse 1898〕より．

1994：212-213；邦訳、一巻三二〇―三二一頁〕。それでは、入植者の視点で町の「平凡さ」を強調する描写が、オランという場所において一定のそれらしさをもった背景はどのようなものだったのか。この問いを手がかりとして、この独特な植民都市の形成期にあたる一九世紀後半を中心に考察してみたい。

二　城塞都市オラン

はじめに植民都市研究の見取り図を確認しておこう。植民地の都市は一般に、支配―被支配の関係を媒介する結節点としてとらえられる〔布野編 二〇〇五、二一―四〇頁〕。植民地の都市は更地から計画都市として建設される場合もあるが、既存の都市空間に重ね合わされた複合都市の様相をしめすことも多い。北アフリカにおける複合都市としては、アルジェ、マラケシュ、チュニスなどにみられる、屈曲した街路網を特徴とする旧市街（カスバ、メディナ）と近代的な新市街の対照がまず想起される。これらは、植民地における近代と伝統、支配と被支配という対比を「西欧」と「非西欧」の関係に読みかえることが可能なケースである。これまで多くの植民都市研究が、こうした事例に注目してきた。

しかし、複合的な植民都市は非西欧的都市空間に植えつけられたものだけではない。オランは以下に記すようにスペイン支配の痕跡を強く残しており、いわば先行する植民都市を土台として建設された都市であった。そこが多数の移住者を受けいれる植民地の中心となったときに、都市についてどのような観念の系列が形成され、伝達されていったのか〔Rykwert 1988〕。それを考察する前提として、以下ではまず建設の経緯と街区の構造を概観しよう。

ザイヤーン朝（一二三六―一五五〇年）の都トレムセンと地中海をむすぶ商港として繁栄したオランは、スペイン王国によって一五〇九年に占領される。同時期にスペインが建設したメリーリャからトリポリにいたる一連の城塞都市（プレシディオ）の中で、一八世紀までその支配がつづいたオランは例外的な事例である。

一八世紀になるとオランの支配権は頻繁に入れ替わる。一七〇八年から一七三二年まではベイ[2]、つづいて一七九二年まではふたたびスペイン、一七九二年以降はまたベイの統治下におかれ、そのたびにトルコ系・アラブ・ベルベル系住民とスペイン系住民が交互に退去と占領をくりかえすこととなった。一七九一年の地震によって都市のインフラは大きな損害を受け、一八三二年フランス軍の上陸時には、城塞や住宅など基幹建造物の多くが半壊状態にある人口数千人の町として記録されている〔Duboc 1833: 9-10〕。

オランの旧市街は、湾に面した涸れ谷の両側に設けられた複数の城塞と、それらをつなぐ市壁の内側に築かれた居住区からなっていた。スペイン支配期の敷地割りが残る涸れ谷の西側には、内陸にそびえる城塞下の斜面にブランカ地区と、海岸沿いに税関や工廠など港湾施設が集中するマリーヌ地区が広がる。この周辺には、植民地化開始直後からイベリア半島南部出身者を中心としてヨーロッパ系移住者が多く流入した。一方涸れ谷の東側には、海岸側に最大の城塞（シャトーヌフ）があり、その内陸の斜面に居住区が広がっている。この地区は一八世紀末にベイが近隣都市からユダヤ人を誘致して建てさせたもので、一八三〇年代にはユダヤ人だけでなくフランス人商人層も住みついた〔Fontaine de Resbecq 1837：187-188〕。

三　新市街の建設――カルガンタと「黒ん坊村」

植民地化の進展は都市の景観を大きく変えた。オランは軍管区司令部駐留地から県庁所在地となる。また、入植者の増加や輸出向け農業生産の進展にともない後背地の交通網が整備され、オランは地域随一の海港として発展した。アルジェリア沿岸の港湾都市は一般に、南西から東北に伸びる丘陵性の岬によって風から守られた湾に築かれ、そこから、南―東方向の平地を利用して扇形のように拡大していくパターンをとる。オランの立地はその典型である。人口構成の点からみると、フランス軍の到来とともにアラブ系ムスリムがわずか数百人を残して旧市街を脱出したことが、近代的街区の発展と併行してカスバ（市中心部に位置する旧市街）に先住民貧困層の集住が進んだアルジェと大きく異なる点である〔Lespès 1938：125-127〕。

オランでは一八六〇年代に市壁拡張の計画が策定され、東側の台地に向かって拡張がはじまる。その基本プランは、まずユダヤ人街東端の旧市壁を取り壊し、その北端に広場（練兵広場）をひらく。そこを起点として南方向に大通りを設け、さらに南東方向にも二本の大通りを延長する。そして、地形のなだらかな起伏にしたがってこれらの大通りを横断する街路によって接続する、というものだった。新市街のうち東側に広がるカルガンタ地区は、一九世紀末頃からしだいに、旧市街東部から移住したヨーロッパ系富裕層の居住区となっていった。

カルガンタ地区はもともと、ベイ支配下のオランにおいてベイと同盟関係にある部族の宿営地となっていた。フランス軍は占領初期にここを軍駐留地として接収する〔Derrien 1886: 28-29〕。前述したようにオランのムスリムは都市民も周辺部族もいったんほとんどが離散したが、一八四〇年代にはふたたび周囲に宿営する人々が増えはじめる。その対策として、一八四五年に方面師団長ラモリシエールは、市壁の外側の南側の台地に彼らの居住地を区画することを命じた。これが後に「黒ん坊村（Village Nègre）」と呼ばれる地区の起源である。(3)

新しい先住民居住区は、直交する街路に石造りの建物が整列するように設計された。陸軍は当初ここをメディナ・ジュディダ（Médina Djdida アラビア語で「新しい町」の意）と名づけ、建設費の負担とひきかえに土地を先住民に分譲した。設置の背景には、移動生活を行っていた諸部族を定着させ農耕を奨励することで、監視を容易にするとともに、彼らを植民地経済に組みこもうとする社会改造の野心があった〔Tinthoin 1947: 132, 134〕。「黒ん坊村」という言葉は、植民地期アルジェリアの諸都市の郊外に形成された先住民居住区の通称として用いられ、しばしばスラムと隣接するニュアンスを帯びるようになる。それらの先例となったのがオランであった。黒ん坊村の住民が総じて黒人（とヨーロッパ人が認識する人々）であったわけでは必ずしもない。オランにおいてはたしかにサハラ以南出身者が少なくなかったとみられるが〔*Tableau de la situation* 1846-1849: 113〕、住民の多数を占めるのはアラブ・ベルベル系であり、街区の内部は出自や階層によってさらに分節化されていたと考えられている。(4)

建設当初には空白のあったカルガンタと黒ん坊村の間には、一九世紀末から二〇世紀初頭までには市街地が形成され、今日までつづくオラン市中心部の形態が定まることになる。一八六〇年代に計画がはじまった主要な公共建築もこの時期に完成している〔Lespès 1938: 219-221〕。市庁舎（一八八六年、図2）、市民病院（一八八六年）、中等学校（一八八七年）、劇場（一九〇七年）などの主要建築は総じて本国と同様の折衷様式をとっていた。(5) 町の中心部にメディナをもたないオランにおいて、都市のヨーロッパ的性格を確立するための前提として伝統的な——「イスラム的な」——都市組織を近代的街路網によって再編するというプロセスが存在しなかったことに注意しておこう。(6) もちろんそ

図2　オラン市庁舎

出典）〔Renard 1901〕.

の一方には、モスクを接収して軍施設や教会に転用し、ムスリム墓地を廃止して跡地に市民病院を建設する、といった数々の破壊が行われていたのであるが。

四　観光と旅の表象

このようなプロセスをたどって整備が進んだオランという都市を、フランス人と入植者たちはどのような観念によってとらえていたのか。以下では、広い意味での観光にかかわる文献を手がかりとして考察しよう。まずとりあげるのは、一九世紀フランスでもっとも成功した観光案内書『ジョアンヌ』シリーズに収められた、ピエス著『アルジェリア道中案内』（一八六二年）である。

ピエスによるオランの紹介は港からはじまり、城壁、市門、城塞、兵営（ここまでは主にスペイン期に由来する軍事関連建造物の総覧）、つづいて遊歩道、街路、市場、住宅、さらに宗教建築（カトリック教会、プロテスタント教会堂、モスク）、公共建築（市庁舎等）、劇場、泉、教育施設、福祉施設という順序で解説がなされ、郊外（カルガンタから黒ん坊村まで）で終わる。港町から郊外へ登っていく町の描写は、異国情緒を誇張しがちな観光案内書としてはやや意外な、つぎのようなものだ。

アラブ、スペイン、トルコの支配を経て、今日では見通し良く、確固と建設され、風通しも良いフランスの町となった。……オランの住宅はほとんどすべてが近代的でフランス風に建築されており、他所にくらべて美しくも醜くもない〔Piesse 1862: 196, 220〕。

こうした現況以上にピエスが行数を割くのは、一八三〇年以前の年代記である。アラブ人による創建からスペインとベイの統治まで、それぞれの時代が等しく詳解されていることは興味深い。建設への影響という観点からもっとも強調されるのはスペイン人の時代である。そして著者は、街路名にスペイン風の名残がないことを惜しんでみせる〔Piesse 1862: 219〕。

一八九三年の改版では歴史の記述はきわめて簡略になり、町の描写も「スペイン町（旧市街西側）」「新町（旧市街東側、ユダヤ人街から練兵広場近辺）」「カルガンタ」という順に街区ごとに整理される。訪問スポットとして推薦されるのは、港、海岸沿いの遊歩道、スペイン町の眺望、練兵広場と市役所、博物館、教会、シナゴーグ、モスク、カスバ、黒ん坊村である。港と旧市街を起点としたこの序列は、古文書学士ジャクトンに著者が交代した新版（一九〇三年）で大きく変更される。そこではまず「カルガンタ、黒ん坊村、イスラエル教徒地区」、つぎに「シャトーヌフ、遊歩道、博物館、カスバ」そして「マリーヌ地区と港」と、山の手の新市街から谷底の旧市街を見下ろす順路がしめされている〔Jacqueton et al. 1913: 89-96〕。市内の推奨観光スポットとして挙げられるのはわずかに遊歩道と博物館のみである。ピエス初版のように町の平板な印象が明言されることこそないが、異国情緒はますます希薄になっていく。

だがこうした平板なイメージはけっしてネガティブな意味づけを帯びていたわけではない。たとえばフランス科学振興協会の大会がオランで開催されたのにあわせて、同協会地区委員会が作成した案内書『オランとアルジェリア』を見てみよう。そこではオラン市街についてピエスと同様の散策路が提案される。近世のスペイン城塞の威容と対比させるようにますます強調されるのは、フランス風の整然とした町並みである。黒ん坊村ですら「この街区にはなにもピトレスクなところはなく、その名はふさわしいものではなくなってきた。かつてはアラブ人だけが住んでいた細い路地や土造りのあばら屋は徐々に姿を消し、画一的な住宅に置きかえられている」と均質化が強調される〔Association française pour l'avancement des sciences 1888: vol. 2, 47〕。

こうした描写はそもそも、植民地に異国情緒を予期する本国フランスの読者に向けて提示されたものであった。だがそれは、アルジェリアの入植者たちにも共有されるようになっていく。ピエスの著述が後世の入植者たちによって歴史資料として参照されるのはその一例である〔Lespès 1938〕。観光と旅に関する一連の文献は、そこに表現された地理的観念の系列が、入植者社会に浸透していく回路として読むこともできる。そういった意味で興味深いのが、ルナール著『アルジェリア少年のオラン地方旅日記』（一八八八年初版、一九〇四年までに七版）である〔Renard 1901〕。オラン県議会とオラン地理学協会の助成を得て、アシェット社の児童向け読み物『学校と家族のための叢書』に収録されたこの書物は、卒業記念に父とともにオラン県一周旅行に出た一二歳の少年ルイによる日記という体裁をとる。「アルジェリア少年」すなわち入植者の子供を主人公とするこの書物は、有名な『二人の子供のフランス巡歴』（一八七七年）の植民地版だ。つまり、具体的な地理的空間のなかを子供が踏破し各地で得る学びを追体験させることで、郷土の豊かさと一体性についての集団的記憶を錬成しようとする試みなのである〔Ozouf 1997〕。

しかしフランスのような歴史ある国土とは異なり、「オラン地方（province）」の実体は植民地期に設定された人工的な行政区分、すなわち県にすぎない。これを郷土として提示するためには、征服と植民地化の歴史という時間的奥行きが、具象的な地理情報とともに構造化されることが必要となるだろう。作品の中で故郷のサン・ドニ・ド・シグ（この村はアルジェリアにおける農業開拓のシンボルである）から汽車で旅立った主人公は、まずオランに投宿する。旅の後半には南方の開拓村やトレムセンなどの県内主要都市を周遊して各地に残るアブドゥルカーディル（植民地化初期のアルジェリア人抵抗運動指導者）との戦いの記憶をたずねる行程がひかえている。それゆえ対照的に、旅の基点となるオランの印象は、県庁所在地の都市性や商業都市の活気、陽気さが強調されるのだ。

旅する少年にとって記憶に残る訪問先は、緑豊かな遊歩道、真新しい市庁舎、博物館、市民病院だった〔Renard 1901: 15-21〕。ここでは博物館に注目しよう。一八八五年に開館した博物館の主な展示物は、県内で発掘されたローマ時代の遺物である。フランスの北アフリカ征服をローマ帝国になぞらえる考え方は植民地化の初期から存在しており、遺跡発掘には現実に多大な労力がはらわれてきた〔Lorcin 2002〕。その成果である展示物は、宗主国フランスがローマ帝国の後継者であることを象徴的にしめす物証ともいえる。つづいて少年はスペイン人の築いた城塞に向かう。博物館と城塞での学びを結びつけるものはなにか。それは、ルイ・ベルトラン（作家、一九二五年アカデミー・フランセーズ会員）が両大戦間期に定式化する、フランスの植民地化によるアフリカのラテン性（latinité）の復活、という観念につながるものであったといえるだろう〔Graebner 2007：27-70〕。少年の巡歴の中で、オランは、いわば古代（ローマ）と近世（スペイン）の二重のラテン性の記憶をとどめる都市として表象されるのである。

五「ラテン・アフリカ」

一九世紀末から二〇世紀初頭にかけて、アルジェリア入植者社会はひとつの転換点をむかえていた。この時期、出生地主義の国籍法（一八八九年）が本国同様に導入され非フランス系ヨーロッパ人が急速にフランス国籍・市民として法的に統合されていったこと、一八九六年には人口統計上植民地現地生まれのヨーロッパ系人口が入植者第一世代を上回ったことなどを背景として、アルジェリアの入植者が自ら「アルジェリア人」としてのアイデンティティを主張する言論が根を下ろす〔工藤 二〇〇一〕。これを支持する論者たちは、南欧諸国からの入植者の混淆が、フランスとは異なる「新しい人種」を生みだしたと主張した。その政治的要求は本国政府への限定的な不満表明にとどまった。とはいえ、この時期にアルジェリア入植者社会に、一九世紀初頭ラテンアメリカのプロト・ナショナリズムと相似する現象があったことは注目に値する〔Ageron 1968：607〕。

本国との同質性と、それを超える活力、というふたつの主張の共存がオランの位置づけの背景にある。一方で「複雑な地形によるピトレスクさがなければ、むしろ月並みでつまらない〔Lespès 1938：191〕」と評される町並みによってフランスとの近さが強調され、他方で旅する『アルジェリア少年』は入植地に二重のラテン性を読みとる。こうした幅のある観念を仮託することができたのは、スペイン支配の痕跡を帯び、代表的建築物、都市組織、人口構成などに非西欧的要素のすくないオランという具体的な場があってのことといえるだろう。「ラテン」なオランという表象は植民地の文化的イディオムの中に定着するが、その構成要素はつねに変化していく。ここでとりあげた事例がしめしているのは、その移行期の一断面である。

（1）本章でアルジェリアという地域名を用いる際には、東端コロ（カラ）付近から西端ヌムール（ガザウェト）付近まで、南をサハラ・アトラス山脈に区切られた範囲をさす。都市名や地名については日本語の通例を優先し、それ以外の場合には原則として植民地期のフランス語名称を用いた。

（2）ベイ、デイはオスマン帝国支配下のマグリブに派遣された軍司令官の役職名。アルジェのデイはしだいにイスタンブルの実効支配をはなれ現地政権化し、ベイはデイの副官として東西、南部それぞれの地方支配を担当した。

（3）ここでは nègre という原語の軽蔑的ニュアンスを考慮してあえてこの訳語を選択した。

（4）メディナ・ジュディダ内部は、「都市民（ハダル）」「シェラガ族」「黒人奴隷（アビード）」の三つの「町（メディナ）」に分かれており、この小街区の名のひとつが全体に拡張されてフランス語の「黒ん坊村」という呼称の起源になったと考えられる〔Benkada 1998: 108-111〕。

（5）アルジェリアでイスラム建築の意匠をとりいれたネオ・モーレスク様式が興隆するのは一九〇〇年代以降のことであり、また、オランへの導入例は限られていた。〔Oulebsir 2004〕を参照。

（6）旧市街と新市街の境界に位置するユダヤ人街は確固として存続した。ただし、一八七〇年にフランス本国出身者と同様のフランス市民権を与えられ急速にヨーロッパ系入植者社会に進出していったアルジェリアのユダヤ人は、植民地社会できわめてあいまいな位置を占めていたことを確認しておきたい。〔Ansky 1950〕を参照。

〔参考文献〕

工藤晶人「十九世紀末アルジェリアにおけるヨーロッパ人社会の変容――オラン地方選挙人名簿・土地委譲申請者史料の分析」『史学雑誌』一一〇－一〇、二〇〇一年

布野修司編『近代世界システムと植民都市』京都大学学術出版会、二〇〇五年

Ageron, Ch.-R., *Les Algériens musulmans et la France (1871-1919)*, 2 vols, PUF, 1968.

Ansky, M., *Les Juifs d'Algérie*, Éditions du centre de documentation juive contemporaine, 1950.

Association française pour l'avancement des sciences, *Oran et l'Algérie en 1887*, 2 vols, Perrier, 1888.

Benkada, S., "La création de Médina Jdida, Oran (1845)," *Insaniyat*, 5, 1998.

Camus, A. *La Peste*, Gallimard, 1947, coll. folio, 1972.『カミュ全集　四』(宮崎嶺雄訳) 新潮社、一九七二年

Derrien, I., *Les Français à Oran depuis 1830 jusqu'à nos jours: I. Oran militaire de 1830 à 1848*, Nicot, 1886.

Duboc, F., "Notes sur Oran (côte de Barbarie)," *Nouvelles annales des voyages et des sciences géographiques*, vol. 57, 1833.

Fontaine de Resbecq, A., *Alger et les côtes d'Afrique*, Gaume frères, 1837.

Graebner, S., *History's Place: Nostalgia and the City in French Algerian Literature*, Lexington, 2007.

Jacqueton, G. et al., *Algérie et Tunisie, collections des guides Joanne*, Hachette, 1913.

Lespès, R., *Oran: etude de géographie et d'histoire urbaine*, Félix Alcan, 1938.

Lorcin, P., "Rome and France in Africa: Recovering Colonial Algeria's Latin Past," *French Historical Studies*, 25-2, 2002.

Oulebsir, N., *Les usages du patrimoine: monuments, musées et politique coloniale en Algérie (1830-1930)*, Éditions de la Maison des sciences de l'homme, 2004.

Ozouf, J. et M. "Le Tour de la France par deux enfants," In Nora, P. (éd.), *Les lieux de mémoire*, Gallimard, 1997. J・オズーフ、M・オズーフ「二人の子どものフランス巡歴」(平野千果子訳) P・ノラ編『記憶の場2』岩波書店、二〇〇三年

Piesse, L., *Itinéraire de l'Algérie, collection des guides Joanne*, Hachette, 1862.

――――, *Algérie et Tunisie, collection des guides Joanne*, Hachette, 1898.

Renard, J., *Les étapes d'un petit Algérien dans la province d'Oran*, Hachette, 1888, 6e éd., 1901.
Rykwert, J., *The Idea of a Town: the Anthropology of Urban Form in Rome, Italy and the Ancient World*, MIT Press, 1988. J・リクワート『「まち」のイデア――ローマと古代世界の都市の形の人間学』（前川道郎・小野育雄訳）みすず書房、一九九一年
Said, E. W., *Culture and Imperialism*, Vintage, 1994. E・W・サイード『文化と帝国主義』（大橋洋一訳）みすず書房、一九九八年
Tableau de la situation des établissements français dans l'Algérie, 19 vols, Imprimerie Royale, 1838-1866.
Tinthoin, R., *Colonisation et évolution des genres de vie dans la région Ouest d'Oran de 1830 à 1885*, Fouque, 1947.
Wright, G., *The Politics of Design in French Colonial Urbanism*, University of Chicago Press, 1991.

執筆者紹介

吉田伸之（よしだ のぶゆき）［編者］
東京大学大学院人文社会系研究科教授
主要著作：『身分的周縁と社会＝文化構造』（部落問題研究所，2003年），「遊郭社会」（塚田孝編『身分的周縁と近世社会4　都市の周縁に生きる』吉川弘文館，2006年）．

伊藤　毅（いとう たけし）［編者，第Ⅰ部第1章］
東京大学大学院工学系研究科教授
主要著作：『都市の空間史』（吉川弘文館，2003年），『町屋と町並み』（山川出版社，2007年）．

陣内秀信（じんない ひでのぶ）［第Ⅰ部第2章］
法政大学デザイン工学部教授
主要著作：『シチリア』（淡交社，2002年），『イタリア海洋都市の精神』（講談社，2008年）．

杉森哲也（すぎもり てつや）［第Ⅰ部第3章］
放送大学教養学部教授
主要著作：『描かれた近世都市』（山川出版社，2003年），『近世京都の都市と社会』（東京大学出版会，2008年）．

三枝暁子（みえだ あきこ）［第Ⅱ部第1章］
立命館大学文学部准教授
主要著作：「秀吉の京都改造と北野社」（『立命館文学』605号，2008年），「室町幕府の京都支配」（『歴史学研究』859号，2009年）．

森下　徹（もりした とおる）［第Ⅱ部第2章］
山口大学教育学部教授
主要著作：『武家奉公人と労働社会』（山川出版社，2007年），「地域と労働社会」（『日本史講座6　近世社会論』東京大学出版会，2005年）．

青木祐介（あおき ゆうすけ）［第Ⅱ部第3章］
横浜都市発展記念館主任調査研究員
主要著作：「アルフレッド・ジェラールと瓦工場」『横浜都市発展記念館紀要』第5号（横浜都市発展記念館，2009年），「歴史遺産の活用と復元――横浜を事例として」（土生田純之編『文化遺産と現代』同成社，2009年）．

松山　恵（まつやま めぐみ）［第Ⅱ部第4章］
明治大学文学部専任講師
主要著作：「近代東京における広場の行方――新開町の簇生と変容」（吉田伸之・長島弘明・伊藤毅編『江戸の広場』東京大学出版会，2005年），「再考・銀座煉瓦街計画」（『建築史学』50号，2008年）．

池田嘉郎（いけだ よしろう）［第Ⅱ部第5章］
東京理科大学理学部第一部准教授
主要著作：『革命ロシアの共和国とネイション』（山川出版社，2007年），「ユーラシアの地政学としてのソヴィエト建築学――モスクワ，ノヴゴロド，北京」（『地域研究』Vol. 10, No. 2, 2010年）．

禹　成勳（う そんふん）［第Ⅲ部第1章］
七宝建設デザイン室長
主要著作：「開京の都市商業施設の建築形式と役割」（『日本建築学会計画系論文集』598号，2005年），「高麗太祖代の開京への遷都と都城空間化に関する研究」（『日本建築学会計画系論文集』619

号，2007 年）.

加藤　玄（かとう　まこと）［第Ⅲ部第 2 章］

日本女子大学文学部史学科准教授

主要著作：「都市を測る――フランス測量術書にみる尺度と境界」（高橋慎一朗・千葉敏之編『中世の都市――史料の魅力，日本とヨーロッパ』東京大学出版会，2009 年），「バスティードの歴史的背景」（伊藤毅編『バスティード――フランス中世新都市と建築』中央公論美術出版社，2009 年）.

高村雅彦（たかむら　まさひこ）［第Ⅲ部第 3 章］

法政大学デザイン工学部教授

主要著作：『中国の都市空間を読む』（山川出版社，2000 年），『アジアの都市住宅』（編著，勉誠出版，2005 年）.

朴澤直秀（ほうざわ　なおひで）［第Ⅲ部第 4 章］

岐阜大学地域科学部准教授

主要著作：『幕藩権力と寺檀制度』（吉川弘文館，2004 年），「在地社会の僧侶集団」（吉田伸之編『身分的周縁と近世社会 6　寺社をささえる人びと』吉川弘文館，2007 年）.

工藤晶人（くどう　あきひと）［第Ⅲ部第 5 章］

大阪大学人間科学研究科特任研究員

主要著作：“Recognized Legal Disorder: French Colonial Rule in Algeria, C. 1840-1900,” in: Kimitaka MATSUZATO (ed.), *Comparative Imperiology*, Slavic Research Center, 2010.「19 世紀アルジェリアにおける植民都市の形態と分節化」（『地中海学研究』31 号，2008 年）.

伝統都市 1　イデア

2010 年 5 月 21 日　初　版

［検印廃止］

編　者　吉田伸之《よしだのぶゆき》・伊藤《いとう》　毅《たけし》

発行所　財団法人　東京大学出版会

代 表 者　長谷川寿一

113-8654　東京都文京区本郷 7-3-1 東大構内
http://www.utp.or.jp/
電話 03-3811-8814　Fax 03-3812-6958
振替 00160-6-59964

印刷所　大日本法令印刷株式会社
製本所　誠製本株式会社

ISBN 978-4-13-025131-0　Printed in Japan